d

Georges Simenon

Ein Mensch wie jeder andere

Mein Tonband und ich

Deutsch von Hans Jürgen Solbrig

Diogenes

Titel der Originalausgabe:
›Un homme comme un autre‹
Erster Band aus der Reihe ›Mes dictées‹

Das Register besorgte Kristina Piwecki.

60/78/8/1
ISBN 3 257 01571 2

Am 18. September 1972, einem Sonntag, wenn ich mich recht erinnere, ging ich wie gewöhnlich in mein Büro hinunter. Ich hatte eine ganz bestimmte Absicht: Ich war entschlossen, mir den gelben Umschlag vorzunehmen, auf dem ich mir immer die charakteristischen Merkmale neuer Romanfiguren notiere. Der Roman, um den es zu jener Zeit ging, sollte *Oscar* heißen, und er war, wie ich meine, einer der schwierigsten, die ich je entworfen habe. Vier Monate schon oder vielleicht auch länger hatte ich ihn in meinem Kopf mit mir herumgetragen.

Es war meine Absicht, alle Erfahrungen, die ich im Laufe meines Lebens gesammelt habe, in diesen Roman zu investieren, und deshalb hatte ich auch so lange damit gewartet, ihn überhaupt anzufangen. Anschließend ging ich wieder in meine Wohnung hinauf, wahrhaft zufrieden und erleichtert. Endlich war dies hinter mir!

Am 19., das heißt am folgenden Tag, entschloß ich mich nun ganz plötzlich, ohne auch nur einen Augenblick zu zögern oder viel Aufhebens davon zu machen, das Haus in Épalinges, das ich mir zehn Jahre zuvor gebaut hatte, zu verkaufen.

Warum? Erstens war dies nicht das erste Mal, daß ich mich von einer Stunde zur anderen zu einem solchen Schritt entschloß. Vor Épalinges habe ich neunundzwanzig Häuser in verschiedenen Ländern gehabt, und mit fast allen bin ich ebenso verfahren. Plötzlich fühlte ich mich fremd in den Mauern, die mir am Tag zuvor noch vertraut und so etwas wie ein Refugium gewesen waren.

Diese Mauern wurden mir also plötzlich fremd. Ich fragte mich, inwiefern diese Umgebung mit meinem eigentlichen Leben übereinstimmte, und ich hatte keine Ruhe mehr, bis ich gehen, um nicht zu sagen entfliehen konnte.

Am Tag nach dieser Entscheidung, also am 20. September, rief ich den Direktor der größten Immobilienfirma in Lausanne an und teilte ihm mit, daß das Haus zu verkaufen sei und er sich sofort darum kümmern könne.

Bei dieser Gelegenheit fragte ich ihn auch gleich, ob er nicht eine Wohnung in der Stadt zu verkaufen habe. Wir haben dann zwei besichtigt, die mir aber nicht zusagten. Beide wollten etwas vortäuschen, was sie nicht hielten, das heißt, sie waren für Leute konzipiert worden, denen das Äußere oder der Handelswert der Dinge wichtiger ist als ihr Nutzwert.

Am 26. September fand ich in einem Hochhaus zwei Wohnungen, die man miteinander verbinden konnte und die dann eine behagliche Behausung abgeben würden.

Wie immer verbrachte ich einen Monat regelrecht im Rausch. Ein Nest war zu bauen. Mit dem Zollstock in der Hand klapperte ich alle Läden ab. Ich kaufte überall, wo ich etwas Geeignetes fand, machte jedoch um allen Firlefanz einen großen Bogen. Gleichzeitig brachen Handwerker eine Tür durch die Wand.

Ich hatte mir vorgenommen, am 27. Oktober einzuziehen. Am 27. zog ich dann auch ein.

Zu jener Zeit stand meine Schreibmaschine noch auf einer Art Werkbank, an der ich immer arbeite. Dort lag auch der gelbe Umschlag mit dem Entwurf für *Oscar*.

Je mehr Tage nun vergingen, desto mehr wurde mir beides – Schreibmaschine und Entwurf – fremd. Wann genau ich meine Entscheidung revidierte und mich dazu entschloß, gar keine Romane mehr zu schreiben, kann ich nicht einmal genau sagen, aber dies war in den folgenden Wochen, und mein Entschluß wurde mit derselben Schnelligkeit, derselben Sicherheit getroffen wie der, Épalinges zu verlassen.

Im Gegensatz zur Auffassung vieler Leute löste dies in mir ein Gefühl unendlicher Erleichterung aus. Ich hatte plötzlich das Gefühl, ich selbst zu sein. Ich begegnete Empfindungen wieder, die ich mit sechzehn gehabt hatte, als ich meinen ersten Roman schrieb und mit hocherhobenem Kopf und in den Taschen vergrabenen Händen durch die Straßen von Lüttich lief. Die Leute waren nicht mehr dieselben. Die Umgebung auch nicht, sogar die Bäume und Rasenflächen hatten gewechselt. All dies hatte den Charakter bloßer Dekoration verloren. Es war dies nun kein Stoff mehr für eine Geschichte, einen Roman, eine mehr oder weniger ausgefeilte Studie über einige wenige Menschen.

Ich hatte es nicht mehr nötig, in die Haut der Menschen zu schlüpfen, denen ich begegnete. Ich steckte nun in meiner eigenen Haut, vielleicht zum ersten Mal seit fünfzig Jahren.

Ich jubelte. Ich war erlöst. Ich bin es noch immer. Innerhalb weniger Tage, weniger Stunden änderte sich alles für mich. Vorher war mir noch nicht einmal aufgefallen, wie sehr mich meine Romanfiguren und ihre jeweiligen Lebensumstände beherrscht hatten. Dies hatte sich sicher in meinem Unterbewußtsein abgespielt, denn ich »beobachtete« weder Menschen noch Dinge mit dem Hintergedanken, sie möglicherweise einmal zu verwerten. Zweifellos hatte dies mein sehr gut geschultes Gehirn für mich getan.

Dieser Bereich konnte nun stillgelegt werden, weil er zu nichts mehr nütze gewesen wäre.

Endlich bin ich wieder ich selbst! Werde ich jemals wieder schreiben? Ich weiß es nicht. Vielleicht werde ich einmal das Bedürfnis verspüren, mündlich Geschichten zu erzählen oder Bruchstücke meiner Vergangenheit wieder zum Leben zu erwecken; dann will ich aber nicht darüber nachdenken, daß diese Texte eines Tages von Unbekannten gelesen werden könnten.

Auf meiner Werkbank hat ein kleines Aufnahmegerät meine Schreibmaschine ersetzt. Das Aufnahmegerät ist viel weniger eindrucksvoll, und da ich bisher noch nie diktiert habe, ist es für mich eher ein Spielzeug als ein Arbeitsmittel.

Es ist halb elf Uhr morgens, am 2. März.

Vorhin hatte ich einen kurzen Schwindelanfall. Er ist aber schon vergessen. Es ist erstaunlich, wenn man bedenkt, inwieweit der Mensch fähig ist, seine Schmerzen und Ängste zu vergessen. Man könnte sagen, er fange da wieder an zu leben, wo sein Leben unterbrochen war.

Die Wohnung strahlt vor Sonne. Man könnte meinen, sie scheine durch alle Fenster gleichzeitig herein, das ist jedoch unmöglich, weil zwei Fenster nach Osten liegen, zwei andere nach Westen. Alle Türen sind offen. Ich höre vertraute Geräusche, und durch diese Geräusche weiß ich, was jeder tut und in welchem Zimmer er sich gerade befindet. Dies erinnert mich an Ferientage während meiner Kindheit, als ich im Garten saß und zuhörte, wie meine Mutter hin und her lief, eimerweise Kohlen in die Zimmer der Studenten hinauftrug, Betten machte und den Haushalt besorgte.

Ich entdecke wieder das vertraute, friedliche Leben einer richtigen Wohnung. Mein Arbeitszimmer ist kein Arbeitszimmer mehr, der Salon ist nicht mehr Salon. Das Speisezimmer ist ein wirkliches Speisezimmer, wo wir bei den Mahlzeiten immer zu viert am Tisch sitzen. Und Iole, die sich als erstaunlich gute Köchin entpuppt hat, steht zwischen den einzelnen Gängen auf, um das nächste Gericht hereinzuholen.

Ist dies nicht eigentlich das Leben, von dem ich immer geträumt habe, und mußte ich wirklich siebzig Jahre alt werden, um es endlich kennenzulernen?

Heute morgen hat T. zwei Störche gesehen, die ostwärts zogen. Dies soll ein Vorzeichen des Frühlings sein, sagt man. Ich wünsche, daß es so sei, denn das würde bedeuten, daß ich noch eine Jahreszeit genießen kann.

Der Februar war aufregender, wie ich es mir schon vorgestellt hatte, aber alle Familienangehörigen waren alles in allem doch standhaft genug, um unsere Privatsphäre zu schützen, auch Aitken, die in Épalinges geblieben ist und dort bleiben wird, bis das Haus verkauft ist.

Aber alles zu seiner Zeit.

Von meinen Fenstern aus kann man fünf Fußballplätze sehen, Tennisplätze, Sportplätze, ein Schwimmbad und einen Park, der sich am See entlangzieht und den man sehr hübsch den Park der Kinder nennt. Gestern genügte mir ein Blick aus der Ferne. Die Spieler trainierten abends beim Schein der Lichter. Die Bootsbesitzer putzten ihre Boote, die heute, am Sonntag, auf dem See schaukeln.

Ein richtiger Sonntag, mit Glockengeläut und fast verlassenen Straßen. Heute morgen bin ich zu Fuß bis zur Grenze jener Anlagen vorgedrungen, die mir vorher wegen ihrer Entfernung noch als verbotenes Land erschienen.

Heute nachmittag habe ich dann nicht widerstehen können. Ich bin ganz bis dorthin gegangen und habe die Spieler aus der Nähe gesehen, die Spaziergänger, die ihre Kinder genau wie zu meiner Kinderzeit an der Hand hielten. Als ich wieder nach Hause kam, war ich fast gar nicht müde. Wie wunderbar es doch ist, seinen Körper gebrauchen zu können!

Ob ich nun wollte oder nicht, der Februar war für mich der Monat meines siebzigsten Geburtstags.

Gestern abend habe ich plötzlich entdeckt, daß im März noch ein anderer Jahrestag liegt: Wahrhaftig, ich weiß nicht mehr genau, an welchem Tag dieses Monats ich fünfzig Jahre lang verheiratet sein werde. Nicht mit derselben Frau. Übrigens sind diese zwei Ehen kaum erfolgreich gewesen. Nach zweiundzwanzig Jahren habe ich mich von meiner ersten Frau scheiden lassen.

Und neun Jahre sind es jetzt her, seit ich mich von der zweiten getrennt habe.

Einen dritten Versuch habe ich nicht gemacht.

Gestern sind wir bis zum »Tal der Kinder« gegangen. Das ist ein reizvoller, zwischen zwei Hügeln gelegener Park. Es gibt dort unter anderem einen weitläufigen Rosengarten, der im Sommer ganz herrlich ist. Einer der Hügel ist der Friedhof. In Wirklichkeit gibt es zwei davon: den der Erdbestatteten, den der Eingeäscherten. Man hat die Wahl. Ich habe mich für die Einäscherung entschieden, so spät wie möglich. Schon seit einer Woche wollte ich dort einmal vorbeigehen. Jeden Tag habe ich mich dieser Stätte etwas mehr genähert. Je stärker ich mich fühlte, desto mehr habe ich meine Spaziergänge ausgedehnt. Die Rekonvaleszenz ist eine wunderbare Sache.

Und heute sind wir sehr weit am See entlanggegangen, bis zum Campingplatz. All dies klingt einfach und ziemlich belanglos. Es ist jedoch sehr wichtig für jemanden, der mehrere Monate mit der Hoffnung gelebt hat, eines Tages wieder gesund zu sein.

Heute morgen bin ich eine Stunde bei meinem Rechtsanwalt gewesen. Heute nachmittag eine Stunde bei meinem Bankier. Aus denselben Gründen. Ich versuche, das Erbe meiner Kinder zu verteidigen, so gut ich kann.

Mein Gott! Wie das Wort Liebe, wenn man es nur mit den richtigen Beigaben versieht, doch zynisch werden kann!

Ich habe gerade alle Zeitungsartikel überflogen. Ich habe ein wenig denselben Eindruck wie vor zehn Jahren, als ich Notizen in Hefte kritzelte, Notizen, die dann zu *Quand j'étais vieux (Als ich alt war)* wurden.

Über meinen siebzigsten Geburtstag und meine Entscheidung, keine Romane mehr zu schreiben, sind Tausende von meist sehr freundlichen Artikeln erschienen, sowohl in Frankreich als auch in anderen Ländern, mehr als ich erwartet hatte. Warum aber seitdem diese Hemmungen? Und warum werde ich gleich mit der Lektüre dieser Artikel aufhören?

Es ist ganz natürlich, daß die Journalisten eine Erklärung für meine Entscheidung suchen. Es ist ebenfalls natürlich, daß sie den Mechanismus, wenn ich so sagen darf, meines literarischen Schaffens zu enträtseln versuchen. Sie gehen sogar so weit, medizinische Diagnosen zu stellen, was aber auch nur natürlich ist. Ich werfe ihnen daher nichts vor. Ich danke ihnen für die Aufmerksamkeit, die sie mir freundlicherweise zuteil werden lassen.

Leider will ich aber gar nicht zuviel über mich selbst erfahren, und die Lektüre dieser Artikel bringt mich dazu, mir selbst Fragen zu stellen.

Ich möchte gerne leben, ohne darüber nachzudenken, was ich tue, wer ich bin.

Auch die mehr als zehntausend Leserbriefe haben

mich bewegt. Da über meine Schwindelanfälle berichtet worden ist, habe ich viele gute Ratschläge erhalten, wie ich sie loswerden könnte. Natürlich unmöglich, sie alle auszuprobieren.

Vorwärts also! Löschen wir die siebzig Jahre, die Telefonanrufe, die Briefe aus. Bleiben wir hübsch ruhig in diesem Leben, das ich mir erwählt habe und das mich von Tag zu Tag mehr bezaubert.

Bevor ich gestern abend eingeschlafen bin, habe ich noch einmal oder wieder einmal meine Ankunft an der Pariser Gare du Nord an einem regnerischen und kalten Dezembermorgen, ich war gerade neunzehn, an mir vorüberziehen lassen. Wegen dieser Bilder verabscheue ich die Gare du Nord. Schon wenn ich sie von weitem sehe, kriege ich Depressionen.

Hatte ich mich wirklich selbst dazu entschlossen, in Paris zu leben? Ich frage mich das manchmal, und jetzt glaube ich, daß die Antwort »Nein« lautet. Ich habe schon davon gesprochen, daß ich mit fünfzehn davon träumte, in einer belebten Straße irgendwo im ersten Stock zu wohnen und von dort aus die vielen Hausfrauen zu beobachten, die bei den Gemüsehändlern um die Karren herumstehen. Vielleicht war ich letzten Endes doch mehr für ein Leben in der Provinz geschaffen.

Ist es denn nicht möglich, auch dort als Schriftsteller zu arbeiten? Der Fall Faulkners zum Beispiel beweist das Gegenteil. Es war meine damalige Verlobte, die meine erste Frau wurde und Malerin war, die mich nur unter der Bedingung heiraten wollte, daß wir in Paris leben würden.

Sie hatte ziemlich ausgefallene Vorstellungen von der Ehe. Sie hätte es gern gesehen, wenn jeder von uns eine eigene und von der anderen ziemlich weit entfernt gelegene Wohnung gehabt hätte und wir uns nur ab und zu getroffen hätten. Außerdem verlangte sie von mir das Versprechen, ihr kein Kind zu machen. Ich habe dies Versprechen trotz meiner Kinderliebe, die für mich wie ein Bedürfnis ist, fast zwanzig Jahre lang gehalten.

Hiervon wollte ich jedoch eigentlich gar nicht sprechen. Jene Frage hat eine andere nach sich gezogen. War ich ehrgeizig?

Man könnte es annehmen, wenn man bedenkt, welches Leben ich geführt habe. Als ich noch jung war, habe ich natürlich ein Boot gehabt, ein Auto, bin nur auf den teuersten Schiffen in der Welt herumgereist und bin nur in Luxushotels abgestiegen.

Als Maigret dann in den Ländern, in denen er zuerst übersetzt wurde, bekanntgeworden ist, habe ich mich in einem kleinen Schloß in der Nähe von La Rochelle niedergelassen, nach einem mehrmonatigen Zwischenaufenthalt am Cap d'Antibes.

Mein ganzes Leben ist so abgelaufen, als wenn ich um mich herum einen gewissen Luxus, eine gewisse Atmosphäre nötig gehabt hätte.

Seit ich Épalinges, die letzte Station jener Epoche, verlassen habe, wird mir bewußt, daß ich meinen wahren Neigungen, meinem wahren Schicksal doch nicht gefolgt bin. Alles was mich beim Aufenthalt in meiner Wohnung in Lausanne an meine Kindheit erinnert, verschafft mir eine Befriedigung, die ich in meinen verschiedenen Häusern nie gekannt habe. Ich verabscheue die Anonymität der Luxushotels, ihre falsche Pracht, den zu diensteifrigen Service, die Hände, die bei der Abfahrt ausgestreckt werden.

Im Gegensatz dazu liebe ich den runden Familientisch, die kleine Runde, die unterschiedlichen Geräusche einer Wohnung, die erkennen lassen, wo jeder ist und was er tut, kurz, ich finde es schön, dem Pulsschlag der häuslichen Umgebung zu folgen.

Wenn man bedenkt, daß ich siebzig Jahre gebraucht habe, etwas so Grundlegendes zu entdecken!

Ich habe die Kassette umgedreht, weil auf der anderen Seite nicht mehr viel Platz war und ich nicht plötzlich aufhören wollte.

Etwas ganz Eigenartiges geschieht. Ich hatte mir doch vorgenommen, nicht mehr zu schreiben. Ich schreibe nicht mehr beruflich, wenn ich so sagen darf. Sobald mir aber eine Erinnerung einfällt, verspüre ich dasselbe dringende Bedürfnis wie damals, wenn ein Roman reif war und ich mich auf meine Maschine stürzte.

Ich schreibe nicht mehr auf der Maschine. Ich diktiere in ein Aufnahmegerät. Aber woher kommt dieser Drang, sofort alles auszudrücken, was ich denke und fühle, wo diese Gedanken doch wahrscheinlich über den engen Familienkreis nicht hinausgelangen werden?

Ich nehme an, daß das bei allen so ist. Meine Kindheitserinnerungen jedenfalls sind stets sonnenhell. Das trifft zum Beispiel auch auf den Ostersonntag und -montag zu.

Das war die Gelegenheit, die gesamte Garderobe zu wechseln. Die Kleidungsstücke, mit denen man ein Jahr lang zur Schule gegangen war, verschwanden. Die Sonntagskleidung wurde Alltagskleidung, und die neue Garderobe wurde stolz ausgeführt, auch der Strohhut, den mein Großvater jedem seiner Enkel schenkte. Er war Hutmacher, und wir hatten richtige Panamahüte, was, wie ich glaube, der einzige Luxus war, den ich während meiner Kindheit gekannt habe.

Lüttich ist eine Stadt, in der es viel regnet. Alle Osterfeste nun aber, an die ich mich erinnere, waren mild und sonnenhell, da ich weder Jacke noch Überzieher anzog und stolz meinen neuen Strohhut ausführte.

Wie alle Lütticher begaben wir uns zu Fuß in ein Dorf, das drei oder vier Kilometer von Lüttich entfernt liegt und wo es einen Kalvarienberg und eine mehr oder weniger wundertätige Kapelle gibt. In meiner Erinnerung gab es erst gegen vier oder fünf Uhr nachmittags ein Gewitter, und dann stellten wir uns unter.

Eine andere Einzelheit. Bauern hatten Tische und Bänke auf einer Wiese aufgestellt. Dort servierte man Kaffee, Limonade und Reiskuchen. Das alles und auch die Leute, die dort saßen, betrachteten wir über die Hecke hinweg und tranken dazu das Wasser und den dünnen Kaffee aus unserer Feldflasche.

Nicht nur meine Kindheit, sondern auch meine Jugendzeit ist in meiner Erinnerung in helles Sonnenlicht getaucht. Mit sechzehn Jahren fing ich bei der *Gazette de Liège* an. Ich hatte noch nie eine Zeitung gelesen, denn dies war zu jener Zeit ein Privileg, das dem Familienoberhaupt vorbehalten war. Auch meine Mutter habe ich nie Zeitung lesen sehen. Sie begnügte sich damit, das Feuilleton auszuschneiden, und all diese Papierstreifen heftete sie dann zusammen.

Wieso wollte ich Journalist werden? Wahrscheinlich wegen Rouletabille, der in den Romanen von Gaston Leroux als Reporter auftrat.

Immerhin waren diese dreieinhalb Jahre einer der

aufregendsten Abschnitte meines Lebens. Von dem Geld, das ich in den ersten Monaten verdiente, konnte ich mir endlich ein Fahrrad leisten. Vorher war ich zur Oberschule gelaufen, und das war immerhin eine halbe Stunde Fußmarsch. Alle meine Freunde hatten Räder. Ich nicht.

Endlich hatte ich eins, und ich versuchte alle möglichen Kunststücke.

Anfangs waren meine Aufgaben äußerst bescheiden. Ich mußte zweimal am Tag die sechs Lütticher Polizeikommissariate anrufen, um mich zu vergewissern, daß sich keine erwähnenswerten Zwischenfälle ereignet hatten. Um elf Uhr ging ich mit Kollegen von anderen Zeitungen zum Hauptkommissariat, wo der Sekretär uns die Tagesberichte vorlas.

Ich verließ die Büros der *Gazette* ein wenig früher. Je nach Jahreszeit kaufte ich ein Tütchen harter Bonbons oder ein halbes Pfund Kirschen, steckte sie in meine Tasche und machte mich auf, in einem der mittelalterlichen Höfe des Justizpalastes spazierenzugehen. Diese Höfe waren für mich ein richtiges Paradies, und voller Genuß atmete ich den Duft der Büsche und Bäume ein.

Es muß wohl an etwa zweihundert Morgen geregnet haben, und da ging ich nicht hin. Es gab Herbste, Winter, Nordwinde, Schnee. All dies ist in meiner Erinnerung ausgelöscht, geblieben ist nur die Sonne und das Grün.

Ich war erst einige Monate bei der *Gazette*, als ich dem Chefredakteur vorschlug, mich jeden Tag eine Glosse schreiben zu lassen. Er war von diesem Vorschlag nicht allzu begeistert. Außerdem galt ich in der Redaktion beinahe als eine Art Ungläubiger.

Von Haus aus war ich katholisch. Ich ging bis zum Alter von dreizehn oder vierzehn Jahren jeden Sonntag zur Messe, dann aber hörte ich auf zu glauben und auch, meinen Glauben zu praktizieren. Die *Gazette* war nun aber die katholischste und gleichzeitig auch die konservativste Zeitung von Lüttich. Man mochte sich wohl fragen, was ich bei dieser Zeitung tat, und manchmal fragte ich mich das selbst. Weshalb diese Nachsicht des Chefredakteurs einem sechzehneinhalbjährigen Bengel gegenüber, der seine Artikel in Nachtlokalen schrieb?

Immerhin bekam ich die Erlaubnis, jeden Tag eine Glosse zu schreiben. Ich habe drei Jahre lang welche geschrieben.

Da ich mich vor allem über das Leben in Lüttich, über Ereignisse von mehr oder weniger großer Bedeutung in der Stadt ausließ, da ich darüber hinaus meine Meinung ziemlich entschieden vertrat, wurde ich bald zu einer Art kleiner Berühmtheit – wenn man so sagen darf! Immerhin las sogar mein Vater diese bescheidenen Artikel, und abends bei Tisch unterhielt er sich mit mir darüber.

Ungefähr im Alter von siebzehn Jahren oder genauer gesagt, einige Monate, bevor ich siebzehn wurde, begann ich, einen Roman zu schreiben: *Au pont des arches;* dies ist die wichtigste Brücke von Lüttich und die älteste. Dieser Roman erschien natürlich nicht bei einem Verleger. Es war vielmehr ein Drucker, der es auf sich nahm, ihn auf Rechnung des Autors herauszubringen, nachdem er zweihundert oder dreihundert Subskribenten aufgetrieben hatte, was die Rentabilität seines Unterfangens gewährleistete.

Es ist nicht das im übrigen recht dürftige Buch, an das ich mich erinnere. Es ist der Tisch, genauer gesagt, das kleine runde Mahagonitischchen, auf dem ich mit ganz feiner Schrift Seite um Seite füllte.

Einer meiner damaligen Freunde, der das Manuskript behalten hatte, ich hatte dies ganz vergessen, hat es mir vor einigen Jahren liebenswürdigerweise zugeschickt. Ich war höchst erstaunt, als ich feststellte, daß sich nach so langer Zeit meine Schrift ganz und gar nicht verändert hatte, daß die Buchstaben genauso klein, genauso winzig, genauso deutlich geblieben waren.

Ich hätte das runde Mahagonitischchen, das einzige fast schöne Möbelstück des Hauses, irgendwann gern wiedergesehen. Als ich sehr viel später nach Lüttich zurückkam, war es nicht mehr in der Wohnung meiner Mutter, die inzwischen ein zweites Mal verheiratet gewesen war.

Dennoch sehe ich diesen Tisch immer noch vor mir mit seinen geschweiften Beinen, seiner ganz glatten, polierten Tischplatte, auf der sich das Sonnenlicht spiegelte. Denn aus dieser ganzen Zeit sehe ich immer noch den Sonnenschein vor mir.

Auf allen vieren und nicht anders bin ich in die Ehe hineingekrochen. Dies ist keine Stilfigur. Es ist wörtlich zu nehmen.

Seltsam, alle Erinnerungen, die in den letzten Tagen in mir aufgestiegen sind, waren sonnenhell. Diejenigen, die ich jetzt wachrufen möchte, sind in Schwarzweiß, in Schwarz vor allem, nicht etwa, weil sie mich an Unerfreuliches erinnern, sondern weil es Erinnerungen an Abend- und Nachtstunden sind. Wie zufällig kommt in ihnen auch Regen vor, so als ob Regen besser zur Nacht als zum Tage paßte.

Ich hatte einen Kollegen, den ich mit zwei oder drei anderen jeden Morgen im Hauptkommissariat traf. Eines Tages bot er mir an, mich einigen seiner Freunde vorzustellen. Diese Freunde waren in der Mehrzahl Maler, die noch auf die Kunstakademie gingen.

Ich war fasziniert von ihren romantischen Vorstellungen, und bald gehörte ich zu ihrer kleinen Gruppe, die sich »die Heringstonne«, »La Caque«, nannte.

Lüttich besaß zu jener Zeit noch eine recht große Anzahl sehr enger Gassen mit mittelalterlichen Häusern, und die Abwässer, wie man heute sagt, flossen frei mitten auf dem Pflaster. Diese Straßen hatten einen charakteristischen Geruch, und allein schon wenn ich daran denke, steigt er mir wieder in die Nase.

In einigen dieser Gäßchen standen zumeist häßliche Frauen im Hemd vor den Häusern herum und versuchten, Passanten anzulocken. Bisweilen wurden sie sehr kühn, nahmen einem von ihnen den Hut weg und rannten ins Haus. Der arme Mann mußte dann wohl oder übel auch hineingehen, wenn er sich seine Kopfbedekkung wieder holen wollte.

Die Mitglieder der »Caque«, manchmal zehn oder zwölf, manchmal lediglich drei oder vier, versammelten sich auf einer Art Dachboden über einer Tischlerwerkstatt in einer dieser Gassen. Es gab dort keine Elektrizität. Licht bekamen wir von einer Petroleumlampe. Als ganzes Mobiliar alte Matratzen, ein oder zwei durchgesessene Sessel und ein wackliger Tisch. Jeder brachte eine Flasche Wein oder Schnaps mit, und einige hatten den Auftrag, Kekse zu besorgen.

Stundenlang diskutierten wir leidenschaftlich über »essentielle« Fragen, über Gott, Philosophie, Kunst, je nachdem, auf welche neuen Entdeckungen der eine oder andere von uns gerade in einem Buch gestoßen war.

Die Weihnachtsnacht jenes Jahres war eine fast orgiastische Nacht, denn es waren noch mehr Flaschen da, und einige von uns hatten Äther getrunken.

Um etwa drei oder vier Uhr morgens landeten wir im Stadtzentrum. Dort trafen wir einen jungen Mann, den ich nicht kannte, den aber alle meine Freunde kannten. Es war R., ein junger Architekt, der gerade die Kunstakademie hinter sich hatte. Ich weiß nicht, aus welchem Grund er uns einlud, den Silvesterabend nicht auf dem Dachboden der »Caque«, sondern im Atelier seiner Schwester zu verbringen, die ebenfalls Schülerin der Akademie war.

Dies alles bleibt sehr verschwommen für mich. An diesem bewußten Silvesterabend habe ich zunächst mit einem Freund von der *Gazette de Liège* gefeiert, und zwar so, daß ich gegen neun Uhr abends schon sternhagelvoll war. Auf ziemlich wackligen Beinen begab ich mich dann zu der Adresse, die mir meine Freunde angegeben hatten. Ich war erstaunt, eines dieser großen Steinhäuser vor mir zu sehen, die normalerweise vom Lütticher Großbürgertum bewohnt werden. Ich klingelte. R. kam und öffnete die Tür, ich erkannte ihn aber nicht. Ich ging einfach geradeaus. Ich stieg eine breite, durch einen Absatz unterbrochene Treppe empor.

Ich wollte in eins der Zimmer im ersten Stock gehen, aber mein Gastgeber sagte mir, ich solle doch noch weiter hinaufsteigen. Ich tat dies auf allen vieren, denn ich konnte mich nicht mehr aufrecht halten. Woran ich mich erinnere, ist, daß ich, als sich eine Tür vor mir öffnete, sofort an einen Irrtum oder an Verrat dachte. Ich befand mich nämlich in einem großen, luxuriös möblierten Salon, in dem sich ein sehr korpulenter und würdiger Herr und eine Dame mit grauem, straff nach hinten gekämmtem Haar aufhielten und außerdem, rundum, meine Freunde der »Caque«. Schwankend ging ich auf einen Sessel zu und ließ mich hineinfallen.

Ich weiß noch, daß jemand Klavier spielte, daß einige sangen, daß man uns Gebäck und Wein servierte. Den Wein habe ich nicht angerührt, denn ich hatte ja schon mit meinem Freund von der *Gazette de Liège* ordentlich einen getankt.

Um Mitternacht kamen die Glückwünsche, dann sagte uns der korpulente Herr:

»Jetzt könnt ihr nach oben gehen. Viel Vergnügen.«

Er war der Vater von R., der Vater auch von einem Mädchen und einem anderen Mädchen, das noch im Kindesalter war.

In dem Atelier, das sich unter dem Dach befand, köpften meine Freunde innerhalb der nächsten halben Stunde eine ganze Menge Flaschen. Ich, der ich seit neun Uhr nichts mehr getrunken hatte, bekam langsam wieder einen klaren Kopf.

Auf diese Weise war ich um etwa vier Uhr morgens so

ziemlich der einzige, der bei klarem Verstand war. Neben mir fing ein junges Mädchen mit straffgekämmtem Haar und einem Stirnband an, mit mir zu reden, und wir diskutierten über Kunst und Literatur, während meine Freunde immer noch tranken und dabei laut sangen.

Das Mädchen hieß Régine. Sie war drei Jahre älter als ich. Sie war nicht schön, nicht einmal hübsch.

Trotzdem war sie ein paar Wochen später meine Verlobte, und sie sollte meine erste Frau werden.

Dies geschah irgendwie durch einen Prozeß der schrittweisen Elimination. Wir hatten beschlossen, uns alle einmal pro Woche zu versammeln. In der ersten Woche waren wir etwa zehn. Da ich mich ausschließlich mit Régine beschäftigte und sie sich ausschließlich mit mir, wurden einige schon in der zweiten Woche, mehr dann noch in der dritten Woche, abtrünnig. Ich hatte keinerlei Veranlassung, die Tochter des Hauses allein zu besuchen und allein mit ihr in ihr Atelier hinaufzuklettern. Aus diesem Grund flehte ich eine ganze Zeit lang meine Freunde förmlich an, zu unseren wöchentlichen Versammlungen zu kommen.

Einer hielt bis zum Schluß oder fast bis zum Schluß durch. Schließlich hat er uns dann aber doch im Stich gelassen, und so war ich der einzige Besucher.

Als ich das Haus von Régines Eltern nicht mehr besuchte, weil es mir an einer plausiblen Erklärung und an Freunden mangelte, die mich hätten begleiten können, gewöhnte ich mir an, sie abends nach dem Unterricht an der Akademie abzuholen. Der Unterricht hörte um neun Uhr auf. Ich aß schnell irgendwas im Stehen und ging dann auf der dunklen Straße auf und ab. Dann gingen wir Arm in Arm zur Rue Louvrex, wo sie wohnte.

Ich hatte Régine, ihren Vornamen, den ich nicht leiden konnte, ausgetauscht gegen einen anderen, den es nicht gibt und der, der Himmel weiß warum, mir einfach so in den Sinn gekommen war: Tigy. Kann man hier von erster Liebe sprechen? Ich glaube nicht. Ich glaube nicht, daß ich sie wirklich geliebt habe. Ich bin dessen fast sicher. Es war vor allem eine Art Herausforderung an die Adresse meiner Freunde, die ihr mehr oder weniger alle den Hof gemacht hatten. Ich, der Jüngste, der Ärmste, trug den Sieg davon bei dieser Unternehmung, die sich als gar nicht schwierig erwies. Nach zwei oder vielleicht drei Wochen war unsere Intimität vollkommen.

Wenn ich von erster Liebe spreche, so deshalb, weil ich jetzt weiß, was Liebe ist. Ich habe sehr, sehr lange gebraucht, um so weit zu kommen.

Nehmen wir also an, ich spielte Liebe vor; und obwohl ich Tigy jeden Abend sah, schickte ich ihr jeden Morgen einen Brief. Überflüssig zu erwähnen, daß ich im Alter von siebzehn Jahren nicht sehr diskret war und in den Briefen mehr als nur Andeutungen über unsere Beziehung machte.

Jetzt weiß ich nicht weiter. Ich weiß nicht einmal mehr, woran genau ich bin mit dem, was man für meine erste Liebe halten könnte. Es gab zum Beispiel Nachmittage, an denen wir ausrissen in den Wald von Quinquempoix, wo sonntags alle Lütticher hingehen, wo wochentags aber niemand ist. Auch dort gab es Sonne,

Bäume, Birken vor allem. Warum denke ich heute vor allem an die Birken? Vielleicht, weil das einer meiner Lieblingsbäume ist. Sie sind die einzigen, die ich in Épalinges in meinen Garten gepflanzt habe.

Überall waren Düfte, Geräusche, kleine Tiere, ein ganzes Leben, von dem man nur undeutliche Töne vernahm, und dazu eine Luft, die frischer war als die in der Stadt. Andererseits gab es aber auch Leute, die dort herumstrichen, und ich weiß nicht mehr, wie oft wir einen Voyeur entdeckten, der sich ein paar Meter weiter versteckt hatte, gerade als wir uns im Gebüsch ausstrecken wollten.

Aus derselben Zeit stammt auch eine Erinnerung, die mir sehr lebendig geblieben ist. Es ist dies die Erinnerung an das gelbliche Rechteck mancher erleuchteter Fenster, hinter denen wir manchmal eine Silhouette sich bewegen sahen, wenn wir abends von der Rue de l'Académie nach Hause gingen.

Dies machte auch mir Lust darauf, selbständig zu leben, nicht allein zu leben. Es schien mir, daß die Gemütlichkeit eines Heims, in dem man zu zweit lebte, die sicherste Zuflucht vor allen Fährnissen des Lebens darstellte.

Überhaupt, ist denn die Ehe für mich nicht eine Zuflucht gewesen? Ich habe mir diese Frage verschiedentlich sehr ernsthaft gestellt. Bevor ich Tigy kennenlernte, einige Wochen vorher, hatte mich einer meiner Freunde zu sich nach Hause zum Essen eingeladen. Sein Vater war ein bedeutender Lütticher Weinhändler. Sie wohnten in einem stattlichen Haus, einem Haus jenes bourgeoisen Zuschnitts, von dem ich träumte, das aber sehr einfach gehalten war. Ich lernte die Schwester meines Freundes kennen, ein schönes, dralles Mädchen mit dem frischen Lächeln einer Holländerin.

Einen Monat lang habe ich mir überlegt, ob ich B. nicht noch einmal besuchen sollte, um seine Schwester wiederzusehen, und ich hatte ernsthaft im Sinn, sie eines Tages zu heiraten.

Warum?

Freundinnen hatte ich viele. Außerdem ging ich regelmäßig zu den leichten Mädchen. Ich erinnere mich, daß ich für eine wundervolle Negerin die Uhr eingetauscht habe, die mein Vater, dessen einzige Leidenschaft das Gewehrschießen war, beim Nationalen Schießwettbewerb gewonnen hatte.

Warum träumte ich also mit siebzehn von der Ehe? Wahrscheinlich, um mich vor mir selbst zu schützen. Ich fühlte mich bereit zu allen Exzessen, angezogen von allem Zwielichtigen und Zweideutigen. Für mich bestand das einzige Mittel, eine Katastrophe zu verhindern, darin, in der Ehe Zuflucht zu suchen.

Heute morgen bin ich schlechter Laune, brummig, was bei mir ziemlich selten vorkommt, und es ist bestimmt das erste Mal seit einem Monat, daß ich in mein kleines Mikrofon spreche, ohne in Hochstimmung zu sein. Dennoch bin ich trotz des offensichtlichen Pessimismus mancher Romane von mir im Leben nicht pessimistisch. Im Gegenteil, ich genieße jede Stunde des Tages, alles, was sich vor meinen Augen abspielt, jede Laune des Wetters, Sonne oder Regen, Schnee oder Graupeln.

Ganz wie von selbst denke ich an die »Caque«, davon habe ich ja bereits gesprochen. Auf zwei ganz verschiedene Arten kann ich sie wieder vor mir erstehen lassen. Die erste ist die oberflächliche Art und die der Anekdote: Hierfür braucht man einen leichten Ton, denn der klingt lustig wie alles, was mit der Jugend und dem Heranwachsen zusammenhängt. Lustig und dumm. Man stelle sich doch nur einmal zehn junge Leute vor, von denen jeder ein Tütchen Pommes frites kauft und diese dann nacheinander in einen Briefkasten wirft. Wir fanden das sehr lustig. Wir stellten uns das Gesicht des Briefträgers am nächsten Morgen vor und vor allem die Gesichter derjenigen, die die fettigen Briefe erhielten.

Einer von uns hatte einen anderen Tick. Sobald wir

uns in einer verlassenen Straße befanden, vergnügte er sich damit, in die Briefkästen der Häuser zu pinkeln.

Manchmal, wenn wir auf der Straße stehenblieben, um uns zu unterhalten, kam es vor, daß er anfing, einem auf den Überzieher zu pinkeln, ohne dabei auch nur eine Miene zu verziehen.

Er war ein großer, magerer Bursche mit schlaksigem Gang und einem riesigen Clownsmund, dem er jeden nur möglichen Ausdruck verleihen konnte.

Er hatte seine Mutter nicht gekannt, da sie im Kindbett gestorben war. Geschwister hatte er keine. Sein Vater, ein Bergarbeiter, verbrachte seine Abende im Bistro.

Irgendwann wurde er der Geliebte einer etwa fünfzigjährigen Sängerin, die wir in einem Kabarett des Stils Montmartre kennengelernt hatten. Eines Tages vertraute er uns weinend an, daß er sie im Zimmer dabei angetroffen habe, seine Socken zu stopfen.

Er hatte immer Hunger. Er hatte Hunger seit seiner Geburt, Hunger nach Nahrung und Hunger nach Liebe. Diese beiden Hungergefühle pflegte er bisweilen auf die unerwartetste Art zu befriedigen. Er war es denn auch, der das Pommes-frites-Spiel erfand.

Auf der Kunstakademie hatte man versucht, ihm Malen und Zeichnen beizubringen. Als er die Akademie verließ, fing er in einem kleinen Werbebüro an, danach ist er immer weiter heruntergekommen und dann an einem Herzleiden gestorben, als er noch nicht einmal vierzig war.

Ich sehe sie nacheinander alle wieder vor mir, wie sie sich anstrengen, sich zu amüsieren. Alle ohne Ausnahmen sind Versager geworden. Damals fühlte ich das schon; es gelang mir nicht, mich in die Gruppe zu integrieren, und sie merkten das auch.

Ich erinnere mich, daß einer von ihnen eine Schwester hatte, die sich reihum auf unsere Knie setzte. Sie war lustig, hatte große, unschuldige Augen, aber wir fanden recht schnell heraus, daß sie unter ihrem Rock nichts anhatte, und ebenso unschuldig rutschte sie so lange hin und her, bis sie zu einem Ergebnis kam. Sie war dreizehn.

Da war auch noch Henriette, ein gutmütiges Mädchen, das mit der ganzen Bande geschlafen hat. Reiner Zufall, daß ich nicht auch mit ihr geschlafen habe. Ich hatte ein Rendezvous mit ihr um vier Uhr, aber wie es so kommt, eine dringende Arbeit hielt mich bei der *Gazette* fest. Es war mir gut gegangen. Ein paar Tage später trug uns nämlich der Bruder der Göre mit den nackten Schenkeln mit seinem üblichen Schwung vor, daß er sich wie die griechischen Götter die Schamgegend habe rasieren lassen. Alles fing an zu lachen, denn alle hatten sich bei Henriette Filzläuse geholt.

Unser Freund mit dem Clownskopf hatte noch einen anderen Tick, der zweifellos vom Hunger seiner Eingeweide herrührte. Wenn wir um einen Kuchen und Gläser voller Wein oder Schnaps herumsaßen, entblößte er plötzlich sein Glied, rieb es am Kuchen, tauchte es dann in die Gläser, und danach konnte er alles essen und trinken.

Hatten auch sie ein Gefühl der Angst, so wie ich? Ahnten sie das Ende, das sie erwartete? Mich hat dies Angstgefühl trotz meines Optimismus und meiner

Fähigkeit, alle Dinge zu genießen, jedenfalls nie ganz verlassen. Ich nehme an, daß ein solcher Pessimismus das Los aller Menschen ist.

Jedenfalls frage ich mich, ob mir nicht aus jenem Angstgefühl heraus das Bedürfnis entstand, mit siebzehn zu heiraten und meinerseits ein Schatten hinter dem Vorhang eines erleuchteten Fensters in einer dunklen Straße zu werden.

Zu zweit zu sein! Nicht mehr allein zu sein. Bei mir zu Hause gab es zwischen meiner Mutter und mir nur wenig emotionale Kontakte. Ich war übrigens auch selten da, und auch meinen Vater, den ich trotzdem sehr liebte und der zu einem baldigen Tod verurteilt war, sah ich selten.

Wenn ich Tigy verließ, war es da nicht auch dasselbe Angstgefühl, das mich unwiderstehlich dazu trieb, in den engen Straßen herumzulaufen auf der Suche nach einer Prostituierten?

Wir hatten unser Opium, wie alle anderen auch. Dies war, nachdem wir etwas getrunken hatten, Villon zu deklamieren, leidenschaftlich über Leben und Tod, über Michelangelo, über Himmel und Hölle zu diskutieren und uns dabei in Rage zu reden. Unsere Worte hatten einfach düster, verzweifelt zu sein. Man könnte sagen, daß dies zum Spiel dazugehörte. Ich erinnere mich noch an die erste Strophe eines Liedes, die uns ein Kamerad sehr feierlich vorsang:

Freunde, sagt mir frei heraus,
Wollt Ihr hör'n ein seltsam Lied,
Welches zog durch mein Gemüt,
Als ich beim Zypressenbaum
Saß am Wege wie im Traum
Auf dem Grabstein müd und matt
In der alten Gräberstadt.

Dies könnte eine Seite aus einem Kitschroman von 1900 sein.

Eine kurze Straße, in der nur reiche Leute wohnen. Ein großräumiges, herrschaftliches Haus aus behauenem Stein mit einer dunkelgrün gestrichenen Einfahrt, wie sie sich die Industriellen bauen ließen, deren hohe Schornsteine nachts einen Flammenring um Lüttich legten, während man manchmal vor gähnenden Öfen an Teufel erinnernde Wesen mit nacktem Oberkörper erblickte, die ohne Unterlaß Erz oder Kohle schaufelten.

Ein weitläufiges Gewölbe, eine Tür mit Milchglas und jenseits davon ein Hof, wo die Flügeltüren der ehemaligen Ställe nebeneinander liegen.

Dieses Bild, das einem schlechten Farbfoto gleicht, habe ich Abend für Abend mehr als zwei Jahre lang vor mir gesehen.

Tigys Vater war ein korpulenter Mann mit rosigem Gesicht und blauen Augen. Er war ein schüchterner Mensch, der in Momenten besonderer Gefühlsaufwallung bisweilen anfing zu stottern.

Er war als kleines Kind auf einer Türschwelle gefunden worden, und die Familie meiner Schwiegermutter hatte ihn schließlich adoptiert. Diese Familie war nicht reich. Der Vater hatte eines Tages durch Zufall eine Erfindung gemacht, ein Verfahren zur Entkalkung von Heizkesseln. Seitdem verließ er seinen Sessel nicht mehr, weigerte sich zu arbeiten und antwortete jedem, der ihn aufscheuchen wollte oder ihm seine Untätigkeit vorwarf:

»Seien Sie still. Ich erfinde!«

Bis zu seinem Tod hat er nichts mehr erfunden. So lebten sie also sehr dürftig. Das junge Findelkind wurde Kunsttischlerlehrling, dann Kunsttischler, dann gelang es ihm, sich selbständig zu machen. Schließlich, im Alter von etwa vierzig, hatte er dieses große Haus gemietet, das ich eben beschrieben habe.

Sein Beruf war eher das, was man heute Innenarchitekt nennt und weniger der eines Möbelfabrikanten. Er entwarf selbst Möbel nach den Wünschen seiner Kunden, suchte die Seide aus, mit der die Sessel bezogen wurden und die er aus Lyon kommen ließ, kümmerte sich um die Vorhänge, die Teppiche, kurz, um die gesamte Wohnungseinrichtung, vor allem bei den Schloßherren aus der Umgebung.

Ungewöhnlicher Aufstieg, nicht wahr?

Er hatte eine der Töchter des Erfinders geheiratet. Sie hatten vier Kinder, und er sagte stolz:

»Der Älteste wird Architekt; Régine wird Kunstmalerin; Julita (die man im Familienkreis Tita nannte) wird Virtuosin und die vierte Tänzerin.«

Immer wenn er von der vierten sprach, von Linette, wurde seine Stimme rauh, und seine Augen wurden feucht. Sie war spät geboren worden, lange nach den drei anderen, und sie war mongoloid. Sie hatte das Gesicht einer Puppe, auch den kleinen Körper einer Puppe, anmutige Bewegungen, und sobald sie Klavierspiel hörte, begann sie zu tanzen. Sie starb im Alter von etwa sechs Jahren.

Als J. R. meine Briefe an Tigy entdeckt hatte und mich zu sich bestellte, als ich ihm sagte, daß es meine Absicht sei, seine Tochter zu heiraten, schien er etwas bestürzt, denn ich war nur ein magerer Jüngling von siebzehn Jahren.

Natürlich hat er mich gefragt, wie ich einen Hausstand finanzieren wollte. Und als er erfuhr, daß ich im Monat zweihundertfünfzig Francs verdiente, beschloß er:

»Wenn Sie tausend verdienen, dann gebe ich Ihnen meine Tochter.«

Er fügte noch eine andere Bedingung hinzu:

Daß ich sie ein Jahr lang nicht sehen sollte. Auf diese Weise wollte er feststellen, ob meine Absichten auch ehrlich waren.

Wir haben uns draußen getroffen, am Eingang der Akademie, wie ich schon erzählt habe. Wir liefen in den dunklen Straßen herum, wo alle fünfzig Meter eine Gaslaterne stand. Tigy trug einen langen Mantel aus grobem Wollstoff wie die Mönche, eine Baskenmütze aus dem gleichen Stoff und Schuhe mit flachen Absätzen.

Später, als meine Mutter sie dann traf, rief sie aus:

»Mein Gott, ist die häßlich!«

Seit der Entdeckung der Briefe war noch kein Monat vergangen, als Tigy bei ihrem Vater durchsetzte, daß ich sie zu Hause besuchen durfte. Zu Hause, das hieß in dem Salon, in dem Tita Klavier spielte, wo J. R. die Seiten der Partituren umblätterte, wo die Mutter strickte und der älteste Bruder manchmal kurz hereinschaute.

Es war warm. Die Luft war unbeweglich. Das Licht auch. Während des Klavierspiels schwiegen alle. In der übrigen Zeit spielten wir meist Karten.

Das kommt mir heute vor wie eine Sinnestäuschung, und dennoch war es Wirklichkeit, war es ein ziemlich wichtiger Abschnitt meines Lebens.

Ich weiß, daß ich mich oft wiederhole, daß ich mir vielleicht sogar widerspreche. Das kommt daher, daß ich während dieser Plauderei am Mikrofon versuche, meine Wahrheit herauszufinden, so wie ich fünfzig Jahre lang dickköpfig, oft auch mit großer Mühsal, versucht habe, die Wahrheit meiner Romanfiguren herauszufinden.

Heute, im Alter von siebzig Jahren, nachdem ich diese Bemerkungen diktiert habe, wird mir bewußt, wie sehr ich ein Fremder war in diesem Salon und diesen Personen gegenüber, die alle in ihrem kleinen Lebenskreis erstarrt waren wie Wachsfiguren, in diesem großen Haus aus behauenem Stein, das mir wie tot erschien.

Ich habe gerade eine Stunde und fünfundzwanzig Minuten lang einen Mann bei mir zu Gast gehabt, den ich schon sehr lange kenne und den ich sehr mag. Er ist einer meiner ausländischen Verleger. Er ist so alt wie ich. Er versäumt es nie, jedes Jahr bei mir hereinzuschauen, wenn er an die Côte d'Azur fährt.

Ich habe dabei bemerkt, daß ich nicht mehr auf dem laufenden bin. Ich wußte nicht mehr, was ich sagen, was ich antworten sollte. Ich betrachtete ihn mit einer Art Erstaunen und fragte mich dabei, was er da machte. Werde ich auch noch menschenscheu? Ich glaube, das kommt letzten Endes daher, daß er zu einem vergangenen Abschnitt meines Lebens gehört, und so wie mit ihm wird es mir sicher auch mit manch anderem ergehen.

Dies ist kein Rätsel. Ein junges Mädchen, das schon mit etwa zwanzig Männern geschlafen hat, von denen manche verheiratet sind, manche nicht, hat plötzlich den Einfall, ihrem letzten Liebhaber – einem Liebhaber für drei Tage – zu erzählen, daß sie von ihm schwanger geworden ist und einen bestimmten Geldbetrag braucht, um eine Abtreibung vornehmen zu lassen. Dies passiert nicht im Jahre 1900, sondern zu Anfang des Krieges.

Gibt es Beispiele professioneller Huren, die ebenso gehandelt haben?

Wie weit geht eines Tages die, von der ich eben gesprochen habe? Gleichviel.

Ich bin schon wieder dabei, von den Versagern zu sprechen. Man wird mir sagen, dies sei eine Zwangsvorstellung. Wahrhaftig, es ist eine. Ich habe ihrer zuviele gekannt in meiner Jugend, dann später während meiner Anfänge in Paris, dann später noch und noch heute. Ich habe jahrelang selbst zuviel Angst gehabt, einer zu werden, und deswegen habe ich das Bedürfnis, von ihnen zu sprechen.

Ich spreche nicht von den Clochards, die ich nicht als Versager betrachte, denn ihr Leben am Rande der Gesellschaft haben sie gewollt, und ich habe selten einen Clochard gesehen, der sich beklagt hätte.

Ein Versager ist für mich ein Mensch, der auf irgendeinem Gebiet große Ambitionen hatte, der sich begeistert hat, der alles geopfert hat und der nach Jahren eines Tages erkennt, daß er es zu nichts gebracht hat. Er ist durch sich selbst heruntergekommen. Um zu leben, um zu essen, oft um eine Familie zu ernähren, die er unvorsichtigerweise gegründet hat, ist er dann gezwungen, einer niederen Beschäftigung nachzugehen.

Wir hatten einen Freund, von dem niemand wußte, woher er kam. Er war zwanzig. Er war sehr blond, fast weißhaarig, sehr mager, mit fieberglänzenden Augen. Er kam einige Male in die »Caque«, aber er nahm kaum an unseren Diskussionen teil, hörte ihnen vielmehr mit einer gewissen Verachtung zu, wie es schien.

Auch er war Maler. Eines Weihnachtsabends gingen wir, wie es in Lüttich Brauch ist, ins Marionettentheater in der Rue Roture. Dieser bewußte Freund war auch da und schon betrunken. Wir tranken dann alle zusammen etwas, und es kam der Augenblick, wo der junge Mann mit dem weißblonden Haar nicht mehr in der Lage war zu gehen.

Es regnete. Ich lud ihn mir auf die Schulter. Ich fragte meine Freunde, wo er wohne.

»Das muß irgendwo da drüben sein . . .«

Ein anderer hatte ihn aus einem Haus herauskommen sehen, das abgerissen werden sollte. Wir läuteten an mehreren Türen. Der Bursche auf meiner Schulter rührte sich nicht, und er war so durchnäßt, als habe er den ganzen Tag und die ganze Nacht auf dem Bürgersteig verbracht. Eine biedere Frau zeigte schließlich auf einen dunklen Flur, und wir folgten ihr. Wir stießen die Türe auf von etwas, was man unmöglich ein Zimmer nennen konnte. Es war ein Loch mit nur einem schmalen Fenster, einer Staffelei, Leinwänden und einem Strohsack auf der bloßen Erde. Kein Wasser auf der Etage, nicht einmal eine Toilette. Wir ließen unseren Freund auf dem Strohsack liegen. Was wir mit dem Rest der Nacht anfingen, weiß ich nicht mehr.

Morgens fand man diese arme Kreatur von Maler aufgehängt an der Tür der Kirche Saint-Pholien.

Als ich dann in Paris war, traf ich in den dunklen Straßen von Montmartre einen anderen unserer Freunde wieder, einen Musiker, der hoffte, einer der großen Komponisten unserer Zeit zu werden. Er wiederum hatte keine feste Bleibe, er schlief mal hier, mal da, in einem Hauseingang oder bei der Heilsarmee. Und eines Nachts überraschte ich ihn dabei, wie er in den Mülleimern herumwühlte, um etwaß Eßbares zu finden.

Drei oder vier Jahre später war er tot.

Andere hielten länger durch. Sie schafften es, sich finanziell dadurch über Wasser zu halten, daß sie mehr oder weniger gekonnt Bilder von Blumen oder pittoresken Straßen des Montmartre malten und diese dann auf der Place Constantin-Pecqueur verkauften, auf der »Foire aux Croûtes«, dem »Pinseleienmarkt«, wie man das damals nannte.

Lauthals versicherten sie:

»Aber richtige Malerei mache ich auch weiter!«

Sie wußten aber, daß das nicht zutraf, daß sie niemals mehr den Mut dazu haben würden, daß sie sowieso nie wirkliches Talent besessen hatten.

Es gibt zweifellos in allen Berufen Versager, über die weiß ich aber entweder nichts oder aber zuwenig.

Doch, halt! Ich bekomme sehr viele Briefe von Männern, die die Vierzig erreicht haben, einen festen Beruf haben, entweder in einem Büro oder in einem Geschäft. Die meisten haben Frau und Kinder. Aber irgendwie sind sie vom Flügel des Genius gestreift worden:

Ich versichere Ihnen, Monsieur, daß dies eine wirkliche Berufung ist und daß nichts anderes mehr für mich exi-

stiert. In meinem kleinen Leben habe ich sehr viel mehr Dramen erlebt, als man glauben könnte, und ich weiß, daß Tausende von Lesern sich dafür interessieren würden, wenn ich sie nur zu Papier brächte.

Oft sind einige Seiten beigefügt, die ersten Seiten eines Romans oder einer unbeholfenen Zusammenfassung des Inhalts. Auch viele Frauen schicken Briefe dieser Art. Was soll ich Ihnen nun aber antworten? Was kann ich für sie tun? Soll ich ihnen sagen, daß es keine Hoffnung gibt und daß sie in ihrem langweiligen Beruf weiterarbeiten sollen? Ich persönlich verweise sie an die Verleger, die für diese Art Antworten elegante Umschreibungen parat haben.

Ich kenne kein einziges Beispiel, wo eine dieser späten Berufungen zum Erfolg geführt hätte. Was wird dann aus diesen verhinderten Schriftstellern? Sie glauben weiter an sich. Ihr Glaube ist unerschütterlich. Der Rest der Welt ist es, der nicht versteht oder nicht verstehen will oder eifersüchtig ist.

Sie werden immer verbitterter und schreiben jede Nacht bis in die frühen Morgenstunden und machen so ihre Familien unglücklich.

Es gibt aber auch Zyniker. In einem der Briefe, die mich am meisten befremdet haben, stand zu lesen:

Monsieur Simenon,

Sie haben es geschafft, wie ich sehe. Anders ausgedrückt, Sie haben den Dreh heraus. Diesen Dreh möchte ich Ihnen abkaufen. Ich zahle, was Sie verlangen, und dann werde auch ich berühmt sein.

Alles in allem könnte man sagen, daß wir alle Versager sind. Wo sind sie denn auch, diese schönen Greise mit der heiteren Miene und den wissenden Augen, wie sie uns die Statuen oder die Gemälde unserer Vorfahren zeigen? Viele von uns sind seit ihrer frühesten Jugend, manche von Geburt an, durch eine Krankheit oder eine Mißbildung benachteiligt.

Diejenigen, die das Glück haben, all diesen Leiden zu entgehen, mit denen die Zeitungen uns unterhalten, werden sechzig, fünfundsechzig in einer noch annehmbaren Verfassung. Aber hat der Verfall nicht schon begonnen, sogar ohne daß sie es wissen? Kleine, unbedeutende Zeichen anfangs, auf die man nicht achtgibt. Die Schwierigkeit, eine gewisse Leistung zu erbringen. Die Schwierigkeit auch, seine Aufmerksamkeit lange auf einen bestimmten Gegenstand zu konzentrieren.

Bald muß man sich um seine Arterien, seine Venen kümmern, eine Operation über sich ergehen lassen.

Abgesehen von seltenen Ausnahmen fängt man bestenfalls ganz sachte an, ein Besiegter des Lebens zu werden.

Wir sind keine Versager gewesen? Wir haben Erfolge errungen? Jetzt stutzt uns jedes Jahr mehr zurück. Jedes Jahr auch müssen wir auf etwas verzichten, auf Sportarten, die wir liebten, auf lange Lesestunden, die uns begeisterten, ja sogar auf die angeregte Unterhaltung mit unseren Freunden.

Vielleicht geht es langsam. Vielleicht auch schnell. Jedenfalls rückt das Ende unserer Kraft näher, und die glorreichen Helden, die wir einmal waren, sind plötzlich Greise, die für ihre Pillen, ihre Tropfen leben und dafür, daß man sie fortwährend hegen und pflegen muß.

Ich jedenfalls bin an diesem Punkte angelangt. Meine siebzig Jahre kann ich keinen Tag vergessen. Und doch, wie durch ein Paradox habe ich noch nie so viel Freude am Leben gehabt.

Als ich noch jung war und mir nichts zu schwierig vorkam, fragte ich mich, wie denn jene Greise, die ich bewegungsunfähig an ihren Fenstern sah, wie jene alten Frauen, die sich mit geschwollenen Beinen den Bürgersteig entlangschleppten, diesen bloßen Anschein von Leben überhaupt akzeptieren konnten.

Inzwischen habe ich verstanden, glaube ich. Als ich ganz intensiv zu leben glaubte, ließ ich keiner meiner Freuden die Zeit, mich wirklich zu durchdringen.

Jetzt, da ich in der Münze kleiner Freuden rechne, da ich weiß, wann sie mir gegeben werden, da ich sie geduldig erwarte, als sei es ein Stelldichein, jetzt ist jeder Augenblick gut und köstlich, und das Leben erscheint mir heute erfüllter als im Alter von Vierzig oder Dreißig.

Früher habe ich es heruntergeschlungen, ohne es zu kauen; jetzt koste ich jeden Bissen aus.

Ein magerer junger Mann mit einem schwarzen breitkrempigen Hut auf den langen Haaren, einer Krawatte mit großer Schleife, die aus seinem billigen Regenmantel herausflattert, kommt mitten in einer Menschenmenge aus der Gare du Nord. Der Tag ist noch nicht ganz angebrochen.

Er betrachtet um sich herum dieses erste Bild von Paris, das er nicht kennt. Es regnet. Die Straßen sind trostlos. Es ist kalt. Die meisten Passanten vergraben ihre Hände in den Taschen und gehen schnell und vornübergebeugt.

Mit der einen Hand trägt er einen Plastikkoffer, den ein Riemen am Aufspringen hindert, denn das Schloß funktioniert nicht mehr. Mit der anderen ein mit grobem Packpapier eingewickeltes Paket.

Er setzt sich in Bewegung, ohne nach dem Namen des Boulevards zu schauen. An dem ersten Hotel, vor dem er anhält, hängt ein Schild: Besetzt. Mit dem zweiten, dann mit dem dritten, geht es ebenso. An jedem dieselbe marmorgeäderte Tafel: Zimmer zu vermieten. Tageweise, wochenweise oder monatsweise. Fließendes Wasser, Zentralheizung.

Von Zeit zu Zeit nimmt er den Koffer in die andere Hand und macht sich wieder auf den Weg zum Gipfelpunkt des abschüssigen Boulevards.

Eine Eisenbahn- oder Métrobrücke geht ganz am Ende über den Boulevard hinweg, und er biegt nach links zum Montmartre ein. Immer noch Hotels, Aushängeschilder, und immer noch der Hinweis: Besetzt.

Doch nein. Ein kleines, schmales Hotel auf dem Boulevard Rochechouart trägt diesen Hinweis nicht. Er tritt ein. In einem Kabuff betrachtet ihn ein alter, unrasierter Mann, die Füße in Filzpantoffeln, von Kopf bis Fuß.

»Haben Sie ein Zimmer für den ganzen Monat?«

Der Greis macht ein Zeichen der Zustimmung.

»Wieviel?«

»Fünfzig Francs.«

Wir sind im Dezember 1922. Fünfzig Francs, das ist viel zuviel für das Portemonnaie des Reisenden, und nachdem er Koffer und Paket wieder aufgenommen hat, setzt er seinen Weg fort. Pigalle. Place Blanche. Namen mit einem für seine Ohren magischen Klang, aber vom Regen verwaschene Fassaden. Das Moulin Rouge dreht sich nicht. Seine Flügel stehen still.

Man könnte meinen, alle Hotelbesitzer hätten sich abgesprochen. Entweder sind keine Zimmer frei, oder sie sind zu teuer.

Ein weiter Platz, auf dem es von Straßenbahnen, Bussen, Taxis und Fiakern wimmelt: Place Clichy.

Ein ruhigerer Boulevard mit Baumreihen: der Boulevard des Batignolles. Rechts eine kurze Straße, die Rue de Lancret, und ein Hotel, das nicht das abweisende Schild »Besetzt« trägt.

»Haben Sie ein Zimmer?«

»Tageweise oder für den ganzen Monat?«

»Den Monat.«

Man schätzt ihn ab. Endlich sagt man voller Herablassung:

»Folgen Sie mir.«

Die weiße Treppe ist bis zur dritten Etage hinauf mit rotem Teppichboden bedeckt. Der Teppich hört im dritten Stock auf, und die Frau im Négligé geht weiter hinauf. So erreichen sie die Mansardenzimmer, und auf eins dieser Mansardenzimmer mit schräger Zimmerdecke öffnet sich eine Tür.

»Sie sind doch wohl allein?«

»Ja.«

Ein Eisenbett, ein Waschtisch aus Bambusrohr mit

einer schartigen Schüssel. Zwei Stühle. Kein Teppich. Das ist alles.

»Wieviel?«

»Fünfundzwanzig Francs.«

Mit einem Seufzer der Erleichterung stellt er endlich seinen Koffer und sein Paket ab.

»Es wird im voraus bezahlt.«

Er kramt in seiner Brieftasche herum. Er war so vorausschauend gewesen, sich in Lüttich mit französischem Geld einzudecken.

Als er herunterkommt, erscheint ihm die Umgebung schon weniger düster. Er hat ein Dach über dem Kopf gefunden. Jetzt hat er Hunger. Zum Frühstück ißt er gewöhnlich Eier mit Speck, Butterbrot, Käse.

Er geht in eine Bar und bestellt Kaffee. Er schielt nach einem Körbchen voller knuspriger Hörnchen auf der Theke.

»Können Sie mir eins davon geben?«

»Bedienen Sie sich.«

Er bedient sich. Er ißt. Er findet, daß das Hörnchen wunderbar schmeckt. Dies ist endlich ein angenehmer Eindruck von Paris. Er bittet um die Erlaubnis, ein zweites Hörnchen nehmen zu dürfen, und der Wirt in seiner blauen Schürze zuckt mit den Schultern. Arbeiter im weißen Kittel drehen sich nach ihm um.

Zwei Hörnchen ... Drei Hörnchen ... Er schlingt sie hinunter. Es kommt ihm so vor, als habe er in seinem Leben noch nie so viel Hunger gehabt. Zweimal schon hat er Kaffee nachbestellt, denn die Tassen sind hier klein.

Endlich ist er satt. Er fragt, während er seine Pfeife stopft:

»Wieviel bin ich Ihnen schuldig?«

»Wieviel Hörnchen?«

»Zwölf.«

Der Wirt scheint ärgerlich zu sein.

»Hören Sie auf, Ihre Scherze zu machen. Ich habe gefragt, wieviel Hörnchen Sie gegessen haben.«

»Zwölf.«

Jetzt haben sich alle zu ihm umgedreht, zu dem mageren, nervösen Jüngling mit den zu langen Haaren und den vor Müdigkeit und Ergriffenheit leicht fiebrigen Augen, der gerade zwölf Hörnchen hintereinander gegessen hat.

Als er geht, die Hände in den Taschen seines Regenmantels, folgen ihm ihre Blicke, während er den Pont des Batignolles überquert, hoch über den Geleisen der Eisenbahn.

Der junge Mann, das war ich. Ich hatte keinerlei Vorstellung, was diese große Stadt, die mich da umgab, für mich bereithielt. Hunderte, vielleicht Tausende junger Männer, junger Mädchen waren an diesem selben Morgen in den verschiedenen Bahnhöfen der Hauptstadt angekommen. Vielleicht mit dem gleichen Gepäck. Vielleicht mit derselben Ungewißheit über ihre Zukunft.

Ich hatte keinen Beruf. Ich kannte niemanden, der mir irgendeine Arbeit hätte besorgen können. Ich hatte die Oberschule nicht beendet, da die Ärzte mir mitgeteilt hatten, daß mein Vater mit seiner Angina pectoris nicht mehr lange zu leben habe.

Ich kam der Einberufung zuvor und leistete schnell meinen Militärdienst ab, einen Monat in Aachen in der

Besatzungsarmee, den Rest in der Kaserne, die man von unserem Haus aus sah.

Zwei Tage war es her, daß mein Vater begraben war. Er war an seinem Schreibtisch gestorben, ganz allein, denn dort blieb er immer allein von zwölf bis halb zwei. Er kam erst um zwei Uhr zum Mittagessen nach Hause.

Ich war wegen einer unwichtigen Reportage in Antwerpen, und nachdem ich die schnell zusammengeschmiert hatte, verbrachte ich den Nachmittag mit einem Mädchen im Bett.

Ich ahnte nicht, daß ich bei meiner Rückkehr meinen Vater ausgestreckt auf seinem Bett finden würde mit weißem und heiterem Gesicht. Ich mußte mir einen Ruck geben, um mich zu ihm hinabzubeugen und seine Stirn mit meinen Lippen zu berühren.

Heute ist Sonntag, der dritte Sonntag des März 1973. Der junge Mann von der Gare du Nord hat ganz allmählich das erreicht, was man heutzutage das dritte Alter nennt. Davon wird in den Zeitungen, im Radio, im Fernsehen viel gesprochen. Stiftungen werden geschaffen, Klubs, Arbeitskreise, Mietshäuser, speziell für die Alten. Normalerweise denke ich nicht darüber nach. Heute, da ich mit dem Mikrofon in der Hand am Aufnahmegerät in meinem roten Sessel sitze, fühle ich mich dem jungen Mann vom Bahnhof sehr verbunden. Es kommt mir vor, als habe sich seitdem nichts ereignet, als sei es gestern gewesen, als habe ich von unbedeutenden Lebensläufen geträumt.

Habe ich mich wirklich verändert? Körperlich natürlich schon. Jedes Jahr kommt ein neues Merkmal dieses berühmten dritten Alters hinzu, aber ganz tief in meinem Innern bin ich, wenn ich nur die Augen schließe, wenn ich einschlafe, wenn ich träume, immer noch nicht ein ehrgeiziger junger Mann, sondern ein kleiner Junge.

Ich hätte nicht allein ausgehen sollen. An jenem Morgen, wie an den anderen Morgen, müssen wir wohl einige Hundert gewesen sein, die da in den verschiedenen Pariser Bahnhöfen ankamen, dieselbe Hochstimmung verspürten, dieselbe klopfende Unruhe in der Brust.

Regen oder Sonne, was zählte das schon! Worauf es ankam, war, endlich in Paris zu sein. Worauf es auch und vor allem ankam, war, daß man sich hier um jeden Preis über Wasser halten mußte, seinen Lebensunterhalt verdienen mußte, irgendwie, daß aber doch mehr oder weniger jeden Tag etwas zu essen da sein mußte.

Ich kenne die Prozentzahl derer nicht, die wieder nach Hause fahren müssen, die in den Hallen zugrunde gehen, wo sie von elf Uhr abends bis fünf Uhr morgens Gemüse von den Lastwagen abladen, die aus den Dörfern der Umgebung gekommen sind.

Gestern habe ich das Wort »Ehrgeiz« ganz unbewußt gebraucht. Dieses Wort muß man hier in einem ganz bestimmten Sinn verstehen. Ich hatte nicht den Ehrgeiz, ein anerkannter Schriftsteller zu werden. Ich hatte nicht den Ehrgeiz, irgendwelchen Erfolg, irgendwelchen Ruhm zu erringen. Worauf sich mein Ehrgeiz richtete, war, zu bleiben, mich an dieser Stadt festzuklammern, in der Millionen Lebewesen, die ich neugierig beobachtete, um mich herumwimmelten.

Ich mache eine Zwischenbemerkung, weil mir etwas auffällt. Als ich Romane schrieb, ab halb sieben morgens, wenn ich in mein Büro hinunterging, fand ich automatisch, ohne Notizen, ohne Anstrengung, den Anschluß wieder. Nie habe ich die letzten Absätze oder die letzten Sätze noch einmal lesen müssen, die ich am Abend vorher geschrieben hatte.

Bei diesen Bemerkungen hier geht mir das nicht so, was mich bezaubert, denn es beweist, daß sie einzig nach einer momentanen Laune geschrieben werden.

Ich habe von der Gare du Nord erzählt, von dieser

Art Erkundung, die mich auf der Suche nach einem Dach über dem Kopf die Boulevards entlangtrieb. Ich bin absolut nicht in der Lage, mich zu erinnern, wo diese Suche beendet war, ob es an der Place Clichy, der Avenue des Batignolles oder vielleicht sogar in der Rue de Lancret war.

Selbst auf die Gefahr hin, zweimal dasselbe zu erzählen, nehme ich deshalb meinen Bericht am Boulevard des Batignolles wieder auf. Dieser Boulevard hat für mein Leben und meine Werke große Bedeutung erlangt. Vielleicht deshalb werde ich hier ein wenig verweilen.

Ich brauchte lange, um den Impasse Beauvau, ganz oben im Faubourg Saint-Honoré, an der Ecke der Avenue Hoche, zu entdecken. Ich war gerade den Boulevard des Courcelles heruntergekommen, beeindruckt von den herrschaftlichen Residenzen und den Patrizierhäusern gegenüber dem Gitter des Parc Monceau mit seinen vergoldeten Pfeilen.

In einer Umgebung wie dieser, so stellte ich mir vor, mußte B. V. leben, ein heute vergessener Schriftsteller, der aber seinerzeit eine bedeutende Persönlichkeit war. Er hatte jedes Jahr einen Roman in *Le Journal*, der bedeutendsten Tageszeitung von Paris. Auch hatte er jede Woche eine Erzählung auf der zweiten Seite, und er wurde von Flammarion verlegt. Schließlich erschien sein Foto auch häufig an der Spitze von Umzügen patriotischer Vereine oder der »Action française«.

Ein Freund meines Vaters, der in Frankreich lebte, hatte bei einem Bankett zufällig an seiner Seite gesessen. Beiläufig hatte er ihm mitgeteilt, daß ein junger Lütticher darauf brenne, nach Paris zu kommen, und B. V.

hatte ihm erwidert, er solle ihn doch bei ihm vorbeischicken.

Ich sah mich also schon als Sekretär eines berühmten Schriftstellers.

Ich war sehr enttäuscht, als ich im Impasse Beauvau schäbige einstöckige Häuser entdeckte, wie ich auch in Lüttich eins mit meinen Eltern bewohnt hatte. Gegenüber den Häusern eine lange, schwarze und fensterlose Mauer. Ich ging weiter bis ganz hintenhin und sah einen parkenden Lastwagen.

Wie ich es schon mehr als zehnmal ohne Ergebnis getan hatte, fragte ich:

»Monsieur B. V., bitte?«

Ein Mann in den Dreißigern mit hochrotem Gesicht fragte mich:

»Sind Sie Georges Sim?«

Als ich mit Ja antwortete, sagte er mir:

»Schnell, an die Arbeit. Dieser Lastwagen muß noch vor dem Mittag beladen sein.«

Ich fiel aus allen Wolken. Natürlich war ich nicht in der Absicht nach Paris gekommen, Lastwagen zu beladen. Man hieß mich in die erste Etage hinaufgehen, wo sich Frachtstücke und Spielzeuge aller Art auftürmten, die meisten in schlechtem Zustand.

Es handelte sich um die jüngste Schöpfung von B. V.: Weihnachten in den Ruinen. Denn alle Kriegswunden Frankreichs waren noch nicht verheilt.

Außer meinem rotgesichtigen jungen Mann gingen noch zwei Frauen mit Paketen beladen ohne Unterlaß die Treppe rauf und runter. Ich hatte in der Nacht nicht geschlafen. Der Kopf drehte sich mir in diesem engen

Treppenhaus, und nach meinem langen Marsch im Regen hatte ich das Gefühl, weiche Knie zu haben.

Ich glaube, ich hätte fast geheult, und vielleicht wäre ich um ein Haar mit dem Zug nach Lüttich zurückgefahren.

Zum Mittagessen gaben sie mir nur eine Stunde Zeit. Ich suchte mir das Restaurant aus, das mir am billigsten zu sein schien, aber als ich die Rechnung bekam, merkte ich, daß es für mein Portemonnaie doch noch zu teuer war. Am Nachmittag beluden wir einen weiteren Lastwagen, und B. V. hatte ich immer noch nicht gesehen, ich hatte meine Kollegen noch nicht einmal von ihm sprechen hören.

Auf der anderen Seite der dunklen Mauer erhoben sich die eleganten Häuser der Avenue Hoche, damals eine der aristokratischsten Avenuen von Paris.

Ich jedoch war in den Kulissen gelandet, in diesem langen, düsteren und grauen Schlauch, wo Leute im hintersten Winkel Lastwagen beluden.

Erst später erfuhr ich, daß B. V. überhaupt keinen Sekretär suchte. Er hatte mit einigen anderen die »Liga der Truppführer und der ehemaligen Kriegsteilnehmer«, eine Liga der Rechten also, gegründet, die Poincaré ebenso unterstützte wie den Grafen von Paris. Was hatte ich bloß bei denen zu suchen?

Wir waren drei, oder vielmehr sie waren drei, der junge Mann mit der roten Gesichtsfarbe, ein charmantes Mädchen von etwa fünfunddreißig Jahren, das Mademoiselle Berthe hieß, und ein anderes, langaufgeschossenes und bleiches Mädchen, das auf ein Klingelzeichen hin zu B. V. eilte. Denn dieser wohnte im Erdgeschoß.

Meine Aufgabe war es, fast den lieben langen Tag

Adressen auf Umschläge zu schreiben, damit immer welche parat lagen für den Fall einer Mobilmachung der Liga. Ich brachte auch die Briefe zur Post an der Ecke der Rue Balzac. Wenn den Zeitungen schließlich eine Nachricht zu übermitteln war, legte B. V. Wert darauf, daß diese dem Chefredakteur jeder Tageszeitung direkt übergeben wurde. Zu jener Zeit gab es davon fünfundvierzig in Paris.

Gegen fünf Uhr nahm ich ein Taxi oder einen Fiaker und fuhr nach einem genauen Plan, den man mir gegeben hatte, alle Redaktionen ab.

Mehr als drei Wochen mußte ich warten, bevor ich den traf, dessen Sekretär ich zu sein glaubte, B. V. ...

Jetzt, lange Zeit danach, wird mir klar, warum es mir so entwürdigend vorkam, von meiner Ankunft ab zum Tragen von Paketen abgestellt worden zu sein. Mein Vater war nur Buchhalter. Meine Mutter führte eine kleine Familienpension. Wir hatten also nichts besonders Vornehmes an uns.

Nichtsdestoweniger empfand meine Mutter heftige Verachtung für alle diejenigen, die eine manuelle Tätigkeit ausübten. So sagte sie mir zum Beispiel immer wieder: »Ich verbiete dir, mit Arbeiterkindern zu spielen.«

Diese Arbeiterkinder beneidete ich jedoch, denn wenn sie vielleicht auch nicht dieselbe Art Kleidung trugen wie ich, so hatten sie doch schöneres Spielzeug, und sie aßen besser als wir bei uns.

Dies Beladen der Lastwagen war, ohne daß ich es wollte oder davon wußte, so etwas wie eine Schmach.

Verdammter Mist!

Uff! Das hat mir gutgetan. Seit heute morgen stand ich unter Druck. Wo ich doch so glücklich bin in meinem Ruhestandsdasein, mit den wunderschönen Spaziergängen wie jenem von gestern nachmittag – und heute morgen nur Anrufe von Rechtsanwälten. Es ist nicht ihre Schuld. Im Gegenteil. Aber warum muß man mir unbedingt meine schönen und harmonischen Tage besudeln und auch die Bilder, mit denen zu spielen ich mir mehr und mehr angewöhne und die vor diesem Aufnahmegerät in Worte umzusetzen mir so viel Vergnügen bereitet.

Ich war in die Wirklichkeit des Jahres 1922 vertieft, die Wirklichkeit des jungen Mannes, der dabei war, ein Paris zu entdecken, das vielleicht nicht so war wie in seinen Träumen, das ihn aber dennoch berauschte. Und wie aus Bosheit – das »wie« ist hier überflüssig, aus Bosheit, muß ich sagen – muß ich mich mit den schmutzigen, ekelhaften Geschichten von 1973 abgeben.

Ich lasse mich nicht unterkriegen. Morgen werde ich zum Jahr 1922 zurückkehren. Heute nachmittag schon hülle ich mich fröstelnd in mein kleines Leben der Avenue de Cour.

Heute ist Frühling. Er ist zur Stelle mit all seinem Glanz. Man möchte sich im Gras herumwälzen. Also? Warum sich mit unnützem Kummer abplagen?

Wir haben den 21. März, das habe ich schon gesagt. Wir haben Frühling, und ich kann es nicht leiden, wenn ein Tag wie dieser mit düsteren Gedanken zu Ende geht. Aber ich habe in mir ja andere, die nicht so sind und die ich nur herbeizurufen brauche.

Von Weihnachten 1922 möchte ich nicht sprechen. Ich kenne nichts Schlimmeres, als in einer solchen Nacht allein in Paris zu sein mit nur wenig Geld in der Tasche und Leuten zu begegnen, die sich amüsieren, und sie durch die Glasscheiben der Restaurants zu betrachten. Sehr viel später habe ich von der Polizei erfahren, daß dies die Nacht mit den meisten Selbstmorden ist. Das erstaunt mich gar nicht.

Der Silvesterabend war kaum lustiger. Der Morgen des Neujahrstages auch nicht. Ich irrte in einem verlassenen Paris herum, wo die wenigen Familien, die ich sah, sonntäglich aufgeputzt zur Kirche gingen. Die anderen Leute in Paris schliefen oder hatten einen Kater. Ich weiß nicht mehr, wo ich gegessen habe, wahrscheinlich in einem dieser kleinen Chauffeursbistros, in denen die Speisekarte mit Kreide auf eine Schiefertafel geschrieben wird und die zu mögen ich begonnen hatte.

Gegen vier Uhr nachmittags stand ich, die Hände in den Taschen, ein wenig frierend vor dem Schaufenster der Transatlantikgesellschaft in der Rue Auber und betrachtete die Schiffsmodelle.

Woran ich dachte, weiß ich nicht. Nicht unbedingt an Reisen in Länder, in denen immer die Sonne scheint. Ich war da stehengeblieben, wie ich auch woanders stehengeblieben wäre, ganz einfach deshalb, weil ich schon lange herumgelaufen war.

Und plötzlich sah ich in der Schaufensterscheibe eine andere Silhouette, so unbeweglich wie meine eigene, noch ein Gesicht, das etwas blaß vor Kälte und den Miniaturdampfern zugewandt war.

Es war ein Mädchen mit sehr dunklem Haar und großen, dunklen Augen. Wir haben uns dann schließlich zueinander herumgedreht. Ich nehme an, ich habe sie angesprochen. Sie war Spanierin und sprach nur ein sehr holpriges Französisch.

Immerhin gingen wir schließlich zusammen weiter, anstatt jeder für sich, einsam, auf seinem eigenen Weg. Irgendwo, ich weiß nicht wo, denn ich kannte Paris ja nicht, sind wir in ein Bistro gegangen und haben einen Grog getrunken.

Woher hatte ich nur den Mut, sie in ein Hotel mitzunehmen? Was diesen Punkt betraf, war ich noch schüchtern, besonders in dieser Stadt, wo ich neu war. Das Wetter war unfreundlich. Das Zimmer war unfreundlich. Trotzdem tummelten wir uns eine, vielleicht auch zwei Stunden wie zwei gesunde Tiere, und manchmal brachen wir dabei in lautes Lachen aus. Sie lachte vor allem über meine Ungeschicklichkeiten. Ich dachte, ich sei in Sachen Liebe sehr erfahren. Sie offenbarte mir auf liebenswürdige Weise und mit schalkhaften Augen Feinheiten, die mich verblüfften.

Sie hieß Pilar, ein Vorname, der mir ziemlich häßlich vorkam, warum, weiß ich nicht.

Und dann liefen wir wieder herum, diesmal Arm in Arm. Diese kurze Begegnung am Neujahrstag 1923 ist in meiner Erinnerung als eine der unangenehmsten, der auf unschuldige Art perversesten haftengeblieben.

Wir waren glücklich, ohne einen Grund dafür zu haben, zweifellos weil wir beide das Gefühl hatten, ein paar Stunden nicht allein zu sein.

Seltsamerweise wohnte sie in der Avenue Hoche, zwei Schritte entfernt vom Gebäude mit dem Lastwagen für die Weihnachtspäckchen. Ein riesiges, luxuriöses Gebäude mit einer Fahnenstange und einem Schild mit dem Wappen Spaniens.

Sie war dort Zimmermädchen. Ich träumte nur noch davon, sie wiederzusehen. Ich hatte mich für den nächsten Tag um neun Uhr abends mit ihr verabredet. Um neun Uhr war sie nicht an der Ecke der Avenue Hoche und des Faubourg Saint-Honoré.

Es war schon nicht mehr wichtig. Sie hatte mir alles gegeben, was sie mir zu geben hatte, ihre Frische, ihre maliziöse Stimme, ihr schallendes Gelächter und ihren wundervoll geschmeidigen Körper.

Das Zimmer war wohl einmal eine Schlafkammer gewesen. Auf der verschossenen und schmutzigen Tapete sah man noch in einem etwas helleren Ton den Umriß der Möbel von einst, auch den von etwas, was ein Spiegelschrank gewesen sein mußte. Der nackte Fußboden war grau. Die Schreibtische waren lediglich Küchentische, auf denen man mit Reißzwecken Packpapier befestigt hatte. Da drinnen waren wir zu viert, mit den Gesichtern den beiden Fenstern zugekehrt, deren Scheiben so schmutzig waren, daß man fast nicht mehr hindurchsehen konnte.

Was die Art Bücherschränke anbetraf, in die ich die Umschläge einordnete, die ich den lieben langen Tag beschrieb, so waren das ehemalige Regale aus ich weiß nicht was für einem Kramladen.

Mademoiselle Berthe war klein und rund, immer zum Lachen aufgelegt. Die andere Stenotypistin, die als Sekretärin für B. V. arbeitete, war lang und bleich, melancholisch, immer grau gekleidet wie manche protestantischen Nonnen.

Schließlich war da noch der Mann mit dem roten Gesicht, der an einen Boxer erinnerte und der ganz furchterregend dreinschauen konnte.

Zur Post zu gehen, wiederzukommen reichte mir als Betätigung dann doch nicht. Daher ging ich mittags immer zu Fuß sehr weit, bis zum Boulevard Montmartre, wo ich in einer Passage, der Passage Jouffroy, das entdeckt hatte, was man die »Dîners von Paris« nannte.

Hier aß man zu einem festen Preis: drei Francs fünfzig. Der Raum war ungeheuer groß, mit sicherlich zweihundert oder dreihundert Gästen und einem Schwarm von Servierfräuleins, denen sicherlich Füße und Beine weh taten, weil sie soviel von Tisch zu Tisch laufen mußten.

Für diese drei Francs fünfzig bekam man ein komplettes Menü: eine Vorspeise (eine Sardine, vier Radieschen oder ein ganz kleines Töpfchen mit Schmalzfleisch); ein weiteres Vorgericht (helles Omelett oder ein winziges Scheibchen Fisch); ein Gericht mit Gemüse (ein wenig Fleisch mit einer Kartoffel oder einem Löffel voll Spinat); Käse; Nachspeise.

Eine solche Pracht berauschte mich. Allerdings waren alle Gerichte, die mich reizten, nur gegen Aufschlag zu bekommen. Am Rand stand eine Zahl: 30 Centimes, 50 Centimes usw.

Bei den »Dîners von Paris« habe ich etwa einen Monat lang zu Mittag gegessen. Dann, als ich im Gesicht und am ganzen Körper Pickel bekam, wechselte ich lieber die Art meiner Ernährung.

Schon morgens fragte ich bei der Liga, so wie wir immer sagten: »Ist heute die Runde dran?«

Die Runde bei den Zeitungen nämlich, um dort eine Nachricht hinzubringen. Dies kam zwei- oder dreimal pro Woche vor, denn B. V. liebte es, die Leser in Atem zu halten. Das war die Zeit der »Chambre bleu horizon«, die Zeit, in der die ehemaligen Kriegsteilnehmer wie die Könige auftraten und in der es sich die Schüler der »Ecole Polytechnique« anläßlich eines Streiks des Métro- und Buspersonals als Ehre anrechneten, im Abendanzug und weißen Handschuhen diese Verkehrsmittel zu lenken.

Doch was für ein Genuß war diese Zeitungsrunde! Die Stadt war dunkel, nur stellenweise erleuchtet von einzelnen Gaslampen. Die großen Boulevards mit ihren Geschäften bildeten mit der Rue Royale und dem unteren Teil der Rue Saint-Honoré noch das Zentrum von Paris. Dessen Herz war die festlich erleuchtete Place de l'Opéra.

Ich nahm mit Vorliebe einen Fiaker. Ich fuhr von Zeitung zu Zeitung und schlängelte mich dabei an der Place de l'Opéra durch den Strom der Fahrzeuge. Ich betrat die Wartezimmer oder vielmehr die Salons, denn damals waren die Zeitungen die letzten Salons, in denen man noch plauderte. Von sechs Uhr abends an traf man dort Herren im Frack und mit Monokel, die sich diskret unterhielten, oder Stars vom Theater, die an diesem Abend Generalprobe hatten und sicher sein wollten, daß man für sie die Werbetrommel rührte.

Ich trug einen Anzug aus billigem Stoff, der eingelaufen war und an dem die Hosenumschläge immer schmutzig waren, Schuhe, die das Wasser durchließen, meinen obligatorischen Regenmantel und meinen obligatorischen Hut mit der zu breiten Krempe.

Der stattliche Türhüter führte mich nichtsdestotrotz zum Redaktionssekretär oder zum Chefredakteur, dem ich den Umschlag übergab, auf den B. V. groß seinen Namen geschrieben hatte.

Dies war eine neue Welt für mich, eine Welt, die sehr bald verschwinden sollte. Diese Herren, die ich da im Salon sah, würden gleich in der Stadt speisen, wie man so sagte, das heißt, sie würden ihr Essen bei einer stadtbekannten Gastgeberin einnehmen und dann, vor dem sogenannten Souper, würden sie sich in zwei oder drei Salons des Faubourg Saint-Germain sehen lassen.

Ich habe dies nur aus den Kulissen betrachtet. Wahrscheinlich kommt es mir deshalb noch außergewöhnlicher vor als ein Stamm Schwarzer aus Zentralafrika.

Am nächsten Morgen nahm ich mir unter meiner Schreibunterlage wieder meine tägliche Aufgabe vor. Diese bestand gewöhnlich darin, eine Geschichte zu schreiben. Das war, was ich »für mich schreiben« nannte. Wieviele Geschichten habe ich so geschrieben, kurze oder weniger kurze, ja sogar lange? Ich weiß es nicht. Was ich aber weiß, ist, daß ich niemals versucht habe, sie veröffentlichen zu lassen, und daß sie seit langem verschwunden sind.

Trotzdem hatte dies für mich sehr große Bedeutung. Das hieß nämlich, daß sich der magere Bürogehilfe trotz allem an einer Hoffnung festklammerte: derjenigen, eines Tages ein richtiger Schriftsteller zu werden.

Ich glaube nicht, daß ich das bin oder je war, was man einen Sexbesessenen nennt. Ich glaube auch nicht, daß ich mehr als normale Gelüste hatte oder habe.

Ich glaube hingegen, daß meinerseits immer eine außerordentliche Neugier vorhanden war und auch ein Bedürfnis nach Berührung, die nur sexueller Kontakt vermitteln kann. Dies erklärt auch, daß ich in Lüttich, wenn ich Tigy verließ, das Bedürfnis verspürte, in die engen Straßen einzutauchen oder die Kais entlangzuirren auf der Suche nach einer Frau. Ich muß hinzufügen, daß die Frau für mich immer ein außergewöhnliches Wesen war, das zu verstehen ich mich vergebens bemüht habe. Es war letzten Endes mein ganzes Leben lang eine fast endlose Suche.

Und wie hätte ich Dutzende, ja vielleicht Hunderte weiblicher Charaktere in meinen Romanen erschaffen können ohne diese Abenteuer, die zwei Stunden oder zehn Minuten dauerten?

In Paris, wo ich allein war, wo ich auf das Ende des März wartete, um in Lüttich zu heiraten, war dies für mich ein drängendes Problem. Die Geldfrage war das Grundlegende an diesem Problem.

Ich verdiente sehr wenig bei der Liga. Meiner Mutter mußte ich einen Teil meines Lohnes schicken. Zwar bewohnte ich sowieso nur eine Mansarde und bezahlte nur fünfundzwanzig Francs Miete im Monat, es blieb mir aber doch nur wenig Geld für Essen und noch weniger natürlich für meine schnellen Abenteuer.

Das hinderte mich aber nicht daran, beinahe jeden Abend auf dem Boulevard des Batignolles herumzulaufen, auf dem Weg mit den zwei Baumreihen zwischen den beiden Fahrbahnen, auf dem die leichten Mädchen sich herumdrückten.

Ich frage mich, ob es mir dabei nicht zum Teil um das Schnuppern einer gewissen Atmosphäre ging. Ich betrachtete mir eine nach der anderen, immer in der Hoffnung, einmal eine Ausnahme zu finden. An den Tagen, an denen ich Geld in der Tasche hatte, nahm ich dann eine mit ins nächstgelegene Hotel.

Ich habe viele strenge Urteile gelesen über das, was die Leute mit einem Wort belegen, das ich nicht mag, dem Wort Prostituierte. Ich jedenfalls habe bei ihnen fast immer eine Herzlichkeit, ein Verständnis getroffen, die ich anderswo nicht immer vorgefunden habe, selbst in meiner unmittelbaren Umgebung nicht.

Ich ging in meine Mansarde im Hôtel de la Bertha in der Rue de Lancret zurück. Manchmal schreckte ich hoch durch einen stechenden Kopfschmerz. Tatsächlich schlafwandelte ich oft, und als wir mit meinen Eltern in der Rue de l'Enseignement wohnten, hatte ich zum Beispiel Gitter am Fenster. Jetzt mit siebzig kommt es immer noch vor, daß ich schlafwandle, aber doch seltener.

Mit dem Unterschied, daß die schräge Zimmerdecke nicht mehr dreißig Zentimeter von meinem Kopf entfernt ist, sondern daß ich genug Platz habe, um aufzustehen oder mich in meinem Bett aufzusetzen, ohne mich an den Kopf zu stoßen!

An das Hôtel de la Bertha habe ich noch eine amüsantere Erinnerung. Auf dem Treppenabsatz des letzten Stockes, wo ich wohnte, verbrachte ein mageres und mit schwarzem Serge bekleidetes Zimmermädchen Stunden damit, die Schuhe der Mieter zu putzen. Wenn ich nachts einschlief oder aufwachte, hörte ich das monotone Geräusch der Bürste auf den Schuhen. Eines Nachts ging ich nachsehen.

Das Mädchen war reizlos, mit wenig Brust und ohne Hüften. Aber ich wußte, daß sie die Nichte eines Schriftstellers war, der den Prix Goncourt bekommen hatte.

Mit der Nichte eines Prix Goncourt zu schlafen! Es ist natürlich lächerlich, aber ich bin überzeugt, daß ich als angehender Schriftsteller von dieser Vorstellung beeindruckt war, und an dem Abend habe ich sie gepackt und besessen, während sie noch einen Schuh bürstete.

Sie hat nicht reagiert. Sie hat nichts gesagt, außer:

»Oh! Monsieur . . .«

Monsieur! Im Grunde war ich immer noch ein Lausejunge, und ich frage mich, ob ich das nicht mein Leben lang geblieben bin.

Ich habe noch eine andere Erinnerung an den Boulevard des Batignolles. Ich habe vergessen, wie das ziemlich bekannte Restaurant hieß, wo die betuchten Leute dieses Quartiers oft hingingen. Ich habe nie dort gegessen. Es war zu teuer.

Nach dem Abendessen räumte man die Tische ab. Durch die bestickten Vorhänge sah man Männer, fast alle in einem gewissen Alter, die in gedämpfter Atmosphäre, bei sanfter Beleuchtung Tricktrack oder Karten spielten.

Es ist vorgekommen, daß ich sie mir lange angeschaut habe, und wenn ich jetzt so daran denke, erinnert mich das an einen Traum, den ich als Fünfzehnjähriger hatte. Ganz bequem dazusitzen auf den Moleskinsitzen. Langsam, mit kleinen genießerischen Zügen meine Pfeife zu rauchen und ein Glas Kognak oder Calvados vor mir stehen zu haben. Die Tricktrackwürfel oder die Bridge- oder Belotekarten in der Hand zu halten kam mir wie ein Traum vor.

Man sollte wahrhaftig meinen, ich sei von Geburt an dazu ausersehen gewesen, ein ordentlicher Bürger mit einem hübschen Fettwanst zu werden. Das Schicksal hat anders entschieden, denn niemals im Leben habe ich mit Freunden, deren Gesichter dann immer rosiger wurden, je mehr Gläser sie intus hatten, in einer Brasserie Karten oder Tricktrack gespielt.

Katzenjammer heute morgen. Ich kenne das seit ewigen Jahren. Übrigens glaube ich, daß ich mich in meinem Buch *Als ich alt war* lange darüber ausgelassen habe. Ich habe ganz sacht mit zwei Gläsern Champagner pro Tag angefangen. Meine Ärzte hatten mir das empfohlen, das wirkt nämlich gefäßerweiternd und regelt den Kreislauf. Jedoch wie immer in solchen Fällen haben sich die zwei Gläser langsam in anderthalb Flaschen verwandelt.

Heute höre ich endgültig damit auf.

Ich wollte nichts anderes diktieren, wenn man das überhaupt diktieren nennen kann, was ich da jeden Morgen mache: das heißt, mich in meinen großen roten Sessel zu setzen und mit mir selbst zu plaudern. Das ist der schönste Augenblick des Tages. Einige Minuten lang begegne ich wieder den Bildern aus meiner Kindheit, meiner Jugendzeit.

Trotz meiner ziemlich verkaterten Stimmung finde ich mich nicht damit ab, heute nichts zu erzählen.

Das Hôtel de la Bertha lag mir bald zu weit weg von der Passage Beauvau, wo ich arbeitete. Als ich dann im Quartier des Ternes suchte, fand ich in der Rue Faubourg-Saint-Honoré ein schönes, großes, sehr billiges Zimmer. Es gehörte zur Wohnung einer alten Engländerin, die sich so einen kleinen Verdienst verschaffte.

Bevor sie mir das Zimmer vermietete, teilte sie mir in strengem Tone mit, daß sie weder Frauenbesuche dulde noch daß ich in meinem Zimmer esse.

Das Essen im Restaurant kam mir jedoch immer teurer vor, und ich kam mit meinem Geld einfach nicht mehr über die Runden. Da entdeckte ich den Camembert.

Das muß ich erklären. Ein billiger, anders ausgedrückt, ein schlechter Camembert quillt wieder auf, sobald man ein Stück davon gegessen hat, so daß er drei oder vier Tage hält. Ich mußte nur einen Ort suchen, wo ich ihn aufbewahren konnte. Das Zimmer hatte einen Kamin mit einem Eisengitter, das immer geschlossen war, weil man dort kein Feuer machte. Ich hob das Gitter hoch und legte den Camembert in den Kamin.

Eine Zeitlang ging das gut. Eines Abends, als ich nach Hause kam, stand ich einer stocksteifen, wildblickenden und beleidigten Wirtin gegenüber; sie führte mich in mein Zimmer und zeigte mit dem Finger auf den Camembert, der unter dem Eisengitter hervorgelaufen kam.

»Hiermit kündige ich Ihnen. Morgen verlassen Sie die Wohnung.«

Und am nächsten Tag mußte ich mir eine neue, meinem Portemonnaie entsprechende Bleibe suchen.

Noch ein Sonntag, das, was man einen schönen Sonntag nennt, mit strahlender Sonne, Glockengeläut, fast ausgestorbenen Straßen, in denen man nur ab und zu auf dem Bürgersteig einer Familie begegnet. Früher, als ich noch ein Kind war, haßte ich die Sonntage. Ich habe aber angefangen, sie zu lieben und sie sogar zu genießen als besonderen Augenblick der Woche.

Ich kann mich nicht mehr daran erinnern, was ich gestern morgen erzählt habe. Ich war gereizt, schämte mich, weil ich von zwei Gläsern Champagner pro Tag unmerklich bei sechs angekommen war und es an der Zeit war, mich »trockenzulegen«.

Normalerweise ist dies ein ziemlich mühseliges Unterfangen, einer Entwöhnungskur vergleichbar, wenn auch nicht so schlimm. Gestern ist das aber ohne Schwierigkeiten, ohne Kummer über die Bühne gegangen, und abends konnte ich mir voller Befriedigung sagen, daß ich es geschafft hatte.

Heute ist der Champagner kein großes Problem mehr für mich. Probleme habe ich übrigens gar keine. Ich habe wie immer nur Bilder, und diesmal ist es das Bild der Tür von B. V., die sich gerade etwas öffnet, um einen Besucher passieren zu lassen. Unter denen gab es welche, die zu jener Zeit mehr oder weniger berühmt waren, wie Henri Duvernois, Maurice Barrès und noch andere.

Gestern abend habe ich beim Einschlafen darüber nachgedacht. Welchen Weg der Schriftsteller, der Stükkeschreiber in fünfzig oder sechzig Jahren doch zurücklegt. Einen Weg nach unten. Ich möchte aber nicht so weit gehen, es einen Sturz zu nennen. 1920 waren die Schriftsteller, die Journalisten, die für eine wichtige Rubrik schrieben, noch berühmte Leute, vor denen man sich tief verneigte. Viele wählten sich einen Namen mit einem Adelsprädikat. Auch trugen viele ein Monokel wie B. V., und es gab wenig gesellschaftliche Ereignisse, bei denen sie nicht eine bedeutende Rolle gespielt hätten.

Georges de Portoriche, er ist heute vergessen, war, als ich ihn kannte, ein Mann von etwa siebzig Jahren mit einer schönen weißen Mähne. Trotz seines Alters rissen sich alle Damen der Gesellschaft, alle jungen Mädchen um ihn. Und es ging das Gerücht, daß er zu einem großen Teil noch davon Gebrauch machte.

Sogar ein Lokalreporter war eine angesehene Persönlichkeit, und man schmeichelte ihm, um sein Wohlwollen zu erringen, denn eine entsprechende Notiz im *Gaulois*, im *Figaro*, in der *Comedia* konnte den Ruf und das Ansehen eines Menschen sehr stark beeinflussen.

Es war aber nicht diese Art literarischen Lebens, weswegen ich nach Paris gekommen war. In Lüttich hatte ich davon keine Ahnung gehabt. Das alles war eine Begleiterscheinung der Literatur; sie brachte mich zur Weißglut, und ich versprach mir, mich nie zu einer solchen Art von Ehrbezeugung herabzulassen.

Ich habe B. V. während der sechs Monate, die ich bei der Liga arbeitete, fünf- oder sechsmal gesehen. Aber auch das waren keine persönlichen Gespräche. Es ging lediglich darum, mir zu erklären, wie ich mich bei einer so hohen Persönlichkeit wie Poincaré einführen sollte, um ihm persönlich einen Brief zu übergeben.

Ich sollte etwa Ende März heiraten, am 23. März, wenn ich mich nicht irre. Ich mußte eine Wohnung finden, und in meiner Freizeit klapperte ich auf der Suche danach wieder einmal die Straßen ab.

Sehr viel später, vielleicht fünfzehn oder zwanzig Jahre später, habe ich B. V. wiedergesehen, da kannte ihn aber schon niemand mehr, und ich empfand Verlegenheit ihm gegenüber, weil meine Bücher schon in fünfzehn oder zwanzig Sprachen übersetzt wurden.

Ich trug kein Monokel. Ich war angezogen wie alle anderen auch.

Ich besuchte weder regelmäßig Salons noch offizielle Empfänge.

Genausowenig wie heute.

Gestern hatte ich die Freude, einen Brief von Jacqueline Pagnol zu bekommen, und ich habe den Verdacht, daß Marcel langsam zu faul wird, selbst zu schreiben, was ich ihm aber nicht vorwerfe, ich bin da auch nicht anders. Sie erinnert mich daran, daß ihr Mann jetzt siebenundsiebzig ist, und sie fügt noch etwas hinzu, was mich tief berührt hat, weil ich gern dasselbe tun würde:

Fast jeden Abend, wenn Marcel ins Bett geht, sagt er:

»Ich bin ein alter Doofkopp.«

Wie viele Male habe ich das nicht gedacht, nicht von Marcel, aber von mir, ohne es zu sagen? Jetzt mache ich mir die Freude, es in alle vier Himmelsrichtungen hinauszuposaunen.

Ich setze mich für zwei oder drei Sätze, die mir gerade eingefallen sind, wieder in meinen Sessel. Eines Nachmittags waren wir mit Henri Duvernois auf den großen Boulevards, und mit der Hand auf meiner Schulter, denn er war sehr viel größer als ich, sagte er mir:

»Es gibt einen Augenblick im Leben, Sim, wo man körperlich nicht mehr lieben kann. Nun denn, in diesem Augenblick findet man in sich auch nichts mehr, was man zu Papier bringen könnte. Man tut es trotzdem, aus

Gewohnheit, weil man Geld braucht oder aus einer gewissen Eitelkeit heraus. Aber dir kann ich ja gestehen, daß ich seit drei Jahren nachgemachten Duvernois produziere, daß ich mich, anders ausgedrückt, plagiiere.«

Dies Geständnis, das in leichtem Ton vorgetragen wurde von einem Mann, den ich bewunderte, hat mich tief erschüttert. Diese Erschütterung fühle ich immer noch, jetzt, da ich das Alter erreicht habe, das er damals hatte. Glücklicherweise kann ich immer noch körperlich lieben.

Als ich damit anfing, diese Bemerkungen, diese Erinnerungsbruchstücke zu diktieren, hatte ich beileibe nicht im Sinn, daraus eine mehr oder weniger zusammenhängende Erzählung zu machen. Diese Idee habe ich auch jetzt noch nicht, weil sie mich erschrecken würde. Dies hier sind nicht meine Memoiren, dies sind Bruchstücke meiner Erinnerung, und ich wollte, sie wären noch zusammenhangloser.

Gestern ist mir eine weitere Erinnerung wieder eingefallen. Man weiß, daß ich mir 1942, als ich im Wald von Vouvant lebte, einen Stoß vor die Brust gegeben habe, als ich dabei war, einen Stock für meinen Sohn Marc zurechtzuschneiden, der damals zwei Jahre alt war.

Zwölf Kilometer mußte ich zu Fuß zu einem Röntgenologen laufen, und ich fragte ihn, ob ich mir nicht eine Rippe gebrochen hätte. Er hat mich mehr als eine Stunde lang untersucht und mir dann nicht ohne eine gewisse sadistische Befriedigung gesagt, daß ich höchstens noch zwei Jahre zu leben hätte, unter der Bedingung aber, daß ich nicht mehr rauchen, nicht mehr herumlaufen, sehr wenig essen, nicht mehr trinken und nicht mehr lieben würde.

Wenn ich an diese Anekdote denke, dann deshalb, weil sie für mein Leben eine große Bedeutung gehabt hat. Als ich Marc ansah, sagte ich mir, daß er mich nie richtig kennenlernen würde, daß er auch seine Familie nie kennenlernen würde. Und da begann ich, in Schreibheften die Geschichte dieser Familie aufzuschreiben.

Ich hatte erst ein paar Kapitel geschrieben, als André Gide mir sagte, daß ich doch lieber mit der Ich-Form aufhören und meine Kindheitserinnerungen genauso schreiben sollte, wie ich meine Romane schrieb.

Ich habe mich überzeugen lassen. Die erste Fassung ist erschienen unter dem Titel *Je me souviens*. Die zweite, die sehr viel länger war, ging bis zu meinem fünfzehnten Lebensjahr, das heißt, bis zum Waffenstillstand von 1918, und wurde unter dem Titel *Pedigree* herausgegeben.

Wenn man nun die letzte Seite von *Pedigree* betrachtet, wird man bemerken, daß sie die Worte trägt: »Ende des ersten Teils«.

Es war also meine Absicht, einen zweiten folgen zu lassen. Ich hatte irgendwie einen zweiten Teil im Sinn, der sich von meinem fünfzehnten bis zu meinem zwanzigsten Lebensjahr erstrecken sollte.

Dann einen dritten Band, der von den Anfängen meiner Karriere in Paris erzählen sollte.

Was mich daran gehindert hat, diese beiden Bände zu schreiben, war, daß mir der erste Band eine ziemlich große Anzahl von Prozessen eingebracht hat, die ich alle verloren habe. Da meiner Vorstellung nach noch mehr Personen im zweiten und dritten Band vorkommen sollten, hat mich die Aussicht auf ununterbrochenes Prozessieren darauf verzichten lassen.

Gestern kam mir plötzlich der Gedanke:

»Aber ich bin doch gerade dabei, den zweiten Band von *Pedigree* zu schreiben!«

Ich muß hier protestieren, denn sonst könnte ich, glaube ich, nicht weitermachen. Meine Memoiren zu schreiben kommt mir widerlich und vermessen vor. Aus mir die Hauptperson eines langen Tatsachenberichtes zu machen ist nicht meine Art.

Ich habe Wert darauf gelegt, als ich dies Tonbandgerät gekauft habe, hier nur Skizzenhaftes hineinzudiktieren, Erinnerungen einfach so, manchmal Straßen zu beschreiben mit dem Duft ihrer Zeit, ein Zimmer, in dem ich einmal gewohnt habe, eine Frau, die ich eine Stunde kannte.

Memoiren aber ganz und gar nicht.

Und ich möchte hübsch der ruhige Rentner bleiben, der ich geworden bin, und spazierengehen, lesen, plaudern, ohne von dem Gedanken verfolgt zu werden, daß die Seite voll werden muß.

Es werden vielleicht einmal ein paar Monate, ein paar Jahre übersprungen. Das hängt einzig und allein von den Bildern ab, die sich ohne mein Wissen in meiner Erinnerung festgesetzt haben, und es hängt gewiß auch ein wenig von der Laune des Augenblicks ab.

Heute bin ich entspannt, ich fühle mich zum ersten Mal seit einigen Monaten so richtig wohl, und es tut gut, mit seinem Körper auf gutem Fuß zu leben.

Pedigree war noch richtige Literatur. Nichts als diktierte Bruchstücke, die noch keinen Titel haben und die vielleicht nie einen bekommen werden.

Als ich heute morgen aufstand, habe ich mich darauf gefreut, mich in meinen roten Sessel zu setzen und Erinnerungen wachzurufen, diesmal nicht mehr an die Liga und den Faubourg Saint-Honoré, sondern an die Place du Tertre, so wie sie 1923 war, und an das Atelier, das einer meiner Freunde hinten auf einem Hof gemietet hatte.

Ich bin enttäuscht. Es wurde zwar durch nichts angekündigt, aber ich fühle mich heute morgen ganz kaputt, und wenn man mich sehen würde, könnte man glauben, ich hätte schlechte Laune, die habe ich aber gar nicht. Ich bedaure nur, auf das verzichten zu müssen, was nahezu jeden Morgen mein kleines Vergnügen ist.

Eines Tages hatte er uns in Lüttich ein Selbstbildnis gezeigt, das ihn darstellte, wie er mit melancholischem Blick die Hand wie von ungefähr auf einen Totenschädel stützte. Ich erinnere mich noch daran, daß ich ihm sagte: »Du solltest es ›Der junge Mann mit dem engen Wams‹ nennen.«

Er trug in der Tat immer ein schwarzes, sehr langes, an der Taille enganliegendes Sakko mit einem weißen Pfarrerskragen, aus dem eine Krawatte mit breiten Schleifen herausschaute.

Er hieß Lucien. Von der gesamten Gruppe »La Caque« war er zweifellos der Interessanteste, und irgendwie war er unsere Leitfigur. Er stellte seine Bilder in den Galerien der Stadt aus. Er verkaufte welche davon. Das war in unseren Augen eine ungeheure Leistung.

Außerdem schien er alles gelesen zu haben, redete über Philosophie, Esoterik, Astrologie, jede Woche mit neuen Argumenten, je nach dem Buch oder dem Artikel, die er gerade gelesen hatte.

Er war kurz vor mir nach Paris gekommen und hatte geheiratet, bevor er Belgien verließ. Seine Frau war üppig, von überschwenglicher Fröhlichkeit, mit dem Haar und den Augen einer Spanierin; man darf ja nicht vergessen, daß Belgien lange von den spanischen Armeen besetzt war.

Auch Lucien hatte schwarzes Haar, stark geschwungene Augenbrauen, lange Wimpern, die wie getuscht aussahen, und seine Haut war so weiß und matt wie die eines jungen Mädchens.

Wenn man zu ihm wollte, mußte man den ganzen Montmartre hinaufsteigen, die Place du Tertre überqueren, wo es damals nur zwei oder drei Bistros gab, die alle ein paar Stühle auf dem Bürgersteig stehen hatten. Man bog dann in die Rue du Mont-Cenis ein und brauchte danach nur noch durch einen sehr engen Gang zwischen zwei Häusern hindurchzugehen. Um Luciens Atelier zu finden, mußte man noch eine Treppe hinaufsteigen. Das Zimmer war nicht groß und zur Hofseite hin völlig verglast.

Wenn man hereinkam, schaute man sich instinktiv

danach um, wer da war. In dies Einzelzimmer mit dem großen kaputten Bett, einem durchgesessenen Sofa, den mit Bildern übersäten Tischen, kam tatsächlich jeder herein, wie und wann er wollte. Alle machten es sich bequem, palaverten, schwangen hochtrabende Reden und blieben manchmal bis zum frühen Morgen.

Manchmal waren sechs Leute da, manchmal zehn.

Lucien malte dabei weiter, beteiligte sich aber gleichzeitig an den Gesprächen. Diese drehten sich vor allem um Malerei und Bildhauerei, um »die Leute vom Montparnasse«, die man verachtete und über deren sogenannten Modernismus man sich lustig machte.

Manchmal wagte ich es, sie zu verteidigen, aber ich sah schnell ein, daß das verlorene Liebesmüh war. Jemand holte eine oder zwei Flaschen Wein. Dann ging ein anderer, das hing vom Zustand der Finanzen jedes einzelnen ab. Gegen sieben Uhr wurde gefragt:

»Wieviel hast du?«

»Fünfzig Centimes.«

»Gib her.«

Und so wurde reihum eine Kollekte veranstaltet, die es uns dann ermöglichte, beim Metzger nebenan ein Stück Wurst oder etwas Billiges vom Schwein zu holen und dann beim Bäcker ein oder zwei Kilo Brot.

Wenn ich heute wieder daran denke, fällt mir auf, daß es immer etwas zu trinken gab, wenn auch manchmal nichts zu essen da war oder die Verpflegung sparsam eingeteilt werden mußte.

Es war ein wenig wie eine neue Gruppe »La Caque«, die von Paris, zu der auch zwei oder drei Überläufer zählten, die aus Lüttich gekommen waren. Alle waren arm. Alle waren überzeugt davon, daß sie Ruhm und Reichtum erringen würden. Lucien war es, an den sich alle klammerten, Lucien, der ein paar Monate zuvor noch Bilder in Belgien verkauft hatte und der sicherlich auch bald welche in Paris verkaufen würde, Lucien schließlich, der für alle der Prototyp des begabten Malers war.

Ich muß gestehen, daß er mich in jenem Winter in Erstaunen versetzte. Es war ein sehr harter Winter. Als er keinen Pfennig mehr in der Tasche hatte, bewarb er sich bei der Firma, die auf die Pariser Hausgiebel Cadumbabys malte oder auch andere Reklamebilder, die bis zu acht Meter hoch waren.

Unser zerbrechlicher Lucien mit den zarten, weißen Händen stieg einen Monat lang auf Baugerüsten herum und brauchte, wie er sagte, einen großen Besen, um der Nase einer seiner Gestalten auch nur ein einziges Glanzlicht aufzusetzen. Er schlotterte vor Kälte. Er hatte Angst abzustürzen. Die Bretter unter seinen Füßen waren nicht fest.

Er hielt aber durch, und ich bewunderte ihn deswegen, denn ich selbst wäre unfähig gewesen, eine derartige Probe zu bestehen.

In einer Ecke des Ateliers stand ein kleiner Kohleofen. Man heizte ihm ein, bis er glühte. Der Zigaretten- und Pfeifenrauch ließ die Luft undurchdringlich werden, und auf dem nur halbgemachten Bett sah man ewig die Silhouetten junger Männer, die es sich dort bequem gemacht hatten.

Da wahrscheinlich kam es mir zu Bewußtsein, daß ich niemals zu einer Gruppe gehören würde. Sie waren meine Kameraden. Ich mochte sie gern. Ich ging oft in die Rue du Mont-Cenis hinauf. Ich setzte mich oder streckte mich aus wie die anderen auch. Trotzdem »partizipierte« ich nicht, und ich fühlte mich fremd unter ihnen, wie ich mich in der Folgezeit auch in allen anderen Cliquen fremd fühlen sollte.

Seltsamerweise habe ich diesen Eindruck nie, wenn ich nur einem einzelnen Mann oder einer einzelnen Frau gegenüberstehe. Sobald sich aber Menschen versammeln und eine Gruppe bilden, bleibe ich am Rand, wie, um schneller fliehen zu können, falls ich in Panik gerate.

Das ist seltsam. Ich erinnere mich mit Zärtlichkeit an diese jungen Leute und ihre Hoffnungen, die Melancholie trägt aber den Sieg davon. Die Gesichter sind jetzt verschwommen. Ich würde sie nicht wiedererkennen, wenn ich sie wiedersehen würde, und die meisten Namen habe ich vergessen.

Ich sehe dennoch einen von ihnen wieder vor mir; er war ein großer rothaariger Bursche mit der Haut einer Apfelsine und blauen Augen. Er hatte in diesem Quartier eine kleine Konditorei geerbt. Jeden Nachmittag nahm er bei meinem Freund mit dem engen Wams Malunterricht.

Er blieb dann schließlich den ganzen Nachmittag. Dann verbrachte er den ganzen Tag dort, und es dauerte nur drei oder vier Monate, bis er pleite war.

Ist er Maler geworden? Ich habe nie wieder von ihm gehört. Und dasselbe gilt auch für alle anderen.

Lebendiger, farbiger, deutlicher sind meine Erinnerungen an die Rue Lepic mit ihren Läden, in denen viele Kunden ein und aus gingen, an ihre Obst- und Gemüsefrauen, ihren Lärm, ihr Durcheinander, ihre Gerüche nach dicken Fleischstücken, Obst und Gemüse. Dies erscheint mir viel wirklicher als das Atelier, in dem eine Handvoll junger Leute ihren Tagträumen nachhingen, um ihr Schicksal spielten und dabei verloren.

Am Stadtrand von Lüttich, ein paar Hundert Meter von der letzten Straßenbahnhaltestelle entfernt, lag ein Dorf namens Embourg. Ein gepflasterter Steilpfad führte zur Höhe des Dorfes hinauf, wo nur drei oder vier Häuser standen. Die Landstraße unten war nicht asphaltiert, sondern mit einer dicken Schicht fast weißen Staubes bedeckt, und wenn sich aus Zufall einmal ein Wagen hierher wagte, wurde er schon von weitem durch eine regelrechte Wolke angekündigt.

Während der Ferien wohnten wir, meine Mutter, mein Bruder und ich, bei einer gewissen Madame L. Jeden Morgen schöpfte sie aus dem Brunnen Wasser in Eimern, die mit Ketten an einer Art Halseisen befestigt waren; das hatte sicher einen anderen Namen, den kenne ich aber nicht.

Nachmittags gingen wir immer zu den »Vier Tannen«. Es waren übrigens nur zwei. Der Boden war aus verwittertem Schiefer, der, wenn er von der Sonne erwärmt wurde, einen Geruch ausströmte, der verschieden war von allen anderen Gerüchen, die ich kennengelernt habe, vor allem, weil er sich mit dem Duft der Tannennadeln vermischte.

Während meine Mutter, deren Haar noch zu einem Knoten festgesteckt war, nähte oder strickte, bauten mein Bruder und ich, mit den Beinen bis zum Knie im

Wasser, Staudämme im Bach. Später, gegen Abend, fingen wir die Esel ab, die von Chaudfontaine heraufkamen, wo sie die jungen Sommergäste im Park spazierengetragen hatten. Wir hatten dann das Recht auf eine kleine Gratisrunde.

Es war warm. Alles roch gut. Alles war unschuldig. Alles verströmte Lebensfreude.

Ich brauche mich nach dem Mittagessen nur auszustrecken, etwas zu dösen, um mich nach mehr als fünfundsechzig Jahren wieder genauso zu fühlen wie damals. Nicht die kleinste Einzelheit fehlt, nicht eine Wespe, die zwischen mir und der Sonne dahinflog, nicht ein einziger scharfkantiger Kieselstein, nicht die kleinste Welle im Wasser des Baches.

Gibt es also etwas in uns, das nicht altert?

Mit meinen Träumen ist es ebenso. Ich bin nie der Zeit unterworfen. Und ich bin ganz überrascht, wenn ich morgens im Bett den alten Kerl wiederfinde, der ich nun einmal geworden bin.

Ich brauchte einen Smoking. Für meine Hochzeit. Denn zu jener Zeit war es in Belgien üblich, daß man im Smoking heiratete, die Braut im weißen Kleid oder im Abendkleid.

Ich hatte das Glück, einen belgischen Journalisten zu treffen, der in Paris arbeitete. Er hatte ein kleines Bäuchlein bekommen, und sein Smoking war zu verkaufen. Der Preis, den er mir machte, war noch nicht einmal die Hälfte dessen, was ich im Laden bezahlt hätte: zweihundertfünfzig Francs. Aber genau diese zweihundertfünfzig Francs hatte ich nicht.

Mein belgischer Kollege war ein Prachtkerl, und er ließ mir ein paar Monate Zeit, um meine Schulden abzuzahlen. So bin ich also ganz stolz mit meinem Galaanzug abgefahren. Ich nahm in umgekehrter Richtung den Zug, der mich im Dezember nach Paris gebracht und an den ich so schlechte Erinnerungen hatte. Das war auch noch ein Nachtzug. Ich glaube, die Strecke Lüttich–Paris oder Paris–Lüttich bin ich nie bei Tage gefahren.

Sie fanden, ich hätte abgenommen. Sie machten Bemerkungen. Sie sagten mir, daß ich sicher nicht genug esse. Aber ich mußte behaupten, da ich es ja meinem Schwiegervater versprochen hatte, daß ich tausend Francs im Monat verdiente.

Seit zwei Monaten ging Tigy regelmäßig zum Pfarrer der benachbarten Kirche zum Religionsunterricht. Weder sie noch ihre Schwestern waren getauft worden. Man mußte sie also taufen, sie ihre erste Beichte ablegen lassen, und am Morgen unserer Hochzeit, sehr früh, erhielt sie ihre erste Kommunion.

Wir wären mit einer standesamtlichen Trauung zufrieden gewesen, aber meine Mutter hätte sowas nicht als richtige Trauung angesehen, und ich wollte sie nicht in Verzweiflung stürzen und sie auch nicht vor ihrer Familie und ihren Nachbarinnen demütigen.

Tigy trug ein langes Kleid aus schwarzem Tüll, einen Moirémantel, ebenfalls schwarz, und einen großen Hut, der mit Paradiesvogelfedern geschmückt war. Schade, daß ich kein Foto von ihr in diesem Aufzug habe. Allerdings war ich in dem Smoking, der nicht für mich gemacht worden war, auch nicht eleganter. Dabei will ich noch gar nicht davon reden, daß seit dem Abend vorher meine Unterlippe durch eine Entzündung schön rot angeschwollen war.

Tigy befand sich mit ihrer Mutter und ihrem Vater in dem einen Fiaker; ich war mit meiner Mutter in einem anderen.

Da ich nicht wußte, was ich sagen sollte, da ich Angst vor Tränen hatte, habe ich ihr auf der ganzen Fahrt Kochrezepte gegeben.

Ich erinnere mich nicht an die Zeremonie in der Kirche Sainte-Véronique. Aber ich erinnere mich an unsere Fahrt zum Rathaus. Der stellvertretende Bürgermeister, der uns traute, war sehr jung. Er glaubte, eine lange Rede halten zu müssen, in der er von meinen

Anfängen als Journalist sprach, von der Karriere, die ich in Paris machen würde usw. usw.

Er war voll guten Willens. Armer Kerl! Einen Monat später hat man ihn in die Nervenheilanstalt gesperrt.

Wieder der Zug, der Nachtzug natürlich. Ich war ziemlich beduselt, denn ich hatte dem Wein und dem Champagner ordentlich zugesprochen. Gleichzeitig war ich nicht ganz sicher, welchen Eindruck die Unterkunft, die ich schließlich noch gefunden hatte, auf meine Gefährtin machen würde.

Es war immer noch im Faubourg Saint-Honoré. In einer Art Hof lagen eine Reihe Künstlerateliers und in der Mitte das einzige eingeschossige Gebäude. Auf dieser Etage lebte ein alter Homosexueller mit seinem Gefährten, der eine hohe Piepsstimme hatte und den ganzen Tag eine Frauenschürze trug.

Ich hatte nur ein einziges Zimmer mieten können, das einzige, das frei war; es hatte kein Fenster, sondern nur ein Oberlicht an der Decke. Nebenan eine Art Verschlag mit einem Spülbecken und fließendem Wasser.

Wir sind ziemlich schnell eingeschlafen. Wir waren sehr erstaunt, als wir am Morgen den alten, grauhaarigen Homosexuellen und seinen jungen Freund, den er seinen Neffen nannte, auf Zehenspitzen durch unser Zimmer schleichen sahen.

Wasser gab es tatsächlich nur in dem Kabuff, und da wollten sich beide waschen.

Ich nehme an, daß dies für Tigy ein ziemlich schwerer Schlag war. Sie hat die Angelegenheit tapfer ertragen, und eine Stunde später stellte ich sie B. V. und meinen Kollegen und Kolleginnen von der Liga vor.

Wonach wir den Faubourg Saint-Honoré hinabstolzierten. Das Leben zu zweit, das ich so sehr ersehnt hatte, begann, aber mein Hals war trotzdem wie zugeschnürt, wenn ich an die Zukunft dachte.

Die Geschichte meiner Ehe wäre unvollständig, wenn ich nicht eine Anekdote erzählen würde, die sich zwei Tage vor meiner Abreise nach Lüttich zutrug.

An jenem Abend war ich in den Lapin Agile gegangen, das Lokal der Chansonniers, das jeden Abend überfüllt war. Ich war dort bald eingeklemmt zwischen zwei drallen Holländerinnen, die ich als gewissermaßen biblisch alt betrachtete, obwohl sie, davon bin ich heute überzeugt, kaum älter als dreißig bis fünfunddreißig waren. Sie waren sehr fröhlich. Sie machten sich selbst über ihr Französisch lustig. Die Leute standen so dichtgedrängt, daß ich schamlos meine Hände unter ihre Röcke stecken konnte, was sie nur noch mehr zum Lachen brachte.

Nach einer gewissen Zeit und ein paar Gläschen fragte ich sie, ob ich nicht in ihr Hotel mitkommen könne. Nett wie sie waren, schrieben sie mir auf ein Stück Papier den Namen eines Hotels in der Rue d'Antin, bei der Oper, und ich versprach, eine Stunde später dort zu sein. Ich lief, so schnell ich konnte, in mein Zimmer. Ich zog mich aus, wusch mir die Füße, wechselte die Socken usw., kurz, ich machte jenen Hauch von Toilette, den ich als unabdinglich erachtete.

Ich fragte mich, ob man mich überhaupt in das Hotel hineinlassen würde und sogar, ob sie wirklich dort abgestiegen waren. Aber nein, sie hatten nicht geschummelt. Der Nachtportier ließ mich hinaufgehen. Ich fand sie beide im Schlafrock in einem Zimmer, dessen Eleganz mich faszinierte. Ein paar Augenblicke später waren wir alle drei im Bett.

Dies war mein erstes Abenteuer dieser Art. Ich strengte mich sehr an, mich auf der Höhe meiner Kraft zu zeigen, und dabei mußte ich schon fast die Zähne zusammenbeißen. Zwei oder drei Stunden verflossen, dann weiß ich nicht mehr, was passierte. Genauer gesagt, meine beiden Frauen brachten mir um zehn Uhr morgens das Frühstück und sagten mir, ich sei auf einer von ihnen eingeschlafen.

Mit einem Wort, ich hatte auf meine Art vom Zölibat Abschied genommen.

Seit einigen Wochen habe ich eine neue Angewohnheit. Sie besteht darin, vor dem Mittagsschlaf das Rouleau am Fenster nicht ganz zu schließen. So kann die Sonne durch die Tüllstores, dann durch die sehr bunten Übergardinen hindurchscheinen und im Raum einen goldenen Schein verbreiten, den ich selbst mit geschlossenen Augen noch wahrnehme. Nachts lasse ich ein kleines elektrisches Nachtlicht brennen, eine Art Scheibe, die weniger richtiges Licht als vielmehr einen Lichthof verbreitet. Als ich noch ein Kind war, schlief ich beim Schein einer Öllampe, weil ich Angst hatte. Jetzt ist es nicht wegen der Angst, denn ich schlafe nicht allein. Es ist wegen des Vergnügens. Man könnte sagen, daß man mit zunehmendem Alter diejenigen Freuden immer mehr zu schätzen weiß, die simpel erscheinen, die aber in Wirklichkeit Ausdruck großer Verfeinerung sind.

Man gewöhnt sich an alles, sogar daran, morgens bei Tagesanbruch zu sehen, wie zwei Gespenster, das große mit grauem Haar und zerknitterten Wangen, das kleine mit tänzelndem Gang, das Zimmer durchqueren, und dann das Geräusch des Wassers zu hören. Als sie an jenem bewußten Morgen wieder in ihrem Teil der Wohnung waren, stand Tigy wie immer auf, um Kaffee zu kochen. Hierzu bedienten wir uns einer Benzin- oder Spirituslampe, ich kenne mich da nicht aus. Jedenfalls wollte sie, als der Tank leer war, Brennstoff nachfüllen, ohne aber die Flamme auszulöschen.

Innerhalb weniger Sekunden stand alles in Flammen, und sie hatte gerade noch Zeit, den Kanister weit von sich zu schleudern, andernfalls wäre sie in eine lebendige Fackel verwandelt worden. Ich weiß nicht mehr, wer die Feuerwehr alarmiert hat. Jedenfalls herrschte einige Minuten später in den beiden Zimmern totale Verwirrung; Leute, die hin und her rannten, Feuerwehrmänner mit ihrem Wasserschlauch, Wasser überall, ein Kleiderschrank, der zu brennen anfing und den man reichlich mit Wasser begoß.

Das Kurioseste in dieser ganzen Unordnung war das kleine Tuntchen, das einen langen weißen Morgenmantel trug und so aussah, als würde es tanzen.

Das genau war der Moment, den sich meine Schwiegereltern für ihre Ankunft ausgesucht hatten. Wir erwarteten sie an jenem Tag, aber wir wußten nicht, zu welcher Zeit. Es wäre schwierig, ihre sprachlose Bestürzung zu beschreiben. Was sie tröstete, war, daß ihre Tochter mit heiler Haut davongekommen war.

»Habt Ihr denn hier kein Fenster?« fragte meine Schwiegermutter.

Und ich, indem ich auf die Glasscheibe über meinem Kopf zeigte:

»Nein, aber wir haben ein Oberlicht.«

Sehr überzeugt setzte ich noch hinzu:

»Das ist doch viel praktischer!«

Wir sind dann alle zusammen spazierengegangen,

und mein Schwiegervater hat uns in ein sehr gutes Restaurant eingeladen, wo der Oberkellner ihn sofort bei seinem Namen nannte, was ihn vor Vergnügen erröten ließ. Dort ging er nämlich immer mit seinen Kunden essen, wenn er auf Geschäftsreise in Paris war.

Er machte uns keinerlei Vorhaltungen. Er kam nicht mehr auf die tausend Francs zu sprechen, die ich angeblich jeden Monat verdiente. Er war diskret, warmherzig.

Das läßt mich daran denken, daß ich sehr viele Männer wie ihn kennengelernt habe, sehr viel mehr als andere. Ohne den Direktor der *Gazette de Liège* wäre ich niemals Journalist geworden. Ohne den Mann, den ich bald kennenlernen sollte, wäre meine Karriere vielleicht anders verlaufen.

In Wahrheit hat mich das Leben gelehrt, daß Nachsicht sehr viel verbreiteter ist, als man denkt. Oder ist es nur so, daß ich das Glück hatte, diese Nachsicht auf mich zu ziehen?

Ich könnte dies meine Lehrjahre nennen. Seit meiner Ankunft in Paris war ich mir schwerfällig vorgekommen, ungeschickt zwischen diesen Parisern mit ihrer gewandten Zunge, die so fröhlich in ihrer Stadt herumspazierten und bei denen der Spott locker saß.

Bei der Liga machte sich besonders Mademoiselle Berthe über meine Belgizismen lustig, unter anderem über die Worte »nicht wahr?«, die ich jeden Moment wiederholte. Schließlich wurde eine Sparbüchse auf das Kaminsims gestellt, und jedesmal, wenn ich einen Lütticher Ausdruck gebrauchte, mußte ich zehn Centimes dort hineinwerfen.

Der Inhalt dieser Sparbüchse hat mehrere Male ausgereicht, dem ganzen Büro einen Aperitif zu spendieren.

Ich war neugierig auf alles, wie man sich sicher denken kann. Ich hatte auf der Place Blanche das Moulin Rouge entdeckt, dessen beleuchtete Windmühlenflügel sich abends langsam in der Dunkelheit drehten. Das waren noch volkstümliche Tanzfeste. Der Saal war riesig. Kleine Tische standen um die ebenfalls riesige Tanzfläche herum, an einer Wand war auch eine Bar für die leichten Mädchen in ihren Abendkleidern, auch eine Reihe Logen, in denen man nur Champagner servierte und wo Männer im Smoking Damen mit perlengeschmücktem Dekolleté hingeleiteten.

Ich sog das alles voller Seligkeit in mich ein. Schon bevor Tigy gekommen war und nach unserer Heirat dann mit ihr, setzte ich mich an einen der Tische und betrachtete die Paare, die Kleidung der Männer und Frauen, lauschte den Satzfetzen, als wäre ich im Begriff, eine andere Sprache als meine eigene zu erforschen.

Die Mädchen waren zumeist Stenotypistinnen, die Männer Angestellte oder Verkäufer, die man damals Ladenschwengel nannte.

Das war noch wie auf den Bildern *Déjeuner sur l'herbe* und *Canotiers*.

So konnte ich stundenlang sitzen, ohne den Wunsch zu tanzen, und nur die Gesichter und die sich bewegenden Körper beobachten. Aus der Ferne beobachtete ich auch die unerreichbaren Gäste der Logen, wo mir besonders die Frauen einer anderen Welt anzugehören schienen.

Tigy hat sich sehr schnell mit diesen Übungsstunden

angefreundet. Denn das war es ja letzten Endes. Ich machte meine Pariser Lehrzeit durch, indem ich mit dem begann, was in meiner Reichweite lag.

Dann kam der traditionelle Trommelwirbel, dem ein atemberaubender French-cancan folgte.

Ich will nicht sagen, daß ich an jenen Abenden nicht lieber am Arm einer der Tänzerinnen des French-cancan fortgegangen wäre, als mit meiner Frau nach Hause zurückzukehren, mit einer der schönen Perlengeschmückten aus einer Loge, einem der eleganten leichten Mädchen von der Bar oder ganz einfach mit einer der jungen Midinetten, die am Arm großer Burschen meines Alters vorübertanzten.

Wir sind sehr oft ins Moulin Rouge gegangen, und ich konnte davon gar nicht genug bekommen. Ich glaube, daß ich jeden Tag etwas lernte. Sehr viel mehr zum Beispiel, als wenn ich zu meinem Freund auf den Montmartre ging, dort Wurst aß und dabei allerlei leere Phrasen drosch. Aber ich hatte nicht jeden Tag die fünf Francs Eintrittsgeld.

An den Kiosken hatte ich schon alle sogenannten galanten Wochenblätter jener Zeit gekauft. Eine sehr artige Galanterie, die man heute ohne weiteres in den Schulen verteilen könnte.

Wenn wir abends nicht ausgingen, versuchte ich mich darin, Geschichten in der Art dieses oder jenes Magazins zu schreiben. Denn jedes unterschied sich vom anderen durch sehr feine Nuancen, und eine Geschichte, die für *Le Sourire* geeignet war, war es noch lange nicht für *Frou-Frou* oder für *Rire*, *Paris-Flirt*, *Mon Flirt* usw. Es gab davon jede Menge. Die erste Geschichte, die von mir gedruckt wurde, erschien in einer Zeitung, die einem Industriellen aus Lille gehörte und *L'Humour* hieß. Curnonsky und andere bekannte Schriftsteller arbeiteten hier mit. Die Geschichte wurde mit hundert Francs bezahlt, was mich in größtes Entzücken versetzte.

Zwei Monate später schrieb ich bis zu zwei oder drei Geschichten pro Abend in dem Zimmer mit dem Oberlicht, und ich war Mitarbeiter bei einem guten halben Dutzend dieser galanten Blätter.

Die kleinen Geschichten, die ich abends und tagsüber dann bei der Liga unter meiner Schreibunterlage schrieb, amüsierten mich. Das war für mich keine Arbeit, sondern ein richtiges Vergnügen. Manchmal, wenn ich sie schrieb, passierte es, daß ich laut herauslachte an einer Stelle, die mir lustig vorkam.

Wieviele Speisen gab es nicht auch, die ich noch nie gegessen hatte und die ich voller Gier probierte! In Schmalz gebackenes Schweinehackfleisch zum Beispiel, Schlackwürstchen, Kutteln nach der Art von Caen . . .

Ein Genuß, diese Kutteln nach der Art von Caen. Wenn in meiner Kasse Ebbe war, konnte man ein ganzes Brot aufessen, indem man es in einen Topf mit Kuttelsoße eintunkte, die man nur warmzumachen brauchte. Das war so etwa wie der Camembert bei der alten Engländerin.

Und der Duft mancher Weine, mancher Weinbrände. Calvados trank ich zum ersten Mal in einer kleinen Bar, in die man zwei Stufen hinuntersteigen mußte und wo einen der Geruch nach Calvados sofort umfing. Tresterbranntwein habe ich in einer anderen Bar getrunken, die nach Tresterbranntwein roch.

Ich hatte Hunger auf alles. Alles verzauberte mich, und es schien mir, als sei alles anders als woanders, besonders als in Lüttich, wo ich bis dahin gelebt hatte. Es lag eine Leichtigkeit in der Luft, eine Leichtigkeit auch in der Art, wie die Leute sprachen, in ihren Blicken.

Ich drang in die Kühle der Bistros ein, wo vor dem Zinktresen und dem Wirt in Hemdsärmeln bald über alles mögliche geredet wurde. Ich war verrückt danach, in den Restaurants zu essen, in denen die Servietten für die Stammgäste in besonderen Fächern aufgehoben wurden und wo man die Speisefolge mit Kreide auf eine Schiefertafel schrieb.

Wir liefen viel herum, Tigy und ich, und die Seine mit ihrem ständig wechselnden Anblick zog uns besonders an. Unser großer Spazierweg ging an den Kais entlang bis nach Charenton. Hier machten wir an der Schleuse Nr. 1 halt, dort, wo der Marnekanal anfängt. Fasziniert sahen wir beim Löschen der Lastkähne zu, den Weinfässern, die sich an der Uferböschung auftürmten. Alles war gut. Alles war neu. Alles war herrlich.

Ich hätte alles auf einmal lernen mögen, überall hingehen, alles erforschen, wissen, was sich hinter jeder Mauer verbarg, hinter jeder Tür, hinter der Stirn jedes Passanten.

Die Wirte der Bistros ließen sich meist Weine aus ihrem Heimatdorf schicken und schenkten sie voller Stolz aus.

War dies alles wirklich so außergewöhnlich? Oder war ich es mit meinen zwanzig Jahren?

Gestern abend habe ich mir wie an allen anderen Abenden um viertel vor acht die Nachrichtensendung im Fernsehen angesehen. Plötzlich mußte ich einfach lachen. Ich dachte nämlich an die Lebensweise des jungen Sim im Jahre 1923 und sah mich plötzlich in Pantoffeln, im Nachthemd und gemütlichem Morgenmantel in meinem Sessel sitzen und Pfeife rauchen.

Hätte er dabei nicht an einen dieser lächerlichen Spießbürger von Labiche gedacht? Nichts fehlte, nicht einmal die Tasse Kamillentee.

Aber es geschieht doch etwas überaus Seltsames. Diesen jungen Mann, der da in Paris losgelassen worden ist, betrachte ich mehr und mehr als einen Fremden, den zu verstehen ich mich bemühe. Ich vergesse dabei, daß ich das ja war. Manchmal versetzt mich sein Verhalten in Verwunderung, und manchmal macht es mich wütend.

Aber war nicht auch er schon ein Kleinbürger, wie er da mit der Pfeife im Schnabel und den Händen in den Taschen seines Regenmantels auf der Plattform des Omnibusses Madeleine-Bastille stand und dabei mit einer unstillbaren Neugier die Terrassen der Cafés, die Luxusgeschäfte betrachtete, die es damals auf den großen Boulevards gab, die vielen Menschen, die immer volkstümlicher aussahen, je mehr wir uns dem Boulevard Saint-Martin näherten und mehr noch, als wir an der République vorbei waren? War er nicht letzten Endes der Prototyp eines Provinzlers?

Die Bilder drangen in meine Augen, die Töne in meine Ohren, die Gerüche in meine Nase. Ich sog alles in mich ein. Ich hätte gern alles in mich aufgesogen, besonders die Frauen. Manchmal war ich fast krank vor Begierde nach ihnen.

Zweimal in der Woche klapperte ich die galanten Zeitungen ab, bei denen ich mitarbeitete, und holte mein Zeilenhonorar ab. Wenn dieses fünfhundert Francs erreicht oder sogar überschritten hatte, reservierte ich mir zwanzig Francs für mein persönliches und heimliches Vergnügen. Tigy war von einer fast krankhaften Eifersucht. Mehr als zwanzig Jahre, die ich mit ihr verbracht habe, mußte ich lügen und mich verstecken. Ich glaube, diese gewissermaßen aufgezwungene Schwindelei ist es, was ein Mann einer Frau am wenigsten verzeiht.

Nach und nach wurde ich mit der Fauna der großen Boulevards und sogar mit den Preisen des Marktes vertraut, wenn ich so sagen darf. Auf der Terrasse der Taverne Royale in der Rue Royale, ebenso wie auf der Terrasse des Café de la Paix an der Oper, fand man das Beste vom Besten, elegante und diskrete Frauen, die nicht versuchten, Kunden anzuwerben, sondern die darauf warteten, daß man sie ansprach und die Wert darauf legten, daß man dabei eine gewisse Form wahrte.

Jene waren für mich noch unerreichbar, denn fünfzig Francs war hier der niedrigste Preis. An der Ecke der Rue Godot-de-Mauroy und in dieser Straße selbst gingen sie schon auf vierzig, ja sogar bis auf dreißig herunter, während man auf dem Boulevard Montmartre eine

Gefährtin schon für zwanzig Francs haben konnte. Das waren die für mich. Ich ging nur selten bis zur République, wo die Preise bis auf zehn heruntergingen.

Was suchte ich? Ich habe es schon gesagt. Oder vielmehr habe ich mir diese Frage auch schon gestellt. Und eigentlich habe ich darauf nie eine befriedigende Antwort gefunden. Sicher spielte dabei die sexuelle Begierde eine große Rolle, die Begierde, einen anderen Körper zu entdecken, andere Formen, eine andere Beschaffenheit der Brüste oder der Hüften. Ich bemühte mich auch, meiner Partnerin zum Genuß zu verhelfen, aber über diesen Punkt mache ich mir keine Illusionen, ich weiß, daß dieser Genuß oft nur vorgetäuscht war.

Ich nahm sie dennoch in meine Arme. Ich beobachtete ihre Augen ganz aus der Nähe, das Beben ihrer Nasenflügel, ihre halbgeöffneten Münder, und das war fast, als ob ich mit einem Teil des Universums Verbindung aufnahm.

Das ist es, warum ich sie alle gewollt hätte. Ich litt buchstäblich unter der Gewißheit, daß es Millionen von Frauen auf der Welt gab, die ich niemals kennen würde und die mir alle etwas hätten geben können, die alle eine gewisse Lebensfülle hätten vermehren können, nach der ich mich verworren sehnte.

Ich mochte auch den Omnibus, weil er ein Omnibus war und wegen des Schauspiels, das die Straßen boten und an dem er mich teilhaben ließ. Auch nach jenen Schauspielen hungerte ich. Jede Straße war verschieden, jede Straße hatte ihren eigenen Charakter. Sie lebte, und je mehr sie vor Menschen wimmelte, desto erregter fühlte ich mich.

In den schönen und eleganten Stadtvierteln, wo ich doch arbeitete und wohnte, lief ich nur selten herum. Ich brauchte die richtige Straße mit ihren kleinen alten Frauen, den einsamen alten Männern, ihren nimmermüden Klatschweibern und den Conciergelogen, über denen der Geruch von Eintopf hing.

Die Steingebäude mit ihren Torwegen, von wo man hinten im Gang einen Chauffeur das Auto seines Herrn putzen sah, interessierten mich nicht. Außerdem waren hier die Gardinen immer zugezogen, und die Bewohner dieser Häuser zeigten sich nur sehr selten auf der Straße.

»Ich ging auf die Jagd«, wie ich es selbst nannte. Auf die Jagd nach dem Menschen. Auf die Jagd nach dem Leben. Auf die Jagd nach Frauen natürlich, aber, sei es im Moulin Rouge, auf den großen Boulevards oder woanders, es war dieselbe stechende Neugier, die mich trieb.

Ganz allein war ich leer. Das Leben zu zweit genügte mir nicht. Die ganze Welt war es, auf die ich Lust hatte.

Um dann was zu werden? Ein alter Mann im Morgenmantel, der fernsieht und dabei seinen Kamillentee trinkt. Ist es also verwunderlich, daß dieser Greis zehnmal am Tag das Bedürfnis verspürt, Bilder wiederzusehen, die der junge Mann von damals mit erstaunten Augen betrachtete, und sich noch einmal durch sie in Erstaunen versetzen zu lassen?

Ich bin seit heute morgen etwas verstört. Als ich mein Tonbandgerät, das ich ja mein Spielzeug genannt habe, kaufte, hatte ich kurze Diktate im Sinn, ab und zu, die einen kleinen Teil der Freizeit eines Rentners ausfüllen sollten.

Die Bilder sind mir nun aber in immer schnellerem Rhythmus zugeströmt. Ich habe welche entdeckt, die ich für immer verloren glaubte. Es kommt mir vor, als formten sich jeden Tag neue, die mich dann beunruhigen, weil sie nicht zu meinem heutigen Ich gehören, sondern zu einem fernen Ich, das fast zu einem fremden Wesen geworden ist.

Dies Wesen zu verstehen, bemühe ich mich. Ich beobachte es mit einer gewissen Scheu, um es nicht zu erschrecken, so, wie ich es mit meinen Söhnen mache. Bisweilen kann ich nicht umhin, es mit ihnen zu vergleichen. Und die Bilder werden immer verwirrender, denn die von damals neigen dazu, sich mit denen von heute zu vermischen, ja, sich sogar in ihnen zu verlieren.

Dennoch weigere ich mich, in meinen Gedanken Ordnung zu schaffen. Übrigens habe ich keinerlei Absicht, Gedanken fortzuspinnen. Ich komme immer wieder auf das Wort »Bilder« zurück, besonders auf die, die mir durch den Kopf gehen, wenn ich anfange, nach dem Mittagessen oder nachts in den Schlaf hinüberzugleiten.

Ich muß damit aber wirklich einmal ins reine kommen, sonst bin ich mit mir selbst nicht recht zufrieden. Wir werden ja sehen, was daraus wird.

Mein ganzes Leben habe ich mich mit anderen beschäftigt und sie zu verstehen versucht. Jetzt, wo ich mir Mühe gebe, mich selbst zu verstehen, bemerke ich, daß ich sehr viel reicher bin, als ich immer dachte.

Als ich an jenem Morgen unter dem Oberlicht unseres komischen Zimmers erwachte, ahnte ich noch nicht, daß der Tag wichtig werden und daß ich ganz einfach so in eine Welt eindringen würde, die mir vollkommen fremd war, und daß mir jede Stunde neue Erfahrungen bringen würde.

Hier in Lausanne, wo ich in meinen roten Sessel vergraben diktiere, fällt zum ersten Mal seit Wochen wieder ein leichter Sprühregen, und ohne ersichtlichen Grund fühle ich mich deprimiert. Dies ist ein Wort, das ich selten verwende. Das ist ein Geisteszustand, der mir nicht geläufig ist.

Man könnte sagen, daß der junge Sim und ich heute morgen nicht auf derselben Wellenlänge senden, und wenn ich meinen Gedanken bis zum Ende weiterdächte, würde ich vielleicht sagen, daß er mir auf die Nerven geht.

Wie jeden Morgen hatte ich mich in die so wenig einladende Sackgasse aufgemacht, an deren Ende sich die Liga befand. Ich war die immer staubigen Treppenstufen emporgestiegen und hatte die schmutziggrau gestrichene Tür aufgestoßen. Sofort bemerkte ich, daß mich die beiden Mädchen und der junge Mann mit dem roten Gesicht schadenfroh ansahen.

»Monsieur B. V. will Sie sofort sehen.«

Ich glaubte, meinen Ohren nicht zu trauen. Dies war das erste Mal, daß ich ihn nicht durch Zufall treffen sollte, und dann noch so früh am Morgen.

Mit klopfendem Herzen ging ich hinunter, klopfte an seine Tür, hörte seine laute Stimme, die mich zum Eintreten aufforderte. Er machte sein Monokel in seiner linken Augenhöhle fest und betrachtete mich von Kopf bis Fuß mit einer gewissen Feierlichkeit.

»Ich habe da eine wichtige Aufgabe, die ich Ihnen anvertrauen möchte, und ich glaube, daß Sie dazu fähig sind. Jedenfalls habe ich Vertrauen zu Ihnen.«

Die Feierlichkeit gehörte bei B. V. zum Charakter. Nichts, was ihn berührte oder was er berührte, war vulgär oder gewöhnlich. Alles war von größter Wichtigkeit, seine Rolle als Schriftsteller und Politiker eingeschlossen.

»Haben Sie schon einmal etwas vom Grafen von T. gehört?«

Ich suchte in meinem Gedächtnis, fand nichts und gab es auch arglos zu.

»Er ist überaus vermögend, überaus einflußreich und gehört zum höchsten Adel Frankreichs. Ihm ist es größtenteils zu verdanken, daß die »Liga der Truppführer und ehemaligen Kriegsteilnehmer« überhaupt existieren kann. Ich habe ihn gestern getroffen. Er sucht einen Sekretär. Ich habe ihm von Ihnen erzählt. Er erwartet Sie heute morgen in seinem Haus in der Rue La Boétie.«

Ich wußte nicht, was ich antworten sollte. Das Seltsamste war, daß ich mir seit ein paar Tagen überlegte, ob ich nicht die Liga verlassen und versuchen sollte, von meinen galanten Geschichtchen zu leben. Ich versprach aber trotzdem, um elf Uhr in die Rue La Boétie zu gehen, wo mir auf mein Klingeln ein Hausdiener, der genauso angezogen war wie die Hausdiener im Kino, die Tür öffnete.

Ich wollte sprechen. Er ließ mir keine Zeit dazu.

»Sie haben einen Termin um elf Uhr, nicht wahr?«

Und als ich ein Zeichen der Zustimmung machte, nahm er den Hörer des Haustelefons ab.

»Sind Sie das, Albert? Die Person, die der Herr Graf erwartet, ist eingetroffen.«

Worauf er mir über eine breite Treppe bis in ein sehr großes Zimmer voranging, das ein Büro sein mußte und wo die größte Unordnung herrschte.

Ein paar Minuten später hielt der Graf von T. in einem seidenen Hausmantel und mit den Füßen in Pantoffeln aus rotem Ziegenleder seinen Einzug.

»Sie werden Sim genannt?«

Ich stotterte:

»Ja, wahrhaftig, so nennt man mich, seitdem ich im Journalismus arbeite. Mein richtiger Name ist Georges Simenon.«

»Ich werde Sie Sim nennen.«

Er zweifelte weder daran, daß ich ja sagen würde, noch daran, daß er mich gebrauchen konnte.

In Lüttich hatte ich schon einige dieser behäbigen und nie sehr hell erleuchteten herrschaftlichen Häuser gesehen, wo die Minenbesitzer wohnten, deren Schutthalden man überall vor der Stadt sah, ebenso wie ihre großen Fabriken, deren Schornsteine Feuer spuckten. Die Leute, die in diesen Bastionen wohnten, die hatte ich noch nie aus der Nähe gesehen. Ich wußte nicht, wie sie sprachen, wie sie aßen, wie sie lebten.

Der Graf von T. gehörte zu jener Welt, und ich sah ihn vor mir, keine drei Meter entfernt, wie er eine Zigarette anzündete und mich dabei wohlwollend musterte.

»Ich weiß nicht, wieviel Sie bei der Liga verdienen. Ich jedenfalls gebe Ihnen fünfzehnhundert Francs im Monat. Wenn wir in einem meiner Schlösser sind, werden Sie außerdem kostenlos untergebracht und verpflegt. Sind Sie verheiratet?«

»Seit zwei Monaten.«

Sein Gesicht verdüsterte sich.

»Das paßt mir weniger. Ich hoffe, daß Ihre Frau uns auf unseren Reisen nicht begleiten will?«

Was sollte ich darauf antworten?

»Sie ist Malerin und lebt meist ihr eigenes Leben. Sie wird Ihnen keine Schwierigkeiten machen.«

Dies war natürlich ein kleiner Verrat oder eine Lüge. Das würde aber schon wieder in Ordnung kommen.

»Mein Vater ist vor zwei Jahren gestorben. Meine Mutter ist im letzten Monat gestorben. Ich hatte auch einen Bruder, er war älter als ich, er sollte das Erbe übernehmen und den Titel weiterführen, er ist aber in Douaumont gefallen.«

Schweigen. Ich gab mir Mühe, meinen Gesichtsausdruck der Situation anzupassen.

»In diesem Zimmer hier liegen in den Schubladen völlig durcheinander Hunderte von Briefen herum, die ich nie gelesen habe. Ich brauche auch jemanden, der das Telefon bedient, der meine Korrespondenz in Steno aufnimmt und sie anschließend auf der Maschine tippt.«

Eine Idee ging ihm durch den Kopf:

»Können Sie Stenographie?«

Das war jetzt schon schwieriger. Sollte ich ja oder nein sagen?

»Na ja, das heißt, ich habe da meine eigene Art von Stenographie. In Lüttich habe ich so ganze Reden von Politikern aufgenommen und sie anschließend *in extenso* abgetippt.«

Ein junger Kammerdiener in schwarzer Hose und weißer Weste, mit rotem Haar, heller Gesichtsfarbe, blauen Augen, brachte einen Cocktail auf einem Silbertablett herein.

An jenem Morgen bot mir der Graf von T. noch keinen an. Er war ein gutaussehender Mann, sehr groß, das Haar und der Schnurrbart schon von leichtem Grau durchzogen. Er schweifte von einem Gedanken zum anderen, als ginge er gar nicht darauf ein, und man fühlte, daß diese Einzelheiten für ihn keinerlei Bedeutung hatten und daß einige Minuten genügten, um sie zu klären.

»Können Sie morgen anfangen?«

»Das hängt von B. V. ab.«

Er zuckte nicht mit den Schultern. Seine Mimik war weder hochmütig, noch drückte sie Verachtung aus. Aber es war offensichtlich, daß ein B. V. trotz seines Monokels und seiner Romane eine unbedeutende Person war, der man nur Befehle zu geben brauchte. Und den Befehl, den gab er. Am nächsten Morgen um neun Uhr würde ich anfangen zu arbeiten.

Ich freute mich. Ich lud Tigy zu einem guten Mittagessen in ein achtbares Restaurant ein. Ich überlegte mir schon, wie ich mir meinen ersten Vorschuß ergattern konnte.

Seit heute morgen fühle ich mich elend. Kommt es daher, daß ich von meinem doch recht bescheidenen Eintritt, ich könnte fast sagen: durch den Dienstboteneingang, in eine neue Welt gesprochen habe, wo ich nur zwei Jahre bleiben sollte? Ich glaube nicht. Das ist doch nichts Trauriges. Im Gegenteil, ich befand mich in einem Zustand fröhlichen Hochgefühls, und zum ersten Mal gönnte ich mir ein hübsches Mädchen von der Madeleine, was ich bis dahin nie gewagt hatte.

Ich glaube, daß die Ursache ganz woanders liegt. Ich bin siebzig. Ich habe mein ganzes Leben ununterbrochen gearbeitet. Ich hatte mir immer vorgestellt, daß mit zwanzig Jahren, dann mit dreißig, dann mit vierzig der Augenblick kommen würde, wo man das machen könnte, worauf man Lust hat. Das ist nicht wahr. Mit siebzig habe ich immer noch nicht das Recht dazu.

Ein nebliger, in Watte verpackter Sonntagmorgen, wie ich ihn mag. Eigentlich mag ich sie alle, ich mag alle Morgen, ob sie nun sonnig, grau oder regendurchzogen sind. Ohne Grund habe ich keine Lust, heute morgen spazierenzugehen, und ich genieße die Stille meiner Wohnung.

Ein kleines Problem plagt mich, obgleich das Wort »plagen« eigentlich ein wenig stark ist. Ich habe schon von den Bildern gesprochen, die mir, kurz bevor ich einschlafe, durch den Kopf gehen. Das geht schon seit Jahren so, vielleicht schon immer, aber ich habe bisher niemals darauf geachtet.

Was mir auffällt, ist, daß diese Bilder ehemals in

relativ kleiner Zahl auftauchten, wie die »vier Tannen« von Embourg, die Rue Puits-en-Sock, das Hutgeschäft meines Großvaters, bestimmte Spazierwege am Ufer des Loing usw. An die zwanzig? . . . An die fünfzig?

Nicht so wichtig. Seitdem ich mir angewöhnt habe, mein Aufnahmegerät zu benutzen, haben sich diese Bilder in überraschendem Maße vervielfacht. Sie strömen mir so zahlreich zu, daß man manchmal sagen könnte, sie überfluteten mich. Wo waren sie früher? Und warum drängen sie sich jetzt mit solcher Kraft auf?

Ich suche sie mir nicht aus. Ich bemühe mich keinesfalls, sie herbeizurufen, ganz im Gegenteil. Es sind ganz verschiedene, rosarote, düstere, zärtliche, grausame, und manchmal tauchen in ihnen Personen auf, die ich längst vergessen zu haben glaubte.

Der kleine Sim aus Lüttich, dann aus Paris, wird immer mehr ein von mir verschiedenes Wesen, das ich mit Neugier und manchmal mit einer gewissen Bangigkeit befrage. Diese Bilder, er hat sie in sich festgehalten, ohne daß er es wußte. Sein Gehirn war es, das sie ausgesucht hat aus den Millionen von Bildern, die ein Menschengehirn durchziehen.

Als nur ein paar da waren, fast immer dieselben, konnte ich verstehen, daß für mich manche Erinnerungen herausstachen, vor allem während meiner Kindheit.

Jetzt sind zuviele davon da, und ich bemühe mich, sie mir zu erklären. Denn schließlich bin ich der Erbe des kleinen jungen Mannes, der sich beim Grafen T. vorstellte und der diese Art Aufstieg dadurch feierte, daß er sich auf dem Boulevard de la Madeleine eine junge Frau aussuchte.

Fast mein ganzes Leben lang sind diese Erinnerungen irgendwo verschüttet gewesen. Und jetzt mit siebzig habe ich jene Ereignisse wahrhaftig ebenso eindringlich wieder vor mir wie damals, als ich sie zum ersten Mal erlebte.

Man könnte sagen, daß er aussucht und nicht ich. Er zieht mich in ein Leben hinein, das ich manchmal nicht wiedererkenne, das mich oft quält, und ich frage mich, ob es nicht besser wäre, wenn ich mein Aufnahmegerät zerstörte.

Es ist zu spät. Es ist schon mehr geworden als nur eine Gewohnheit: ein Laster. Ich brauche fast jeden Morgen die Konfrontation mit diesem Burschen.

Habe ich so viele Jahre lang ein künstliches und mir fremdes Leben geführt, kann es sein, daß ich jetzt die Wirklichkeit, das wahre Leben erfahre? Kann es sein, daß ich durch das länger als fünfzig Jahre währende Mich-in-andere-Hineinversetzen vergessen habe, ich selbst zu sein?

Jedenfalls bin ich ratlos, so als ob ich plötzlich in mir einen Menschen entdeckte, dessen Wurzeln ich nach und nach und sehr weit von mir entfernt aufspüre.

Ein Zimmer mit niedriger Decke, das wohl drei Meter mal dreieinhalb Meter groß sein muß. Die Wände sind mit Ölfarbe gestrichen. Das einzige Fenster geht auf den Hof hinaus. Durch die verglaste Tür erkennt man einen Flur, in dem eine Leuchte mit buntem Glas ein seltsames Licht wirft.

Ein Kohleofen mit zwei Backröhren. Ein mit Wachstuch bedeckter Tisch.

In einem Sessel aus Weidengeflecht liest mein Vater in Hemdsärmeln seine Zeitung. In einer anderen Ecke schält meine Mutter in einer karierten Küchenschürze Kartoffeln. Mein Bruder ist schon im Bett. Ich habe mich auf einem Stuhl zurückgelehnt, beide Füße in die Bratröhre gesteckt und lese.

Dies muß ein Bild aus der Zeit des Krieges sein, denn ich sehe und höre keine Mieter.

Es ist eines der Bilder, die mir ganz von selbst einfallen.

Nun, ich habe zwei Jahre im Kielwasser des Grafen von T. verbracht, und ich muß mich anstrengen, um genaue Erinnerungen wiederzufinden, die Form und Farbe haben.

Was ich am deutlichsten vor mir sehe, ist er selbst. Etwa die Größe meines Vaters. Ein schönes Gesicht mit einer etwas starken Nase, wie mein Vater übrigens.

Schon leicht ergrautes Haar, ich glaube, das habe ich schon gesagt, und ein kleiner fast weißer Schnurrbart.

Wie verbrachte er seine Zeit? Was tat er mit seinem Leben? Wie er wirklich war und wie er über Leute und Dinge dachte, kann ich kaum sagen.

Er schlief viel. Soweit ich das beurteilen kann, stand er gegen zehn Uhr morgens auf, verbrachte eine Stunde in seiner Wohnung, erschien gegen elf Uhr in seinem Büro, wo ich mich in dem Wust der schon alten oder neueren Korrespondenz zurechtzufinden versuchte. Viele Briefe vom Bankhaus Rothschild in London, auf sehr schönem blauem Papier mit eleganten Schriftzeichen. Kontoauszüge, auch von Pariser Banken. Schließlich Rechnungen von Cartier, vom größten Pelzgeschäft von Paris, von Luxusgeschäften aus London. Manchmal waren da vier oder fünf Rechnungen für ein und denselben Kauf. Ich sagte:

»Soll ich einen Scheck vorbereiten?«

Er antwortete mir: »Das eilt nicht.«

Diese Rechnungen waren oft schon zwei Jahre alt. Ich verstand, daß es in bestimmten gesellschaftlichen Schichten zum guten Ton gehörte, die Rechnungen so spät wie möglich zu bezahlen, nicht etwa aus Geldmangel, sondern weil dies im Gegenteil bewies, daß man welches hatte und die Lieferanten, Schneider, Unternehmer und Juweliere sich nicht beunruhigten.

Bankiers habe ich wahrhaftig genug gesehen. Ihre Banken gibt es immer noch. Manchmal kam es vor, daß er einen von ihnen abends um sechs ans Telefon zitierte und mit ihm einen Termin um zehn Uhr am selben Abend ausmachte.

Dies alles ohne großes Getue, ganz zwanglos, als ob es selbstverständlich wäre.

Ganz selbstverständlich auch beherbergte er in einem seiner Schlösser einen Russen, der vor der Revolution sehr reich gewesen war und der jetzt mittellos dastand. Der Russe hatte denselben Schneider wie er und Kredit bei denselben Lieferanten. Das alles, weil der Graf von T. um 1910 zwei Monate in Rußland zur Jagd eingeladen gewesen war.

Im Wirrwarr meines Gedächtnisses finde ich Erinnerungen wieder, die mir bisweilen seltsam, wenn nicht gar unmenschlich vorkommen.

Eines seiner Schlösser war zum Beispiel von einem ungefähr dreitausend Hektar großen Besitz umgeben, zu dem achtundzwanzig Höfe gehörten. Diese Höfe waren Halbpachthöfe, und manche Pächter lebten dort schon in der sechsten oder siebten Generation. Einer von ihnen beklagte sich einmal bei ihm, daß zwei seiner Fensterscheiben durch Hagel Sprünge bekommen hätten. Der Graf von T. antwortete ihm ganz einfach: »Eine gesprungene Scheibe ist noch keine zerbrochene Scheibe.«

Er wußte gar nicht, in welche Bestürzung mich diese Antwort versetzte. Ich entdeckte eine andere Welt, die zwar nicht unbedingt hart und grausam war, aber so sehr an eine bestimmte Art des Lebens und Denkens gewöhnt, daß ihre Vertreter sich gar nicht vorzustellen vermochten, irgend etwas könnte sich da ändern.

Um elf Uhr war er immer noch etwas verschlafen. Nicht nur ein Cocktail wurde nun gebracht, sondern zwei, denn auch ich hatte nun das Recht auf einen Cocktail erworben.

Die Gräfin von T. war irgendwo im Haus oder im Schloß, aber ich sah sie immer nur rein zufällig, und es kam mir vor, als ob ihr Mann sie auch nicht sehr viel öfter sähe als ich.

Ich habe unsere Küche in Lüttich beschrieben. Sie war ganz auf uns zugeschnitten. Wir fühlten uns dort geborgen, behaglich und zu einer Familie zugehörig. Man brauchte gar nicht erst zu sprechen, um den Kontakt untereinander zu spüren.

Zwei Jahre lang sollte ich diese Kontakte nicht zu spüren bekommen. Alles war viel zu groß. Alles war zu sehr in Unordnung. Im Hauptschloß zum Beispiel, dem von Saint-Jean-des-Bois, brauchte ich ein Jahr, um einen großen Raum zu entdecken, in dem zwanzig Frauen und Mädchen den ganzen Tag lang damit beschäftigt waren, Hemden für den Grafen zu nähen, zu waschen und zu bügeln.

Überall waren Leute, aber welche ohne Namen, Kleiderpuppen fast, die mechanisch fast immer dieselben Arbeiten verrichteten und von Zeit zu Zeit höchstens einen zerstreuten Blick des Grafen oder der Gräfin erhielten.

War auch ich eine dieser Kleiderpuppen? Ich glaube es nicht, trotz meiner in Wahrheit nur wenig bedeutenden Rolle. Aus irgendeinem Grund brachte mir der Graf, wenn schon nicht eine gewisse Zuneigung, so doch wenigstens Interesse und Nachsicht entgegen.

So meldete ich mich zum Beispiel am ersten Morgen im Schloß Saint-Jean um neun Uhr im Büro, wie ich es auch in Paris tat. Ich fand den Grafen mitten auf dem Hof in Stiefeln und Reithosen. Er sah mich überrascht an, als läge etwas Ungewöhnliches in meinem Verhalten, und schließlich murmelte er:

»Hier fangen wir morgens um acht mit der Arbeit an.«

Ich wurde rot. Ich steckte es ein. Ein paar Tage später, als er sehr guter Laune war und mir gerade eine Anekdote erzählt hatte, die ich vergessen habe, ergriff er sanft eine Strähne meines Haares, das mir in den Nacken fiel. Er gab keinen Kommentar dazu ab. Er begnügte sich damit, mit betrübtem Gesicht den Kopf zu schütteln.

Das hieß offensichtlich, daß mein Haarschnitt einen sehr schlechten Geschmack verriet, und ich habe mir ganz schnell die Haare schneiden lassen.

Er und ich, wir reisten oft von einem Schloß zum anderen, und dann schlief ich im Zimmer neben dem seinen in dem Bett, das wohl das der Gräfin war, und morgens kam er manchmal und rüttelte mich mit väterlichem Lächeln leicht an der Schulter, um mich zu wecken.

Dies alles bleibt chaotisch in meiner Erinnerung. Zwei andere Einzelheiten. Es kam vor, daß er mir morgens sagte:

»Heringe?«

Ich verstand sofort. Er war ganz verrückt nach geräucherten Heringen, die man ihm normalerweise nicht servierte. Ich schätzte sie auch sehr. Also veranstalteten wir in Abwesenheit der Gräfin und geladener Gäste zusammen eine Heringsorgie.

Das war ein Verstoß gegen die Regeln der guten Gesellschaft, ein wenig wie eine Posse, denn Bücklinge waren damals ein Gericht für arme Leute.

Er hatte ein Schloß im Département Gers geerbt, und

in den Weinkellern hatte er mehr als hundert Fässer eines über fünfzig Jahre alten Armagnac gefunden. Nach dem Essen standen zwei Flaschen auf dem Tisch: eine Flasche eines Likörs aus den Pyrenäen, den man in jedem Laden kaufen konnte und an dem er sich ergötzte; eine Flasche des alten Armagnac, an dem ich mich ein wenig vergriff und der mich den ganzen Nachmittag in selige Schläfrigkeit versetzte.

Heute morgen war ich in Versuchung, nicht in mein Mikrofon zu plaudern, weil ich mich ganz zerschlagen fühlte und mich immer noch so fühle.

Ich tue es nun doch, denn seit ich nun mehr als einen Monat jeden Tag so plaudere, ist es ein Bedürfnis und wie eine Droge geworden. Es vermittelt mir den Eindruck, auf zwei Ebenen zu leben: auf der alltäglichen, gedämpften, gemütlichen, fast wollüstigen Ebene und in einer Vergangenheit, für die ich täglich wechselnde Empfindungen hege.

Als ich vierzehn oder fünfzehn Jahre alt war, entdeckte ich in mir eine Leidenschaft: die des Büchernarren. Ich erstand antiquarisch das Handbuch des Buchhändlers oder Buch des Buchhändlers, ich weiß nicht mehr, das bei jedem Autor das Datum des ersten Erscheinens seiner Werke, das Format usw. angibt.

Zu jener Zeit gab es in Lüttich fünf oder sechs Buchhändler, die nur antiquarische Bücher verkauften. Einer von ihnen interessierte mich besonders. Er war ein dicker Mensch mit vergnügtem Gesicht, der seine Bücher mit sämtlichen Tricks eines Ochsenhändlers verkaufte.

Was ihn interessierte, waren vor allem Werke, die in Volksschulen, Gymnasien und Universitäten auf dem Programm standen. Was den Rest anbelangte, so hatte er nur eine sehr ungefähre Kenntnis der Autoren, außer sie waren gerade erst mit gelbem Einband erschienen.

Ich stöberte herum. Ich stapelte die Bücher auf einer Ecke des Tisches. Absichtlich mischte ich seltene Ausgaben mit Büchern, die mich nicht interessierten. Wenn der Stapel meiner Ansicht nach hoch genug war, rief ich ihn und sagte zum Beispiel:

»Zehn Francs das Ganze?«

Er schüttelte den Kopf, zeigte auf einen René Boyslève oder einen René Bazin:

»Das hier ist doch schon allein vier Francs wert.«

Also nahm ich die Bücher, an denen er hing, nach und nach herunter und ließ nur die auf dem Haufen, die mich persönlich interessierten. Auf diese Weise habe ich zum Beispiel die Erstausgabe der *Mémoires* von Casanova gekauft, ebenfalls die Erstausgabe der *Sermons* von Bourdaloue, ohne von den Originalausgaben von Chateaubriand, Lamartine, Balzac, Victor Hugo zu sprechen.

Diese Bücher habe ich aber nicht mehr. Ich habe sie eins nach dem anderen verkauft, um die Camemberts des Faubourg Saint-Honoré oder die Mädchen vom Boulevard des Batignolles zu bezahlen.

Wenn ich diese Erinnerung heute wieder wachrufe, dann deshalb, weil ich mich in einem der Schlösser von T. inmitten wahrer Schätze tummeln sollte. Mein Schreibtisch stand in der Ecke einer riesigen Bibliothek, die gut roch. Und in dieser Bibliothek reihten sich die Werke aneinander, die die Grafen von T. über Generationen seit fast vier Jahrhunderten zusammengetragen hatten.

Man fand unter anderem die Erstausgaben von Pascal, seiner Freunde von Port-Royal, neben Werken der Romantik, das Ganze wild durcheinander in faszinierender Unordnung, denn ich gelangte von Entdeckung zu Entdeckung.

Eines Tages sprach ich mit T. darüber, und er war ganz erstaunt, als er hörte, daß diese Schätze ihm gehörten, denn er hatte das Schloß gerade erst geerbt, und er setzte seinen Fuß selten in die Bibliothek.

Ich habe ihm vorgeschlagen, einen Katalog zu erstellen, und er war damit einverstanden, ohne allzu großen Enthusiasmus, eher, um mir einen Gefallen zu tun, vermute ich.

Ich bestellte das Buchhändlerhandbuch, und mehrere Monate lang verbrachte ich jeden Tag Stunden damit, in wunderbaren alten Büchern herumzublättern.

Gegen vier Uhr hatte der Graf von T. mir gerade einige Briefe diktiert, so als sei er selbst nicht von ihnen überzeugt, man hätte sagen können, er glaubte an gar nichts von dem, was er tat, sei es nun die Jagd, die Abendessen mit den Junkern aus der Nachbarschaft oder die kurzen Reisen in meiner Begleitung zu einem seiner anderen Schlösser.

Träumte er? Ich weiß es nicht. Ein leichtes Lächeln umspielte immer seine Lippen, und er hatte die schweren Lider eines Menschen, der gerade erst aus einem Schlaf erwacht ist. Gegen sechs Uhr wurde im Salon nebenan, der von der Bibliothek nur durch einen großen, immer offenen Durchgang getrennt war, eine halbe Flasche Champagner serviert, und die Gräfin kam und setzte sich neben ihren Mann. Manchmal hörte ich sie leise einige Sätze reden, aber die lebhafteren Gespräche zwischen ihnen könnte ich an den Fingern abzählen.

Wenn ich mir diesen Zeitabschnitt, dieses Milieu in Erinnerung rufe, habe ich den Eindruck von Irrealität. Im Herbst wurden große Jagden organisiert. Ich wurde damit beauftragt, die Karten anzufertigen, die man jedem Gast übergab, um ihm seinen Platz bei den verschiedenen Treibjagden anzuweisen.

Ich sehe sie wieder vor mir, wie sie vor ihrem Aufbruch ein paar Gläser Weißwein und einige Sandwiches zu sich nehmen, bevor sie das Schloß verlassen. Unter ihnen waren unweigerlich die zwei oder drei Bankiers des Grafen, die aristokratische Namen trugen. Die anderen Gäste auch, außer einem, der klein und rundlich war und der, ich weiß nicht warum, zu diesen Jagden eingeladen wurde. Er war allerdings auch sehr reich und besaß ein großes historisches Schloß.

Abgesehen von den Bankiers arbeitete niemand. Auch schien sich niemand von ihnen für irgend etwas im Leben besonders begeistern zu können. Sie kamen, um zu jagen, so wie man zur Arbeit geht. Sie aßen zu Mittag, weil man ja essen muß, erzählten sich Geschichten, weil man ja irgend etwas sagen muß.

Ich übertreibe vielleicht ein bißchen, aber, je deutlicher ich sie wieder vor mir sehe, desto mehr kommt es mir vor, als hätte ich eine tote Welt betrachtet.

Heute könnte man meinen, sie sei endgültig tot, weil sie nirgends mehr eine Entsprechung findet.

Aber nein! Sie existiert immer noch, immer noch genauso tot, aber nicht richtig tot.

Heute morgen war ich verstimmt, fühlte mich nicht wohl in meiner Haut, ganz einfach, weil ich gestern abend drei Zehntel mehr Temperatur hatte, damit will ich sagen, drei Zehntel über der Normaltemperatur. Da ich drei oder vier Bronchialkatarrhe im Zeitraum von zwei Jahren gehabt habe, lebe ich in der Furcht, wieder einen neuen zu bekommen.

War ich vielleicht deshalb ein wenig zu streng? Ich fühlte keinerlei Groll, keinerlei Antipathie den Menschen gegenüber, von denen ich gesprochen habe. Im Gegenteil, der Graf von T. ist einer der drei oder vier Männer, an die ich mich mit größtem Vergnügen erinnere, wegen seiner Nachsicht, die sehr viel Einfluß auf mich gehabt hat.

Wenn er und seine Familie, wenn diese ganze Welt wie am Rande lebt, in einem anachronistischen Raum, ist das ihr Fehler? Sie finden es ganz natürlich, anders zu sein, sich auf dem Platz zu befinden, den sie einnehmen, die Privilegien zu genießen, die sie nun einmal haben.

Ich sollte es später besser verstehen, als ich einen anderen Grafen traf, der ebenfalls ein gewaltiges Schloß bewohnte. Dies Schloß besaß mindestens fünfundzwanzig Räume, einige davon waren sehr groß. Jener Graf lebte dort mit seiner Frau und einem Kind. Für all diese

Räume, die Küche, das Reinemachen, die Bedienung, gab es alles in allem eine alte Köchin und einen Gärtner. Da der französische Park ebenfalls riesig war, konnte der Gärtner nur sehr selten im Hause helfen. Eines Tages habe ich mir erlaubt, den Grafen zu fragen, wo er seine Frau kennengelernt habe. Er betrachtete mich mit einem gewissen Erstaunen.

»Sie wollen damit sagen, wie ich sie gewählt habe?«

Und als ich ein Zeichen der Zustimmung machte, fuhr er fort:

»In unseren Familien wählt man seine Frau nicht. Wenn wir eine Erbschaft erhalten, gehört diese Erbschaft nicht uns, sondern unseren Kindern, dann unseren Enkeln und so fort. Unsere Aufgabe ist es, nicht nur das Erbteil nicht zu verringern, sondern es in jeder Generation zu vermehren. Die Ehe ist eine Art, es zu vermehren.«

Er sollte mich noch mehr verblüffen, als er hinzufügte, daß seine Mutter es gewesen war, die dem Bischof geschrieben und bei ihm angefragt hatte, ob er nicht ein reiches und adliges Mädchen kenne, das für ihren Sohn verfügbar sei.

Als der Vater des Grafen im Schloß wohnte, ging er manchmal mit der Köchin selbst in die Stadt hinunter, um auf dem Markt einzukaufen. Eines Tages fing er bei der Fischhändlerin damit an, Fisch für die Herrentafel zu verlangen. Als der Fisch gewogen war, fügte er hinzu:

»Und für das Personal geben Sie mir jetzt etwas Fisch, der nicht mehr ganz so frisch zu sein braucht.«

Die Fischfrau, die mit ihrem Mundwerk immer obenauf war, hat den Fischkorb genommen, auf den er gezeigt hatte, und hat ihn ihm an den Kopf geworfen.

Auch er hat das nicht absichtlich getan, nehme ich an.

Es dauert Generationen, bis man so wird.

Johnny hat mich gestern abend angerufen, um mir zu sagen, daß er in Harvard angenommen worden ist.

Immer noch der 4. April. Überall Sonne. Trotz des Windes und der Kälte bin ich rundum glücklich, und es ist soviel Freude wie Sonne in der Wohnung.

Ich gebrauche oft das Wort »Bild« und wie ich es meine, schließt dieses Wort nicht nur visuelle Eindrücke ein, sondern auch Gerüche, Töne, Wärme oder Kälte, Regen oder das Grau in Grau des Himmels.

Für mich sind Bilder und Erinnerungen zwei verschiedene Dinge. Die Bilder, die wir in uns bewahren, die ich in mir bewahre jedenfalls, sind nicht durch einen Willensakt aufgezeichnet worden, sondern durch das, was man das Unterbewußtsein nennen könnte. Sie sind manchmal zahlreich, manchmal weniger. Sie prägen die verschiedenen Abschnitte meines Lebens.

Im Gegensatz dazu sind die Erinnerungen durch und durch bewußt, und ich glaube, daß wir alle sehr viele davon besitzen, daß wir sie sogar mit mehr oder weniger großer Genauigkeit wachrufen können.

Ich habe fast zwei Jahre im Schloß von T. verbracht. Wenn ich nun auch sehr viele Erinnerungen an diese Zeit habe, so bleiben mir doch andererseits nur sehr wenige Bilder, zwei vor allem.

Zuerst der große Hof linker Hand hinter dem Schloß.

Er war auf drei Seiten von Ställen umgeben, denn der Vater von T. züchtete Rennpferde. T. selbst behielt nur einige Pferde zum Ausreiten, vor allem für seine Frau, denn ihn habe ich nie im Sattel gesehen.

Auf diesem Hof befand sich auch das Haus des Verwalters, eines Mannes, der mich so sehr beeindruckt hat, daß ich nach seinem Vorbild den Vater von Maigret geschaffen habe.

Er war groß, mager, mit wie aus Stein gemeißelten Zügen und immer in Stiefeln und einer Samtjacke. Eigentlich war er es, der das ganze Gut leitete, und manchmal ging er nachts stundenlang zu Fuß zu den Märkten der Umgebung, auf denen die Halbpächter ihr Vieh verkauften.

In einem anderen kleinen Haus war, was man mein Zimmer nannte. Ich war verpflichtet, täglich rund um die Uhr zur Verfügung zu stehen, in dieser Kammer zu schlafen und meine Mahlzeiten beim Verwalter einzunehmen, wo es immer gut nach Geschmortem roch.

Hier nahm ich wohl meine Mahlzeiten ein, aber ich schlief nicht in meiner Kammer. Sofort nach dem Abendessen stieg ich auf mein Fahrrad und fuhr so schnell wie möglich einen Weg entlang, der an Wäldern und Wiesen vorbeiführte und über dem fast immer ein leichter Nebel hing. Ich mußte ungefähr achtzehn Kilometer fahren, bis ich in ein kleines Städtchen gelangte, ein großes Dorf eher, wo ich in einem Hotel ein Zimmer für meine Frau gemietet hatte. Dort schlief ich. Ich mußte schon um sechs Uhr morgens aufstehen, um mich herzurichten und auf der Landstraße in umgekehrter Richtung zurückzufahren.

Das Bild, das ist zuerst einmal der große Hof mit den Ställen. Dann auch der Weg, besonders im Herbst, mit den vielen Bäumen, die sich schwarz vor ihrem Hintergrund abhoben, den Feldern, die gerade bestellt worden waren.

Wie lange hat dies gedauert? Ich kann es nur schwer sagen. Eines schönen Tages sah mich T. mit einem kleinen ironischen Leuchten in seinen Augen an und fragte mich:

»Sind Sie mit Ihrem Bett zufrieden?«

Ich wurde rot. Ich verstand sofort, daß er seit langem schon, vielleicht schon seit den ersten Tagen, wußte, daß meine Frau in einem kleinen Hotel achtzehn Kilometer entfernt wohnte, und daß ich jeden Abend dort hin fuhr.

»Wissen Sie, daß im Dorf ein Haus zu vermieten ist? Es hat nur zwei Zimmer, aber ich nehme an, daß Ihnen das genügt. Kann Ihre Frau kochen?«

»Ein wenig ...«

Soviel zu den Bildern. Ich habe keine anderen in meinem Gedächtnis behalten. Ich könnte dieses Häuschen, das ich gemietet habe und wo wir lange Zeit auf einer Matratze auf dem Fußboden schliefen, nicht einmal beschreiben. Ich kann mich auch nicht mehr an den Tisch erinnern, an dem wir unsere Mahlzeiten einnahmen. Ich kann mich kaum und nur mit Anstrengung an das Dorf erinnern.

Der Hof, der Fahrradweg, das ist recht wenig für zwei Jahre, und doch ist das alles, was mir aus jener Zeit im Gedächtnis geblieben ist. Ich habe viel gelernt. Ich habe viel gesehen. Ich habe viele Leute getroffen, die einer Welt angehörten, die ich nicht kannte. Aber nichts von alledem ist mir wirklich unter die Haut gegangen.

Ich schrieb wie bei B. V. weiter heimlich Geschichten. Ich schickte sie nach Paris. Die Anzahl der Zeitungen, denen ich so Beiträge schickte, nahm langsam zu, die Zahlungsanweisungen auch.

Eines Tages beschloß ich, nach Paris zurückzukehren, wo diese Beiträge leichter unterzubringen und zahlreicher sein würden. Ich sprach darüber mit T.

Ich glaube, daß wir beide eine gewisse Trauer empfanden, als wir uns trennten. Übrigens sollte ich ihn im Laufe der nächsten Jahre mehrmals wiedersehen.

Im Frühling mietete ich ein kleines Zimmer in der Rue des Dames, parallel zum Boulevard des Batignolles, der meine Anfänge in Paris geprägt hatte.

Ein neuer Abschnitt meines Lebens begann.

Der 8. April 1973.

Zufällig habe ich heute morgen auf den Kalender gesehen, nachdem ich im Radio die Nachrichten gehört hatte.

Vor drei Tagen erhielt ich von einem meiner besten Freunde aus Paris einen Brief, der in mir Bestürzung und Kummer hervorrief. Er schreibt darin mehr als vierzig Zeilen lang über die Jugend von heute.

Dieser Mann steht an der Spitze eines bedeutenden Unternehmens. Er ist Großvater. Er ist älter als ich. Er hat auch Enkel, die älter sind als mein Sohn Pierre.

Er spricht nur von Gesindel mit langen Haaren und schwarzen Fingernägeln, das nicht genug Disziplin besitzt und deshalb auf der Straße demonstriert.

Die Gymnasiasten Frankreichs haben nun aber gerade eine Woche lang gezeigt, daß sie einen klaren Verstand haben. Sie haben mehrere Demonstrationen veranstaltet. Die Mädchen übernahmen dabei den Ordnungsdienst. Sie schirmten auf beiden Seiten der Straßen und Avenuen den Zug ab, indem sie sich bei der Hand nahmen und so eine Kette bildeten.

Die Studenten haben sich schließlich der Bewegung angeschlossen und einige Universitäten besetzt. Dann haben die gewerkschaftlich organisierten Arbeiter ihrerseits ebenfalls beschlossen, sich den Gymnasiasten anzuschließen.

Heute morgen wurden im Radio Auszüge aus einer Rede des Ministerpräsidenten gesendet, der den Gymnasiasten droht und sie wieder zur Räson bringen will, ob sie nun einverstanden sind oder nicht. Man merkt, er ist ein ehemaliger Oberst. Es gibt heute viele Oberste, die an der Spitze von Regierungen in der ganzen Welt stehen. Man könnte sagen, eine Welle des Faschismus formiert sich da. Es ist vor allem eine Welle der Angst, glaube ich.

Wie sollten die Gymnasiasten nicht auch angewidert und um ihre Zukunft besorgt sein, nachdem sie im Fernsehen den letzten Wahlkampf gesehen haben und die Verquickung unsauberer Einzelinteressen, von der er begleitet wurde, nachdem sie diese zufriedenen Abgeordneten gesehen haben, die Gespenstern aus einer anderen Welt ähnlich sehen?

Sie werden sich, wie zum Beispiel in den Vereinigten Staaten, wo die ITT stärker ist als die Regierung, weiterhin mit den Finanzleuten, die ebenso denken wie sie, in den verschiedenen Ländern verbünden. Das ist so etwas wie ein finanzielles Spinnennetz oder wie ein großes Fischernetz, das sich immer mehr über die Welt ausbreitet, damit wir kleinen Fische uns darin verfangen.

Die Gymnasiasten haben das kapiert. Es widert sie an. Wenn ich in Paris wäre, wäre ich glücklich, wenn mein Sohn Pierre mit seinen vierzehn Jahren auf die Straße ginge und zusammen mit seinen Kameraden einen Teil der Verantwortung übernähme.

Was mich bestürzt, sowohl im Brief meines Freundes

als auch in den offiziellen Verlautbarungen, ist die Blindheit eines großen Teiles dessen, was man die Gesellschaft nennt. Sie wollen, koste es, was es wolle, eine Revolution verhindern, die ihren persönlichen Interessen schaden würde, ohne zu erkennen, daß diese Revolution schon längst da ist.

Denn wenn sich die Finanzleute von Land zu Land verständigen, fangen auch die Arbeiter und die Intellektuellen an, sich zu verständigen.

All diese Industriellen werden ihr Kapital nicht durch Flucht retten können. Ich habe gestern gelesen, daß einer der bedeutendsten deutschen Hersteller von Fotoapparaten seine Produktionsstätten nach Singapur verlegt hat, weil es dort keine Steuern gibt und der Stundenlohn zehnmal niedriger ist als in Deutschland. Fiat macht dasselbe, indem es Werke in Südamerika errichtet.

Dies alles ist ein Zeichen einer Krankheit, glaube ich, die vielleicht noch nicht ausgebrochen ist, die aber unter der Oberfläche immer schlimmer wird.

Ich kümmere mich nicht um Politik. Sie widert mich an. Wenn ich heute über sie nachdenke, so deshalb, weil ich an die Hunderttausende junger Gymnasiasten denke, die den Mut haben, der Wirklichkeit ins Gesicht zu sehen und ihren Protest hinauszuschreien.

Ist so etwas in der Geschichte schon einmal vorgekommen? Ich glaube nicht. Ich bewundere sie jedenfalls.

Gestern ist Picasso gestorben.

Seit dem frühen Nachmittag haben sich die Leute im Radio, im Fernsehen und heute morgen in den Zeitungen wie die Geier daraufgestürzt.

Frankreich besitzt ein Kulturministerium. Was für einer Kultur denn? Dies ist im Titel nicht angegeben. Aber in der neuen Regierung wurde für diesen Posten der karrieresüchtigste und dümmste Schriftsteller seiner ganzen Generation ausgesucht. Wenn seine Bücher schlecht sind, ist er dafür noch nicht einmal verantwortlich, denn er läßt sie von anonymen Schreiberlingen verfassen. Das hat ihn in die »Académie française« hineingebracht.

Und gestern konnte man sehen, wie er über Picasso eine schwülstige Rede hielt, die als komische Nummer sicher sehr viel Erfolg gehabt hätte, wenn sie auf die gleiche Art im Bobino oder irgendeinem anderen Varietétheater vorgetragen worden wäre.

Natürlich wurde fast überall genauestens darauf hingewiesen, welche hohen Preise die Gemälde Picassos erzielen, wieviele Kunstwerke er im Laufe seines Lebens geschaffen hat, wieviel auch noch die kleinste Skizze kostet, die er vielleicht einmal auf den Tisch eines Cafés hingeschmiert hat.

Ist es wirklich das, was das Publikum interessiert? Ist

das die Art Nachruf, auf die ein Mann von der Größe Picassos ein Anrecht hatte?

Das bringt mich richtig in Wut. Ich gebe zu, daß ich empört bin. Ich will mich nicht mit dem Maler vergleichen. Ich hoffe trotzdem, daß sich weder Druon noch alle anderen, die über Picasso geredet haben, unterstehen werden, über mich zu reden.

Wenn man die Menschen bloß in Ruhe sterben lassen könnte und in Ruhe zu Grabe tragen!

Ich hatte endlich wieder eine schmale Straße gefunden, mit Läden aller Art, einem gemütlichen Bistro und einer Wäscherei direkt dem Hotel gegenüber, wo freundliche Mädchen, die im Sommer halbnackt unter ihrer Bluse waren, von morgens bis abends bügelten.

Das war beinahe die Atmosphäre der Rue Puits-en-Sock, der Geschäftsstraße des Quartiers, wo ich in Lüttich gewohnt hatte. In den höhergelegenen Stockwerken einfache Leute, kleine Handwerker, Schneider, Leute, die künstliche Blumen herstellten, was weiß ich? An schönen Tagen standen die Fenster offen, und das alles bildete ein pulsierendes Ganzes. Auch das Hotel war voller Leben, und wir waren nicht die einzigen, die ihre Mahlzeiten mit dem Spirituskocher auf dem Fensterbrett zubereiteten.

Tigy hatte wieder angefangen, nicht zu malen, aber zu zeichnen, denn es wäre schwierig gewesen, in einem so engen Zimmer zu malen. Außer dem Bett enthielt es nur einen lackierten Schrank aus Tannenholz mit einem Spiegel, ein Waschbecken aus Porzellan und zwei Stühle. Keinen Sessel.

Außerdem war da noch ein kleiner weißgestrichener Tisch, an dem ich meine Geschichten schrieb. Dann gewöhnte ich mir an, sie in einem der Bistros des Quartiers zu schreiben. Man schaute mir neugierig zu und fragte sich, was ich da wohl machte.

Natürlich kannte niemand die Werke von Poum und Zette, von Aramis, Plick et Plock, von Georges Martin-Georges usw.

Denn für jede Zeitung mußte ich ein anderes Pseudonym haben. Schließlich war ich bei sechzehn angelangt, alle waren hochoffiziell beim Schriftstellerverband eingetragen.

Mein Traum war es, jede Woche eine Geschichte in *Le Matin* zu haben, wie Henri Duvernois. Der literarische Direktor war Colette, die Henri de Jouvenel, den Direktor des *Matin*, geheiratet hatte. Sie nahm mittwochs die Manuskripte entgegen. Ich begab mich zu ihr mit zwei meiner Geschichten, die ich, wie ich glaubte, im Stil der Geschichten des *Matin* geschrieben hatte.

Am folgenden Mittwoch, als ich wieder hinging, um das Ergebnis dieser Art Prüfung zu erfahren, schüttelte Colette den Kopf.

»Zu literarisch, junger Freund. Viel zu literarisch. Vor allen Dingen: keine Literatur!«

Ich brauchte eine gewisse Zeit, um zu begreifen, was sie meinte: keine *unechte* Literatur.

Ich machte mich wieder an die Arbeit. Diesmal schrieb ich nicht zwei, sondern drei Geschichten, und ich brachte sie wieder zu Colette. In der Woche darauf machte sie mir schon ein wenig mehr Hoffnung.

»Das ist schon besser. Aber immer noch zu sehr Literatur, zu viele gewählte Worte, zu viele Sätze . . .«

Eines Mittwochs endlich behielt sie eine meiner Geschichten. Jetzt nannte sie mich:

»Mein kleiner Sim ...«

Ich war nicht klein, aber wahrscheinlich der Jüngste in ihrer Truppe. Die Geschichte erschien. Dann noch andere. Dann kam der Tag, an dem mir Colette mitteilte, daß ich jede Woche eine Geschichte für sie schreiben könne. Und an dem Tag, da habe ich mich, glaube ich, besoffen. Endlich hatte ich ein Ziel erreicht, das ich mir schon lange vorgenommen hatte.

Auf dem Boulevard des Batignolles gab es zu jener Zeit einen großen Laden, der vielleicht immer noch existiert: Luce. Es war ein Lebensmittelladen. Es wurden dort teure Weine, ausgesuchte Konserven, exotische Früchte verkauft und auch das, was heute Canapés genannt wird, das heißt, kleine Häppchen mit Lachs, Languste und einer Menge anderer appetitanregender Dinge.

Tigy und ich haben dieses Schaufenster oft betrachtet, und an unseren Glückstagen, wenn ich eins meiner Geschichtchen an den Mann gebracht hatte, kauften wir zum Beispiel Muscheln Saint-Jacques, Krabbensalat mit Mayonnaise, was weiß ich? Alles, was meine Naschhaftigkeit anstachelte.

Zu dieser Zeit etwa gründete man auf der Place Constantin-Pecqueur, am Montmartre, die »Foire aux Croûtes«, die einmal im Monat stattfand. Mein Freund, der in der Rue du Mont-Cenis immer noch hinten auf dem Hof wohnte, stellte dort aus, und er stiftete Tigy an, auch dort auszustellen.

Auch hier sehe ich wieder Sonne vor mir, aber gedämpft durch das Laub der Bäume. Mehr oder weniger langhaarige, mehr oder weniger junge Maler mit großen Hüten stellten Werke ohne jeden Wert aus, die den kleinen Leuten des Quartiers gefielen: *Sonnenuntergang bei Deauville, Krabbenfischer bei Calais* oder auch anspruchsvollere Titel: *Melancholie, Traurigkeit ...*

Tigy fing an, Köpfe von Raufbolden zu zeichnen, denen wir bei unseren Spaziergängen in der Rue de Lappe begegneten, wo es fünf oder sechs Tanzlokale gab. In der Rue de Bondy kauften wir bereits zugeschnittenes Holz für die Rahmen. Wir rahmten also all diese Raufbolde ein. Wir befestigten sie auf einer Bahn Sackleinen, die wir zwischen zwei Bäume gespannt hatten, und ... warteten.

Glücklicherweise hatte ich mir nicht vorgenommen, als Händler Karriere zu machen. Es scheint, daß ich mit verkrampftem Körper und verhärmtem Gesicht neben unserer Auslage stand und die Gesichter der Passanten erforschte in der Hoffnung, daß sich einer von ihnen endlich zu einem Kauf entschlösse.

Aber nein! Die Sonnenuntergänge über dem Meer, die Bilder von der Traurigkeit usw., die gingen weg wie die warmen Semmeln.

»Dann geh halt spazieren, und ich passe auf die Zeichnungen auf«, riet mir Tigy.

Und ich gehorchte schließlich, denn ich glaube, sie hatte recht mit ihrer Behauptung, ich verscheuchte die Kunden.

Ich hatte eine sehr heitere, sehr gemütliche und sehr ruhige Brasserie in der Rue Caulaincourt entdeckt. Eines Tages, nachdem ich ein paar Groschenromane gelesen hatte, fing ich damit an, auf dem Marmortisch vor mir auch einen zu schreiben. Das Ganze hieß *Le Roman d'une dactylo* und sollte ans Gemüt gehen. Das war bei dieser Art von Veröffentlichung unbedingt erforderlich. Ich beendete diesen kleinen Roman in zwei Tagen und brachte ihn zu dem bedeutendsten Verleger dieser Sorte Bücher. Acht Tage später bezahlte er mich dafür. Ich weiß nicht mehr, ob es zweihundert oder dreihundert Francs waren, aber ich war froh, eine neue Absatzquelle gefunden zu haben.

Ich hatte noch keine Ahnung, daß ich von diesen Romanen, die zweitausend, zehntausend oder zwanzigtausend Zeilen lang waren, mehr als zweihundert schreiben sollte.

Ich strengte mich nicht an, besser zu sein als die anderen. Es ging dabei doch nur darum, einem festen Leserstamm, vor allem den kleinen Nähmädchen und den jungen Verkäuferinnen, das Futter zu geben, das sie brauchten.

Tigy hat mehrere Male auf der »Foire aux Croûtes« ausgestellt und einmal den Kopf eines Raufboldes für vierzig Francs verkauft.

Während dieser Zeit schrieb ich in dem freundlichen Café, in dem Courteline sich glücklich gefühlt hatte, weitere Groschenromane.

Es war Zeit, eine komfortablere Wohnung als unser Hotelzimmer zu suchen. Wir machten uns auf die Jagd, Tigy in die eine Richtung, ich in die andere; wir lasen Annoncen, fuhren kreuz und quer durch Paris, und einer von uns beiden, ich weiß nicht mehr wer, fand endlich unsere Wohnung an der Place des Vosges.

Bevor ich Lüttich verlassen hatte, hatte mir ein Freund gesagt:

»Wenn du in Paris bist, mußt du auf jeden Fall R. besuchen. Er ist einer der wenigen belgischen Schriftsteller, die es da zu etwas gebracht haben.«

Ich hatte Gewissensbisse, weil ich noch nichts von mir hatte hören lassen, und eines schönen Tages rief ich die Nummer an, die man mir gegeben hatte. Eine Frau mit klarer und freundlicher Stimme war am Apparat:

»R. kann am Telefon nicht mit Ihnen sprechen, er ist taub. Sind Sie verheiratet?«

»Seit zwei Jahren.«

»Kommen Sie doch mit Ihrer Frau morgen abend zu uns zum Essen.«

Sie nannte mir eine Adresse unten am Montmartre, irgendwo in der Nähe des Square Saint-Georges.

Ich traf dort eine freundliche, warmherzige, noch junge Frau, die uns beide wohlwollend musterte, bevor ein kleiner, schmächtiger Mann auf uns zukam, der in einer mit Uniformschnüren geschmückten Hausjacke und braunen Filzpantoffeln steckte und in der Hand ein riesiges Hörrohr aus Schildpattimitation trug. Jedesmal, wenn man mit ihm sprach, richtete er das Rohr auf den Mund seines Gesprächspartners.

Die Wohnung war klein, aber gemütlich, sehr bürgerlich, mit viel Nippes und vielen kleinen Teppichen. Ich erinnere mich nicht mehr daran, was wir zu essen bekamen, aber es war gute Hausmannskost, und ich leckte mir die Lippen danach.

R. sagte mir:

»Alles in allem sind Sie also nach Paris gekommen,

um Ihren Lebensunterhalt mit Ihrer Feder zu verdienen.«

Dies erschien mir anmaßend, aber ich konnte nichts anderes tun als ihm zuzustimmen.

»Das ist sehr kompliziert und erfordert eine richtige Ausbildung. Damit zum Beispiel der *Sans-Gêne* eine Geschichte bringt, muß sie zuerst einmal zwei Druckseiten lang sein und darf nichts Unmoralisches, geschweige denn Gottloses enthalten. Die Liebe muß mit sehr viel Feingefühl behandelt sein. Der alte Ferenczi läßt da nicht mit sich spaßen. Ich liefere ihm seit mehr als zehn Jahren jede Woche eine oder zwei Geschichten.«

Er war mager, und sein Gesicht stach deshalb um so mehr von dem riesigen Hörrohr ab, mit dem er fortwährend herumhantierte. In Lüttich hatte er ein paar Theaterstücke in Mundart geschrieben, und sie wurden von Zeit zu Zeit noch aufgeführt, was ihm ein bescheidenes Einkommen verschaffte.

»Im *Frou-Frou* können Ihre Geschichten aber sehr viel ungenierter und beliebig lang sein, und Sie dürfen da auch Worte verwenden, die im *Sans-Gêne* verboten sind, wie: Brüste, Bauch, Hinterteil usw. Ich meinerseits habe mich da nie hineinfinden können.«

Ich befand mich auf einmal in einer unwirklichen Welt. Es war warm. Man hatte uns kleine Gläser Likör serviert. Jeder von uns saß in einem Sessel, und die junge Madame R. beobachtete uns abwechselnd, meine Frau und mich. Ich glaube, daß meine Frau ihr aus irgendeinem dunklen Grund nicht gefiel.

»Von *Paris-Flirt*, dem vulgärsten dieser Wochenblätter, will ich gar nicht reden. Übrigens ist das die Zeitung, die am schlechtesten bezahlt, wenn sie überhaupt bezahlt. Da kommt es vor, daß Sie denen für sechzig Francs dreimal auf die Bude rücken müssen. Was *Gens qui rient* betrifft, so ist das eine andere Geschichte. Die sind seriös, haben aber keine klare Linie. Einige Kühnheiten sind erlaubt, andere nicht, niemand weiß, warum ...«

Und zum Kern der Sache kommend, fragte er mich:

»Können Sie eine Geschichte konstruieren?«

Ich zog es vor, den Kopf zu schütteln.

»Natürlich muß man zuerst ein Thema finden, einen Stoff, der etwas hergibt und so neu wie möglich ist. Ich suche manchmal zwei oder drei Tage danach, während ich in meinem Sessel sitze oder aus dem Fenster sehe. Anschließend stellt man einen Plan auf. Da ist dann die Exposition, die notwendigerweise kurz, aber deutlich sein muß, denn sie bestimmt den Verlauf der Handlung. Etwas Dialog nach der Exposition verleiht der Erzählung Leben und ...«

Ich konnte weder lachen noch weinen. Das also war für ihn Literatur!

Ich habe nie mehr als zehn oder fünf Minuten gebraucht, um den Stoff für eine Geschichte zu finden, niemals mehr als eine halbe bis dreiviertel Stunde, um sie zu schreiben, sogar für seinen berühmten *Sans-Gêne*, in dem ich bald so viele Geschichten veröffentlichte, wie mir nur in den Sinn kamen.

Jetzt rühren mich die Worte des kleinen Mannes mit dem Riesenhörrohr. Denn in den folgenden Jahren habe ich Hunderte wie ihn getroffen. Man könnte sie die Akkordarbeiter der Literatur nennen. Nehmen sie sich denn wirklich so ernst, wie es den Anschein hat, frage ich mich? Jedenfalls ernst genug, um nicht aufzugeben.

Jahre später habe ich welche von ihnen wiedergesehen, die als Greise immer noch ihre Geschichtchen oder Groschenromänchen schrieben und jede Woche zwei- oder dreimal bei den dafür in Frage kommenden Verlegern die Runde machten.

Dieser Runde verdankte ich meine schönsten Nachmittage. Wie der *Matin* hatte jedes Blatt seinen bestimmten Tag, an dem man die Manuskripte abgeben konnte, und einen anderen Tag, an dem sie bezahlt wurden. Ihre oft winzigen und verstaubten Lokalitäten waren über ganz Paris verstreut. *Sans-Gêne*, zum Beispiel, lag in Alésia, und ich mußte die Straßenbahnlinie Nr. 10 nehmen. Ein anderes Blatt hatte eine Art Büro-Lagerraum in einem Souterrain im Quartier Voltaire.

Es lagen welche in der Rue Saint-Martin und in der Rue du Croissant, in der in manchen Gebäuden nur Druckerzeugnisse hergestellt wurden.

Ich entdeckte Treppenhäuser, wie man sie sich kaum vorstellen kann, schiefe Fenster, viele verschiedene Berufe, die alle in diesen Häusern untergebracht waren. In der Rue du Croissant herrschte fieberhafte Aktivität, der gute Geruch nach Druckerschwärze und Gedränge auf den Treppen, denn da wurden verschiedene Tageszeitungen gedruckt.

Außer zur Rue d'Alésia und später zur Rue Saint-Gothard, wo Fayard residierte, machte ich diese ganzen Gänge zu Fuß, die Nase in der Luft, um das Leben, das sich um mich herum abspielte, in mich eindringen zu lassen. Alles wurde aufgezeichnet, die typische Redensart eines Gassenjungen, der Wortwechsel zwischen einer Marktfrau, die da an ihrem Karren stand, und einer Kundin.

Von Zeit zu Zeit, wenn ich ein verstecktes Bistro entdeckte, aus dem Weingerüche drangen, trat ich ein und trank einen Saumur oder einen Beaujolais, die der Wirt vom Faß zapfte.

Morgens war es keine Arbeit, sondern eine Freude, wie ein Jongleur diese kleinen Geschichtchen zu schreiben, und es kam oft vor, daß ich mitten in einem Abschnitt laut herauslachen mußte. Die Rundgänge nachmittags konnte man noch weniger als Arbeit bezeichnen. Es war im Gegenteil eine immer neue Freude, mit der Nase vorneweg herumzuspazieren, voller Entzücken über alles, was ich sah, die Redensart eines Gassenjungen auf der Straße, das versoffene Gesicht eines Clochards, die wacklige Treppe, die zu einem Verleger hinaufführte, und das Haus, in dem allerhand Kleingewerbe zu finden war.

Es gab seriöse Büros, wie bei Fayard oder Ferenczi. Aber es gab auch andere, die den Romanen eines Eugène Sue oder Balzac entsprungen zu sein schienen. In diesen sah man weder Angestellte noch Sekretärinnen. Lediglich recht mies zurechtgemachte Figuren, die von der Erfolgswelle dieser Wochenblätter profitieren wollten und die in einem oder zwei Jahren an einer Straßenecke vielleicht wieder Schlipse aus einem Bauchladen verkaufen würden.

Alles war schön. Ich hatte das Gefühl, das wahre Leben zu entdecken. Es kam schließlich der Augenblick am Spätnachmittag, wo ich mir meine Belohnung aussuchen konnte; es war immer dieselbe: eine Frau. Das ging vom Boulevard Sébastopol bis zur Porte Saint-Denis, vom Boulevard Montmartre bis zum Boulevard de la Madeleine, je nach der Ernte, und es gab dann auch noch die stillen Wohnungen, die sich der Aufmerksamkeit der Suchenden lediglich durch ein Schild mit der Aufschrift »Massagen« empfahlen.

Das war etwas für die Glückstage.

Wir bewohnten einen sehr großen Raum mit sehr hoher Decke, wie in allen Häusern der Place des Vosges, mit zwei Fenstern, die auf einen gepflasterten Hof hinausgingen, an dessen hinterem Ende einige Bäume und einige Sträucher einen grünen Akzent setzten.

Dieser Raum war so ziemlich für alles da. Ein Diwan diente als Bett. Ein großer Tisch war gleichzeitig mein Schreibtisch und der Eßtisch. Tigy schließlich hatte jetzt eine richtige Staffelei anstelle der Klappstaffelei, die sie bis dahin benutzt hatte.

Wir verfügten noch über einen zweiten Raum, der ein wenig kleiner war und den wir geteilt hatten. Ein Teil war die Küche, der andere das Badezimmer. Da wir dort aber keine Badewanne unterbringen konnten, badeten wir uns in einer großen Zinkwanne und duschten uns mit Hilfe eines Schwammes.

Wir wohnten an der Grenze dessen, was man damals das Getto hätte nennen können. Das war das ehemalige Marais, wo man die alten herrschaftlichen Häuser noch nicht restauriert hatte; in diesen Häusern wohnten

Handwerker, die meist Gold und Diamanten verarbeiteten.

Die Freunde aus der Rue du Mont-Cenis haben uns einen oder zwei Monate lang manchmal besucht. Wir sind auch ein paarmal auf den Montmartre gegangen.

Dann wurde die Entfremdung ohne ersichtlichen Grund größer. Ein neuer Abschnitt unseres Lebens begann, der sich jetzt nicht mehr um die Bohème des Montmartre drehte, sondern um die Bohème, die Bistros, die paar Nachtlokale, die Kunsthändler vom Montparnasse.

Tigy malte viel, vor allem sehr große Bilder, die uns ein Vermögen kosteten, aber ich traute mich nicht, etwas zu sagen.

Auch ich arbeitete, denn die Verleger der Groschenromane nahmen alle meine Arbeiten ab, und ich schrieb außerdem weiter meine Geschichtchen.

Ich lief auch weiter herum. Wenn ich daran denke, wird mir jetzt mit siebzig klar, daß ich, wo ich mich auch immer befunden habe, mein ganzes Leben lang herumgelaufen bin. Dies war für mich ein Bedürfnis: loszulaufen, die Nase in den Wind gestreckt, die Gerüche zu schnuppern, den Geräuschen zuzuhören, Gesprächsfetzen aufzuschnappen und mir die Augen mit Bildern zu füllen.

Das Quartier des Marais, das ich eben Getto genannt habe, eignete sich noch mehr dazu als die Rue des Dames oder die Rue du Mont-Cenis. Unter der Bevölkerung gab es viele Fremde, fast alles Juden, die aus vielen Teilen Europas gekommen waren. Sie hatten ihre eigenen Läden und in der Rue des Rosiers sogar zwei Bordelle.

Ich glaube, das alles hat sich geändert, wie auch die Bevölkerung der Place des Vosges und der Ile Saint-Louis. An der Place des Vosges wohnen jetzt Filmstars, Filmproduzenten und Finanzgrößen. Mit der Ile Saint-Louis, auf der wir abends spazierengingen, ist es ebenso.

Wo sind wir nicht überall hingegangen? Alles war neu, alles war aufregend, alles mußte festgehalten werden, alles stand uns gewissermaßen wie ein Erbteil zu.

Einmal pro Woche gingen wir abends ins Kino, aber nicht in der Stadt, wie wir sagten, wenn wir die großen Boulevards und die Champs-Elysées meinten, sondern ins Kino Saint-Paul in unserem Quartier, wo wir Gesichter wiedersahen, die wir schon während des Tages wahrgenommen hatten. Und in der Pause zwischen den beiden Filmen tranken wir ein Gläschen in der Bar nebenan und warteten, bis das Klingelzeichen das Ende der Pause verkündete.

Einige Monate später sollten wir in der zweiten Etage eine zweite Wohnung mieten. Sie bestand aus einem ebenso großen Zimmer wie das im Erdgeschoß, einer winzigen Küche, und, endlich, einem richtigen Badezimmer.

Tigy wollte immer noch keine Kinder. Wir haben einen Hund gekauft. Eine große dänische Dogge, die wir abends um die Ile Saint-Louis herum spazierenführten und die mehr als zwölf Jahre bei uns gelebt hat.

Im selben Jahr sollte uns der Zufall auch ein Dienstmädchen bescheren. Eine Freundin, die eine Villa oberhalb der Felsküste nicht weit von Fécamp hatte, hatte uns zu einem Besuch eingeladen. Bei ihr trafen wir ein Mädchen von siebzehn Jahren, das unsere Freundin nicht mehr brauchte, und wir nahmen sie mit nach Paris.

Ihr Vorname war Henriette. Da ihr Gesicht gleichzeitig immer runder und bleicher wurde, sagte ich ihr nach zwei oder drei Monaten, daß sie aussähe wie eine Mistelkugel.

So haben wir sie schließlich Boule, die Kugel, genannt. Sie wird immer noch Boule genannt, auch wenn sie nicht mehr bei mir ist; sie ist jetzt bei Marc, meinem Ältesten, bei dessen Geburt sie dabeiwar, und kümmert sich um seine Kinder, bei deren Geburt sie ebenfalls dabeiwar.

Das Leben am Montparnasse begann für uns mit einem anderen Stundenplan, anderen Freunden, anderen Interessen.

Ich habe nicht die Absicht, die Geschichte des Montparnasse zu erzählen, nicht einmal die, zu schildern, wie es dort in den zwanziger und dreißiger Jahren war. Ebensowenig wie ich die Absicht hatte, die Geschichte des Montmartre, der Place du Tertre zu erzählen.

Ich möchte hier nur Momentaufnahmen festhalten, und diese sollten ursprünglich ebenso ungeordnet sein wie die von einem Pferderennen zum Beispiel oder wie die Personen, Onkel, Tanten, Kusinen, Großmütter usw. in einem Fotoalbum.

Instinktiv, fast ohne mein Wissen, bin ich aber ziemlich chronologisch vorgegangen, und das mißfällt mir, weil es nicht meiner Absicht entspricht. Ich möchte vor allen Dingen nicht, daß das, was ich so zu meinem Vergnügen diktiere, einem Roman ähnlich wird.

Im Gegensatz zu dem, was ich bisweilen den Journalisten erklärt habe, wenn sie mich interviewten, fehlt es mir überhaupt nicht, keine Romane mehr zu schreiben, ganz im Gegenteil, und ich glaube, selbst wenn ich wollte, könnte ich heute gar keine mehr schreiben.

Wie Tigy und ich in das Leben am Montparnasse hineingerutscht sind, weiß ich nicht, und ich weiß auch nicht, wann wir da zum ersten Mal hingegangen sind. Vielleicht war es, als wir zum Boulevard du Montparnasse gingen, auf dem es damals ein großes Geschäft für

Malbedarf gab und wo wir dieses Riesending von einer Staffelei kauften, das wir dann mitten in dem großen Zimmer im Erdgeschoß an der Place des Vosges aufgestellt haben.

Ich erinnere mich auch daran, daß ich eines Morgens gegen zehn in die Rotonde kam, wo drei oder vier Frauen warteten. Sie waren professionelle Modelle, die von den Malern ausgewählt wurden, bevor diese sich an die Arbeit machten. Ich betrachtete aufmerksam eine nach der anderen. Eine von ihnen habe ich gefragt, ob sie nicht zu mager wäre, und alles, was sie tat, war, ihr Kleid hochzuheben bis zum Nabel.

Wo wir abends sehr oft hingehen sollten, war das Jockey, an der Ecke der Rue de Chevreuse. Das Lokal war winzig, jede Nacht bis zum Bersten überfüllt mit einer Mischung aus Künstlern, Modellen, reichen Amerikanerinnen mit langen Perlschnüren auf der Brust.

Drei Hawaiianer bildeten das Orchester. Ich weiß nicht mehr, wie man da überhaupt tanzen konnte. Man klebte vielmehr aneinander in einem Zustand praktischer Unbeweglichkeit.

Die Luft war voller Rauch. Zur Toilette ging es eine Treppe hinunter, die kaum weniger steil war als eine Leiter.

Kiki, das berühmte Modell, war die Königin.

Es gelang uns mehr schlecht als recht, einen Sitzplatz zu finden, und wir verbrachten Stunden damit, zu gucken und die Atmosphäre auf uns wirken zu lassen.

Woran haben wir während dieser ganzen Zeit wohl gedacht? Das frage ich mich heute. Den Gesichtern und

Bewegungen der Leute zuzuschauen, zu wissen, daß wir am Montparnasse waren, das genügte uns.

Zu Fuß gingen wir zur Place des Vosges zurück. Wir sind immer viel gelaufen, und wenn wir zur Rue du Mont-Cenis gingen, sind wir hin und wieder zurück ebenfalls zu Fuß gegangen.

Das ist eine Gewohnheit, die ich mein ganzes Leben beibehalten habe, und die ich auch heute noch habe. Auf dem Land, wo ich die meiste Zeit gelebt habe, am Meer, hier am Ufer des Sees, bin ich zu Fuß gegangen.

Herumgelaufen bin ich auch an Bord der Dampfer. Damals brauchte man zweiundvierzig Tage bis nach Sydney, nicht viel weniger bis nach Tahiti. Morgens stand ich sehr früh auf und ging zwanzig-, dreißig- oder vierzigmal an Deck auf und ab. Nur der Kapitän war noch da, der tat aber dasselbe, weil er fürchtete, zu dick zu werden, wenn er auf seiner Kommandobrücke blieb.

Die Rotonde war der Treffpunkt der Maler, und hier traf ich Pascin, Kisling, der einer meiner besten Freunde wurde, seltener Vlaminck, der auch einer meiner guten Freunde wurde und mit dessen Familie ich heute noch in Verbindung stehe.

Vlaminck war der einzige, der nicht trank. Die anderen tranken viel, wenn sie Geld hatten, ich auch. Wenn sie keines hatten, begnügten sie sich mit einem Kaffee, vor dem sie den ganzen Abend sitzen blieben.

Ich war ein Bursche, der aus einer sehr anständigen Stadt kam. Ich entdeckte eine Straßenecke, wo man alle Sprachen hörte und wo man in einem winzigkleinen Restaurant, das nach nichts aussah, alle russischen Gerichte essen konnte.

Ich glaube, daß sich das gleiche nach dem Zweiten Weltkrieg in Saint-Germain-des-Prés abgespielt hat. Das Leben dort habe ich aber nicht kennengelernt, denn ich war damals in den Vereinigten Staaten.

Ich habe etwa 1923 oder 1924 die Maler über den Boulevard kommen und sich auf die Terrasse des Dôme setzen sehen. Man konnte immer sicher sein, dort jemanden zu treffen, mit dem man reden konnte. Denjenigen, die mich nach meinem Beruf fragten, konnte ich nur ausweichend antworten, denn sie hätten nicht verstanden, daß ein Autor von Groschenromanen und galanten Geschichtchen noch andere Ambitionen haben kann.

Wahrhaftig, alle, die ich in den Vorzimmern der Verleger kennenlernte, sind im Dienst alt und grau geworden und haben Jahr um Jahr immer weiter die gleichen Geschichten geschrieben, die die sentimentalen Concierges zu Tränen rührten.

Wenn ich selbst auch keinen Beruf hatte, zu dem ich mich bekannte, meine Frau hatte einen: Sie war Malerin, mit einem ganz großen M.

Ich, ich war der Ehemann.

An jenem Morgen, an den ich mich, ich weiß nicht aus welchem Grund, erinnere, hörte ich weder den Gesang des Springbrunnens, der auf der Place des Vosges direkt vor unserem Fenster stand, noch das Zwitschern der Vögel, die von Baum zu Baum flatterten.

Wir hatten einen Kater und sogar einen ganz ordentlichen, denn am Abend vorher hatten wir in der Rue du Mont-Cenis mächtig Grappa getrunken, einen Schnaps, der einem am nächsten Morgen noch schwer zu schaffen macht. Da wir unfähig waren zu arbeiten, machten wir uns auf die Socken, Tigy, unser Hund Olaf und ich, die Seine entlang, und eine ganze Zeit sahen wir zu unserer Rechten die schwarzen Gittertore der Weinhalle. Etwas weiter weg lagen in Reihen nebeneinander eine Menge Fässer, die gerade aus einem Lastkahn ausgeladen wurden. Wir haben uns auf einen großen Stein gesetzt und mit verschwommenem Blick beim Ausladen zugeschaut. Es war trübe. Eine meiner wenigen Erinnerungen grau in grau. Aber es regnete nicht, und ich sehe wieder das kleine Mädchen im roten Kleid vor mir, das auf Deck des Kahnes spielte.

Wir sind weitergegangen und haben erst in Charenton haltgemacht, wo der Marnekanal die Seine erreicht.

Was haben wir bloß getrunken in diesem Bistro, in

dem nur Bootsleute waren? Ich habe es vergessen, aber ich erinnere mich, daß unser Heimweg weniger mühselig war und daß wir in der Nähe der Weinhalle noch in einem anderen Bistro eingekehrt sind, in dem zwei Männer ganz in Blau Säcke auf ihren Schultern trugen.

Dieser ganze Abschnitt meines Lebens war strahlend schön. Zu sagen, wann er begann, ist mir unmöglich. Wann er zu Ende ging, ebenfalls. Alles begeisterte mich, sogar das leise Plätschern des Brunnens, das ich hörte, wenn ich manchmal nachts oder sehr früh morgens aufwachte.

Ein Weg war uns ganz vertraut geworden. Wir überquerten die Place des Vosges, dann die immer geschäftige Rue Saint-Antoine. Die schmale und altväterliche Rue Saint-Paul führte uns zur Seine, und nachdem wir einen ihrer Arme überquert hatten, kamen wir zur Ile Saint-Louis.

Von hier aus führte uns ein ziemlich häßlicher Eisensteg bis in die Nähe der erzbischöflichen Gärten.

Noch eine Brücke. Der Boulevard Saint-Michel, der mich an so viele Lesestunden erinnerte. Dann der Jardin du Luxembourg.

Studenten, Studentinnen saßen auf den kleinen gelben Stühlen. Kindermädchen paßten auf Kinder auf. Wir gingen schräg durch den Garten, und auf der anderen Seite lag schon Montparnasse, die Rue Vavin, der Boulevard Raspail.

Ich kann mir noch jeden Schritt dieses Spazierganges genau vorstellen, aber die Idee, ihn wie eine Wallfahrt zu wiederholen, ist mir nie gekommen. Es gab dort viele Leute, die Bilder verkauften, Amateure vor allem, und wir gingen von einem Laden zum anderen und blieben lange vor jedem Gemälde stehen. Worauf wir stets zum Dôme gingen und uns dort auf die Terrasse setzten. Dort habe ich auch zum ersten Mal Foujita zu Gesicht bekommen, der schon berühmt war und der mit seiner Frau Yuki ein regelmäßiger Gast bei uns an der Place des Vosges werden sollte.

Wir lebten, um zu leben. In Wirklichkeit war nichts wichtig, war nichts ernst, war nichts wirklich von Belang.

Doch. Etwas. Die Anzahl der Seiten, die ich jeden Tag auf der Maschine schreiben mußte. Die Groschenromane wurden schlecht bezahlt, gewiß. Ungefähr tausend oder fünfzehnhundert Francs für zehntausend Zeilen; zweitausend Francs für Romane mit zwanzigtausend Zeilen.

Ich schrieb schnell. Ich konnte meine achtzig Seiten am Tag herunterhauen, wenn ich wollte. Es war oft wie ein Rausch. Vor allem die Romane für die Jugend, das heißt die Abenteuerromane. Der Verleger Tallandier gab zwei Reihen heraus, eine blaue Reihe für Abenteuer, eine rote Reihe für die Gefühle – und was für Gefühle!

Ich schrieb für beide Reihen, aber meine Vorliebe galt der blauen Reihe. Ich hatte mir einen Großen Larousse geleistet, und um zum Beispiel *Se-Ma-Tsien-le-sacrificateur* zu schreiben, mußte ich alles durchlesen, was über Tibet und die umliegenden Gebiete darin stand. Acht Tage später war ich mitten im Kongo und schrieb die Namen der Pflanzen, der Tiere, der verschiedenen Stämme auf. Dann kam Südamerika an die Reihe, der Amazonas.

Auf diese Art reiste ich, vor meiner Maschine sitzend, in der ganzen Welt herum, auf Sonnenstrahlen, die unsere hohen Fenster verschwenderisch hereinließen. Eine Flasche Weißwein stand in meiner Reichweite. Manchmal trank ich davon einen Schluck. Ich begann früh am Morgen, normalerweise um sechs Uhr, und ich hörte am späten Nachmittag auf.

Das machte zwei Flaschen. Und achtzig Seiten.

So daß wir auch Glückstage ohne Arbeit hatten. Wann fand doch gleich die »Exposition des Arts Décoratifs« statt? Ich schwanke zwischen 1925 und 1926.

Da gingen wir mindestens zweimal pro Woche hin, und dort einigten wir uns auch darüber, wie die Wohnung im zweiten Stock möbliert werden sollte.

Das wichtigste Möbelstück war eine große Bar, deren Oberteil nicht aus Holz, sondern aus Milchglas war und von unten durch viele Glühbirnen erleuchtet wurde. Die Vorhänge waren aus schwarzem Samt. Schließlich hatte ich noch einen Theaterscheinwerfer gekauft, mit dem man weiße, rote, blaue oder gelbe Lichtbündel in jede beliebige Ecke des Raumes werfen konnte.

Ich spielte mit dem Leben, ich war ein Gaukler. Alles war Spaß. Alles war Verzauberung.

Doch ohne das Ziel aus den Augen zu verlieren, das ich mir gesetzt hatte: Romane zu schreiben.

Keine Romane für eine blaue, rote oder grüne Reihe. Romane, die ausdrücken sollten, was ich wirklich ausdrücken wollte.

Ich fühlte mich noch nicht reif. Oft schrieb ich abends »für mich«, wie ich damals sagte. Das waren Erzählungen von acht oder zehn Seiten Länge, die ich nicht auf der Maschine tippte, sondern mit der Hand schrieb. Regelmäßig mußte ich mich nach einer oder anderthalb Stunden Arbeit übergeben, wie ich es auch später noch oft tun mußte.

Place des Vosges – Montparnasse. Eine Welt. Eine leuchtende, leichte, mitreißende Welt. Ich war meiner selbst sicher, der Zukunft sicher. Ich sagte mir:

»In zwei Jahren fange ich richtig an zu schreiben.«

Und ich war so sehr überzeugt davon, daß ich ein Gefühl der Zufriedenheit verspürte, als wenn ich schon angefangen hätte.

Tigy ihrerseits malte zwei Etagen tiefer im Parterre. Wir waren in die Rue de Lappe gegangen, in die verschiedenen Tanzlokale, wo wir Jungen und Mädchen fürs Modellstehen angeheuert hatten. Das war näher und leichter, als sie vom Montparnasse zu holen.

Einmal, vielleicht zweimal, hat Tigy noch auf der Place Constantin-Pecqueur ausgestellt, aber ich erinnere mich nicht, daß sie irgendeines ihrer Werke verkauft hätte.

Zwei hat sie dann aber doch verkauft. Zu jener Zeit sprach man oft davon, daß Leute ein Vermögen machten oder schon gemacht hatten, indem sie Gemälde sehr billig angekauft und dann sehr teuer weiterverkauft hatten. Kleine Leute, die davon nichts verstanden, versuchten, da ebenfalls mitzumischen.

Auf diese Weise bekamen wir einen Kunden, den einzigen. Er war sicher noch nicht über vierzig. Er betrachtete lange ein großes Aktbild und fragte nach dem Preis dafür.

»Tausend Francs«, antwortete Tigy.

Wir waren überzeugt, daß er davonlaufen würde. Nicht nur, daß er blieb, er zeigte auch noch auf ein anderes Bild, ich weiß nicht mehr was für eins, und er kaufte es für achthundert Francs.

Ich glaube nicht, daß er dadurch reich geworden ist. Was ich weiß, ist, daß wir noch am selben Abend beschlossen, ein paar Monate auf eine Insel zu fahren. Wir wußten nicht, welche. Mein Larousse hat uns auch hier wieder aus der Patsche geholfen. Wir pickten uns den Namen Porquerolles heraus, gegenüber von Hyères und Toulon.

Wir machten uns auf, Tigy, Boule, Olaf und ich.

Ich komme gerade aus der Stadt zurück, wo ich etwas gekauft und mir eine Pfeife geleistet habe. Normalerweise ist das für mich eine kleine Belohnung, die ich mir dann und wann gönne. Heute ist es einfach nur, weil ich gute Laune habe. Gute Laune ist eigentlich zu schwach, denn ich verspüre in mir eine Art großer Freude.

Hängt das mit dem zusammen, was ich heute morgen in dieses Mikrofon hineinerzählt habe? Ich glaube schon. Fast jeden Tag bringen diese paar improvisierten Sätze Licht und Freude in meinen Tagesablauf.

Es ist mein Leben, alles in allem, das da wieder ersteht, aber sehr viel schöner, sehr viel mitreißender zweifellos, als es wirklich gewesen ist. Es ist ungetrübter geworden. Im Laufe der Zeit hat es sich aller Schlacken, allen Verdrusses, aller Sorgen und Zweifel entledigt.

Was bleibt, ist das, was die geheimnisvolle kleine Schachtel in meinem Kopf aufgehoben hat, und deshalb erscheint es mir auch so köstlich. Schatten, dunkle oder beängstigende Einzelheiten würde ich vergeblich suchen.

Wie ich, glaube ich, schon gesagt habe, als ich mit diesen Monologen anfing, finde ich in mir nur noch Sonne und Freude.

Sonntag. Palmsonntag. Das weiß ich, weil ich es gestern im Radio gehört habe.

Ich komme gerade von meinem Morgenspaziergang nach Hause. Die Straßen sind leer. Ab und zu in der Ferne eine einsame Gestalt auf dem Bürgersteig. Selten ein Auto.

Glocken wie jeden Sonntag.

Aber ich habe niemanden mit Buchsbaumzweigen in der Hand gesehen. Als ich noch ein Kind war, brachte jeder seinen Buchsbaum zur Messe mit, um ihn segnen zu lassen, und wenn man wieder zu Hause war, steckte man ein Zweiglein in die Weihwasserkessel, die man in allen Zimmern hatte.

Gibt es heute noch Weihwasserkessel in den Zimmern? Stellt man noch eine Schale mit Wasser ans Kopfende der Toten mit einem Buchsbaumzweig darin, mit dem dann jeder Besucher über der Leiche das Zeichen des Kreuzes macht?

Nur fünfzig Jahre, und so viele kleine Einzelheiten haben sich geändert im Leben. Ich glaube, das ist bezeichnender als alle Umzüge und lauten Demonstrationen.

Meine Fahrt ans Mittelmeer. Wenn ich noch Romancier wäre, würde ich daraus wahrscheinlich ein ganzes Kapitel machen.

An der Gare de Lyon der Blaue Express. Der Luxus der Schlafwagen. Koffer von Vuitton. Reisende, die anders aussahen als Reisende sonst.

Wohlgemerkt, ich reise nicht im Schlafwagen. Ich schlafe. Unruhiger Schlaf. Bei Montélimar presse ich mein Gesicht an die Scheibe, und auf den kahlen Feldern entdecke ich Mandelbäume. Ich sage Mandelbäume, denn dies sind die ersten, die ich in meinem Leben sehe. In Wirklichkeit sind es vielleicht Pfirsichbäume, aber blühende Pfirsichbäume habe ich schon woanders gesehen.

Es muß einfach Südfrankreich sein, und ich muß das alles einfach exotisch finden.

Auf der Halbinsel von Giens, nicht weit von Toulon, gehe ich an Bord eines weißen Schiffes, dessen Kapitän Baptiste heißt. Eigentlich ist sein Vorname ohne Bedeutung. Für mich jedoch nicht.

Alle Einzelheiten sind wichtig, denn dies ist ein Tag der Entdeckungen. Man erblickt die Insel Porquerolles, die in der Sonne liegt, das dunkle Grün ihrer Vegetation, einige weiße Vierecke mit etwas Rotem darauf, die Häuser.

Der Hafen mit seinen paar Fischerbooten.

All dies hat mich sehr bewegt. Es schien mir, als seien selbst die Leute anders als die, die man woanders trifft.

Damals standen um den Platz mit seinen Eukalyptusbäumen nur drei Hotels, zwei davon waren sehr klein. Aber dort bin ich gar nicht abgestiegen. Tigy und ich haben uns unser Gepäck samt meiner Schreibmaschine aufgeladen und sind bis ans Ende der Insel marschiert, bis zu einer Stelle namens »Grand Langoustier«, wo man uns unter den Bäumen ein winziges Häuschen mit zwei Zimmern und einer Veranda aus geflochtenem Schilfrohr davor vermietete. Boule war bei uns. Olaf auch.

Wir sollten mehrere Monate in diesem Häuschen leben, und die Veranda war mein Arbeitszimmer. In kurzen Hosen, mit nacktem Oberkörper tippte ich Geschichten, Romane. Wenn das geschehen war, drangen wir ein in ein Dickicht mit engen Pfaden, verwachsenen Büschen, starken Gerüchen provenzalischer Pflanzen, an deren Namen ich mich nicht mehr erinnern kann.

Wir gingen auch entlang der Felsen spazieren, die weit ausladend über dem Meer hingen, und dort hatte ich eines der erschütterndsten Erlebnisse meines Lebens.

Ich wußte, daß es im Meer Fische gab. Einige Arten kannte ich, weil ich sie in Fischläden hatte liegen sehen oder sie schon gegessen hatte. Wie sie lebten, konnte ich mir nicht vorstellen.

Plötzlich entdeckte ich es. Das Wasser war klar und durchsichtig. Man konnte den Kopf eines Seeaales sehen, der in seinem Loch auf der Lauer lag. Man konnte auch die bunten Rundfische sehen, die in Zügen schwammen und die auf einmal in Angst und Schrecken versetzt wurden, wenn sich ein dicker Fisch näherte, der sie dann verschlang. Es gab Krabben, Langusten, Rochen, Muränen, was weiß ich?

Tag und Nacht lauerten sich diese Fische gegenseitig auf, um sich je nach ihrer Größe und ihren Verteidigungsmöglichkeiten gegenseitig zu verschlingen.

Man hatte mir als Kind beigebracht, daß die Natur harmonisch und friedvoll sei.

Hier war sie weder harmonisch noch friedvoll. Jeder Fisch, jede Muschel mußte fortwährend auf der Hut sein, wenn sie nicht zerstückelt und verschlungen werden wollten. Es gab keinerlei Mitgefühl. Nichts als fortwährende Freßlust.

Diese schönen Fische, deren Farbenspiel so bewundert wird, wenn sie von einem Sonnenstrahl getroffen werden, verbringen ihr Leben in Wirklichkeit im Kampf gegen den Tod.

Ich hätte es wissen müssen. Auf sehr abstrakte Art wußte ich es natürlich wie wir alle. Aber hier, unter einem blauen Himmel, in einem blauen Meer ereigneten sich doch jeden Tag Tausende von Tragödien, an denen auch ich teilnahm.

Das quälte mich. Das brachte alle Vorstellungen durcheinander, die ich vorher über die Welt und die Natur gehabt hatte. Aber ich wurde unwiderstehlich zu diesen Felsen hingezogen, wo ich zusehen konnte, wie das Leben auf der Welt wirklich ist.

Ich habe es niemals vergessen.

Ich habe mir damals eine Frage gestellt, die vielleicht

naiv klingt: Waren die Leute mit ihren Vuitton-Koffern, die ich in die Schlafwagen hatte einsteigen sehen, nicht auch große Fische?

Wenn meine Erinnerungen, meine Bilder Postkarten wären, dann gäbe es da etwa zwanzig über meinen ersten Aufenthalt in Paris, von der Gare du Nord bis zum Faubourg Saint-Honoré; dann noch etwa zehn über die eigentlich doch längere Zeit beim Grafen von T.

Porquerolles würde die meisten dieser Postkarten liefern. Nicht nur der Spaziergang am Morgen, wenn ich zusah, wie das Schiff ankam und die Lebensmittel ausgeladen wurden; nicht nur der Weißwein auf der Terrasse bei Maurice, nicht nur meine endlosen Boulepartien mit den Fischern. All dies ist in meinem Gedächtnis etwas verblaßt, während mir die Bilder des Meeres, von denen ich nie genug bekommen konnte, außergewöhnlich deutlich im Gedächtnis geblieben sind. Ich durchstreifte die kleinen Buchten und beugte mich über das bald ruhige, bald in langsamem Gleichmaß wogende Wasser und beobachtete das Leben der Fische mit immer demselben Unbehagen.

Wie weit dies doch entfernt war von der erholsamen Ruhe einer grünen Wiese, auf der schwarzweiße oder braunweiße Kühe weiden!

Hier war jeden Augenblick Krieg, ein gnadenloser Krieg. Auch war da andauernd das Warten, das Auf-der-Hut-sein. Ich glaube nicht, daß es im Leben der Fische, der Krebs- oder Muscheltiere einen Augenblick der Ruhe gibt.

Die Gefahr ist allgegenwärtig. Die einen sind besser bewaffnet als die anderen. Einige haben ihre Stachel, andere den Vorteil ihrer Geschwindigkeit. Aber ob groß oder klein, ihnen wird keine Atempause gewährt.

Ich frage mich, ob sie je schlafen.

Gegen meinen eigentlichen Willen habe ich mich in Vergleiche mit dem Festland eingelassen. Natürlich vollzieht sich auch im Wald, auf den Wiesen, in den Flüssen der gleiche Kampf zwischen den verschiedenen Arten.

Es scheint mir aber, als erlebten die Tiere dort manchmal Augenblicke der Ruhe, wahrer oder falscher Sicherheit.

Etwas düstere Postkarten also. Ein ganzer Stoß. Um so mehr, als ich in den folgenden Jahren nach Porquerolles zurückkehren sollte. Ich bekam dort ein Haus mit meiner eigenen Mole und ein Boot, ein »Spitzboot«, wie die der Fischer. Auch bekam ich als Matrosen Tado, den besten unter ihnen, und zusammen sollten wir unser Teil zu diesem Blutbad beitragen.

Zu jener Zeit machte es mir nichts aus, in unseren Netzen vierzig oder fünfzig Fische an Land zu bringen. Je schöner, je bunter sie waren, desto größer war mein Entzücken.

Heute verstehe ich das nicht mehr. Was hatte ich bloß da auf diesem Meer zu suchen, das mir eigentlich doch fremd war, und warum rottete ich unter dem Vorwand, einem Sport nachzugehen, noch mehr von diesen Geschöpfen aus, die sich doch schon untereinander nach dem Leben trachteten?

Ich bin nicht so naiv, diesen endlosen Kampf mit dem

der Menschen zu vergleichen. Das wäre zu einfach. Schwieriger ist es, über das alles nachzudenken und dabei Optimist zu bleiben.

Ich bin jetzt ein alter Fisch und möchte, daß alle Fische, ob jung oder alt, groß oder klein, in Frieden auf dieser Welt leben können.

Morgens laufe ich aus Gewohnheit (wann ist diese Gewohnheit entstanden?) ungefähr eine Stunde. Wenn ich dann zurück bin, setze ich mich vor dieses Mikrofon. Nicht, weil ich mich dazu verpflichtet fühlte. Nicht, weil ich mich auf Teufel komm raus aussprechen wollte, sondern aus einer Art Bedürfnis, einem Tick vielleicht.

Heute hatte ich einen Anfall, wie ich sage, was ich seit langem nicht mehr hatte. Leichter Schwindel. Wie mit einem Brett vor dem Kopf. Und einem leichten Schmerz in der Brust.

Ich wollte nicht ausgehen. Ich habe mich damit begnügt, die *Tribune de Lausanne* zu lesen, und drei- oder viermal mußte ich wieder von vorn anfangen, weil ich gar nicht aufgenommen hatte, was ich da gelesen zu haben glaubte.

Irgend etwas beunruhigte mich. Eigentlich wußte ich genau, was. Als der Schwindel wegging und die leichten Stiche in der Brust nachließen, habe ich mich vor mein Aufnahmegerät gesetzt.

Warum? Um über Fische zu sprechen. Um zu wiederholen, was alle Welt weiß, nämlich, daß sie sich gegenseitig auffressen und die großen sich dabei mit Vorliebe über die kleinen hermachen.

Aber ich hätte auch über irgendein anderes Thema

schwatzen können. Was mir fehlte, war einfach mein Mikrofon.

Ist das nicht lächerlich? So sehr bin ich also Sklave einer gewissen Anzahl unnützer Tätigkeiten, die ich täglich zur gleichen Zeit ausführe. Überall im Haus stehen elektronische Uhren und ohne hinzuschauen weiß ich, wieviel Uhr es ist.

Wenn irgend etwas nicht zu einem festgelegten Zeitpunkt (festgelegt von wem?) erledigt wird, bin ich brummig, unzufrieden, und der ganze mehr oder weniger harmonische Plan meines Tagesablaufs gerät durcheinander.

Geht es nicht allen anderen auch so? Ich habe sehr viel von Montaigne gelesen, als ich jung war. Das war mein Lieblingsautor. Ich erinnere mich an eine der Stellen, die mich am meisten beeindruckt haben.

Während sich dramatische Ereignisse, Belagerung oder Bürgerkrieg, was es genau war, habe ich vergessen, in Bordeaux abspielten, sprach er, der ja Bürgermeister dieser Stadt war, in seinen Notizheften über die Tätigkeit seiner Blase.

Das ist in etwa das, was auch ich heute morgen gemacht habe.

Ich werde heute nicht in dies Mikrofon hineinschwatzen. Um mich zu bestrafen? Mich wofür zu bestrafen? Dafür, daß ich mich unmerklich habe gehenlassen; mich nämlich jeden Tag zur gleichen Stunde in meinen roten Sessel gesetzt, mein Tonbandgerät angestellt und meinen Ticks einen weiteren hinzugefügt habe.

Als ich im ersten Jahr nach Porquerolles kam, zählte die Insel etwa hundertvierzig Einwohner, die hauptsächlich drei Familien angehörten. Wie im Mittelalter sagte man: Gaucher-mit-Bart, Gaucher-Tabak, Guercy-Bistro, Guercy-Frisör usw.

Der Platz war riesig, aus festgestampfter Erde, leicht geneigt, von Eukalyptusbäumen umgeben. Ganz oben sah eine kleine Kirche, die einst von der Marine erbaut worden war, einer Anhäufung von Kuben ähnlich.

An jenem Morgen war es warm. Kleine Gruppen von Männern oder Frauen standen vor einem Haus, dessen Fenster offen war, und man hörte:

»Oh! ... Oh! ... Au! ... Verdammte Mutter Gottes! dir werde ich noch mal Kerzen in die Kirche bringen ... Ich dachte, ich kriege keine Schmerzen ... Und du läßt mich so im Stich ...

Au! ... Oh! ... dir bringe ich noch mal Kerzen!«

Die Leute hörten zu und gaben ihre Kommentare

dazu ab, die einen lachten dabei, die anderen schüttelten den Kopf. Adèle kam also nieder, und die Schreie, die Flüche, die Beleidigungen der Heiligen Jungfrau rissen den ganzen Morgen nicht ab.

Ab und zu kamen ein paar Männer zu Maurice, tranken ein Gläschen und nahmen dann ihren Platz vor dem Fenster wieder ein.

Dies ist eins der Bilder von der Insel, das mich am meisten beeindruckt hat, denn es spiegelt die Geisteshaltung der Menschen dort wider.

Es gab da einen alten Mann, der sich das ganze Jahr Haare und Bart wachsen ließ. Im Frühling tauchte er sich in voller Kleidung im Meer unter – er zog sich nie aus –, und dann rasierte er sich. Er schlief auf einer Bank. Wenn es dann wirklich zu kalt wurde, schlief er in einem kleinen Raum, der zum Bürgermeisteramt gehörte und in dem nur ein Stuhl und ein Tisch standen.

Man wußte weder, wie er hieß, noch, woher er kam. Im Sommer suchte er am Meer im Sand Köderwürmer und verkaufte sie an die Angler. Als man ihn dann etwa zehn Tage nicht mehr gesehen hatte, kam dem Bürgermeister und mir die Idee, in dem Kabuff nachzusehen. Vor lauter Fliegen kam man da gar nicht hinein. Der Alte stand da, aufrecht, die Arme auf den Tisch gestützt. Er war tot.

Dies alles ist nicht nur typisch für Porquerolles, sondern für das ganze Mittelmeer. An der Oberfläche Sorglosigkeit, Fröhlichkeit. Hinter der Fassade aber doch eine mehr oder weniger tragische Lebensauffassung.

Dieses Mittelmeer habe ich in der Folgezeit genau kennengelernt. Mit meinem Boot fuhr ich überall herum und von Hafen zu Hafen. Es gab fast noch keinen Tourismus. Man konnte die Einwohner so erleben, wie sie wirklich sind.

Jedesmal traf ich auf dieselbe Überschwenglichkeit, und ich nahm mir vor, mich in Frankreich, Italien, Griechenland oder Tunesien, wer weiß, für immer niederzulassen.

Doch nach ein paar Monaten fühlte ich Feindseligkeit diesem unbekümmerten, von Sonne und Hitze verwöhnten Menschenschlag gegenüber. Ich merkte wieder, daß ich ein Mensch des Nordens war, der grauen Himmel und sogar Regentage brauchte, ja, der auch eine geregelte Tätigkeit brauchte.

Dieser Kampf zwischen dem Menschen aus dem Norden und dem des Mittelmeeres hat Jahre gedauert, mein ganzes Leben, könnte ich sagen, und wenn das Mittelmeer von Touristen nicht so überlaufen wäre, würde ich vielleicht heute noch dort leben wollen.

Wenn ich ein paar Monate in Paris oder anderswo gewesen bin, erweckt schon ein warmer Windstoß, der Geruch von Eukalyptus oder Rosmarin in mir das Bedürfnis, schnell in den Süden zu fahren, und da es mich damals nirgends hielt, sprang ich dann in mein Auto und machte mich auf den Weg.

Porquerolles hat mich geprägt. Jetzt werde ich meinen Fuß dort nicht mehr hinsetzen. Ich bin, 1956 war das, glaube ich, zufällig noch einmal dort gewesen und habe nur eine ungeheure Ferienindustrie vorgefunden.

Wo ist die Zeit der Gaucher-mit-Bart, Gaucher-Tabak und all der anderen? Da unten ist jedenfalls für mich kein Platz mehr.

Gründonnerstag. Es regnet. Nicht das bedrückt mich, sondern eine Erinnerung an Porquerolles, die mir gestern beim Einschlafen gekommen ist. Eine der wenigen unangenehmen Erinnerungen, wenn nicht die unangenehmste, an die Insel, und ich möchte sie so schnell wie möglich loswerden.

Ich bin nicht prüde. Ganz im Gegenteil, ich bin es eher zuwenig, aber wenn mich die Sexualität auch nicht geniert, so mag ich doch nicht, daß sie in Vulgarität ausartet.

Im Hafen lag eine große Yacht vor Anker. Der Besitzer kam jedes Jahr nur ein paar Tage. Während der übrigen Zeit lebten dort zwei Matrosen, russische Emigranten beide und jung. Sie hatten sich zusammen ein Grammophon geleistet.

Wie hat sich denn die Gruppe nun nach und nach gebildet? Ich kann das heute nicht mehr genau sagen. Jedenfalls brachen wir gegen elf Uhr oder Mitternacht, wenn es dunkel geworden war, auf zum Meer, und unter anderem sehe ich wieder die Pinien vor mir und fühle unter meinen Füßen wieder den elastischen Teppich aus Tannennadeln.

Wir legten Platten auf. Wir tanzten. Es war Bilderbuchpoesie. Ab und zu verschwand ein Pärchen, und man kümmerte sich nicht darum, wann es zurückkam.

Oft schlug jemand gegen zwei Uhr morgens ein Bad vor. Ich gestehe, daß ich ziemlich oft dieser Jemand war. Wir hatten keine Badesachen. Es waren also zwölf oder fünfzehn nackte Körper, die da ins Meer sprangen und schwammen.

Heute ist so etwas ganz alltäglich. Zu jener Zeit war es doch ziemlich außergewöhnlich.

Eines Nachts, als wir da so herumplätscherten, hörten wir vom Ufer her jemanden rufen. Ich beeilte mich. Ich erkannte einen steifen Menschen, der immer allein am Strand der Insel spazierenging.

»Sind bei Ihnen zwei Frauen, die im Grand Hôtel wohnen?«

Die Stimme war streng, und der Mann verbarg nicht seinen Abscheu, einem völlig nackten Gesprächspartner gegenüberzustehen. Ich wußte selbst nicht, was für Frauen er meinte, denn die Gruppen bildeten sich einfach so, und man machte sich nicht die Mühe, sich einander vorzustellen.

Ich kehrte ins Wasser zurück, um zu fragen, ob die beiden in Frage kommenden Frauen da seien. Eine von ihnen kam mit mir ans Ufer, und wie ich verbarg auch sie nichts.

»Sind Sie die Mutter eines kleinen Jungen?«

Der Herr zeigte immer größeren Ekel. Sie sagte ja.

»Madame, ich möchte, daß Sie sofort mitkommen. Ihr Sohn schreit seit einer halben Stunde, und man sucht Sie schon überall.«

Ich zog eine Hose über, sie ein Kleid, und wir folgten dem strengen Menschen.

Das Grand Hôtel war in Wirklichkeit nicht groß. Es

hatte aber trotzdem ein Erdgeschoß und zwei Stockwerke, auf denen die Zimmer lagen. Als wir die Treppe hinaufgingen, standen alle Türen offen, und empörte Touristen betrachteten uns wütend, einige stießen wenig schmeichelhafte Bemerkungen aus.

Ein Bengel von drei oder vier Jahren schrie wirklich.

»Warten Sie auf mich«, bat die junge Frau.

Ich blieb auf dem Treppenabsatz stehen, während sie das Kind beruhigte, und ich mußte jetzt die allgemeine Mißachtung über mich ergehen lassen. Ein paar Minuten später war das Kind eingeschlafen, und seine Mutter tauchte wieder auf und sagte zu mir:

»Gehen wir!«

Jetzt trat eine dicke Frau mit grauem Haar dazwischen.

»Oh, nein! Sie werden nicht zu Ihren Orgien zurückkehren und Ihr Kind wieder anfangen lassen zu schreien.«

Ganz leise sagte mir die junge Frau:

»Warten Sie draußen auf mich. Ich komme gleich ...«

Sie kam, als sich die Zimmertüren wieder geschlossen hatten. Dann, unterwegs, liebten wir uns.

Nicht, daß ich mich richtig schäme, aber es mißfällt mir, daran zu denken. Dennoch gab es da viele Nächte wie diese, wenn auch ohne den kleinen Jungen.

Diese Nächte sind mir aber auch aus einem ganz anderen Grund im Gedächtnis geblieben: Dank des Grammophons unserer beiden Matrosen entdeckte ich den Jazz, Louis Armstrong, Ted Lewis und all die anderen aus New Orleans, deren Fan ich werden sollte.

Eigentlich, wenn ich jetzt so darüber nachdenke, was mich an diesen Erinnerungen stört, ist die verlogene Poesie, ja sogar die verlogene Sexualität.

Karfreitag.

Gestern war mir elend. Eine einfache Erkältung; diese Erkältung hat aber genügt, mich zu demoralisieren und mich doch recht unbedeutende Vorfälle viel zu wichtig nehmen zu lassen.

Im Grunde reicht das in meine Kindheit zurück. Ich war ein kleiner Junge wie aus dem Bilderbuch. Ich stand morgens um halb sechs auf, um bei der Sechsuhrmesse im nahegelegenen Krankenhaus zu ministrieren. In der Schule bei den Mönchen war ich der Lieblingsschüler. Ich hatte zum Beispiel die große Ehre, mit der Bedienung des Ofens betraut worden zu sein, wo ich alle halbe oder alle Stunden Kohlen nachlegen mußte. Ich verwahrte auch die Schelle, mit der ich in allen Klassen den Zeitpunkt der Gebete ankündigte. Außerdem war ich immer Klassenbester.

Als ich in der Jesuitenschule feierlich meine Kommunion erhielt, war ich ein solcher Mystiker, daß mir schon beim Anblick der Gipsmadonna die Tränen kamen.

Erst später, als ich fünfzehn war, kam die Revolte. Ich will nicht behaupten, daß ich sofort begriffen habe, daß die Moral nicht existiert, daß sie von Land zu Land, von Epoche zu Epoche verschieden ist und daß sie sich immer noch weiterentwickelt.

Ich habe also ein sehr freies Leben geführt, ohne Hintergedanken oder Gewissensbisse. Trotzdem fühle ich ab und zu eine Art Unbehagen, so etwas wie Schuldgefühl. Da kommt der kleine Junge wieder durch. Dann bin ich ganz bedrückt.

Glücklicherweise hält das nicht lange an; mein wirkliches Leben und meine wirkliche Persönlichkeit setzen sich wieder durch.

Es ist aber doch erstaunlich, daß man mit siebzig Jahren, sei es auch nur für ein paar Stunden, verworrenen Eindrücken ausgeliefert ist, die in eine ferne Kinderzeit zurückreichen.

Das hat mich beim Anblick meiner Kinder oft beunruhigt. Das beunruhigt mich noch immer. Ich frage mich, welche Erinnerung sie von diesem oder jenem Augenblick ihres Lebens mit mir behalten werden und welchen Einfluß das später auf ihr eigenes Dasein haben wird.

Ich lauere auf gewisse Blicke, einen gewissen vielsagenden Tonfall. Ich fühle, wie sie sich von mir entfernen und sich wieder annähern, daß sie ihrerseits zögern, daß sie nicht wissen, worauf sie sich genau festlegen sollen.

Und das alles wegen einer Erkältung, die heute noch nicht wieder vorbei ist!

Ostersonntagmorgen und Sonnenschein. Das Leben ist schön. Ich will die Festtage mit einer Anekdote beginnen oder vielmehr mit einer Bemerkung, die ich sehr lustig finde.

Immer wenn ich trinke und sei es auch nur mäßig, fühle ich mich am nächsten Morgen ganz zerschlagen, nicht so sehr physisch als vielmehr deshalb, weil ich Gewissensbisse habe.

Obwohl ich seit ein paar Monaten nicht mehr trinke,

fühle ich mich beim Erwachen immer noch so. Also habe ich unbewußt immer noch die gleichen Gewissensbisse.

Meine Tochter ist über Ostern vier Tage bei mir geblieben. Heute nachmittag fährt sie nach Paris zurück. Ich bin ja sehr in Versuchung, über sie zu sprechen, aber es ist wohl besser, wenn ich dieser Versuchung widerstehe. Die Kinder nehmen in meinem Leben einen wichtigen Platz ein. Aus diesem Grund muß ich mir vorher überlegen, was ich sage und was ich über den einen oder anderen nicht sage. Wie gern möchte ich doch mein Herz erleichtern!

Ich glaube, es ist wohl vier oder fünf Tage her, daß ich dieses Gerät nicht mehr benutzt habe. Warum? Ich weiß nicht. Oder vielmehr vermute ich, daß das Leben so leicht, so gut, so köstlich war, daß ich ihm seine Reinheit erhalten und nicht versuchen wollte, es zu komplizieren.

Natürlich bin ich vor allem deshalb so unbeschwert, weil ich nicht das kleinste bißchen Schwindel hatte. Ich klopfe auf Holz. Frei zu leben, mit einem Körper, der nicht schwankt, mit Füßen, die auf der Straße fest auftreten, wie wunderbar das ist!

In die Stadt zu gehen, in der Menge unterzutauchen, ohne Angst zu haben, irgendeine alte Dame anzurempeln ...

Und viele kleine noch persönlichere Dinge, von denen ich vielleicht eines Tages sprechen werde.

Inzwischen erschüttern politische Ereignisse die Welt. In den Vereinigten Staaten stellt die Watergate-Affäre die Glaubwürdigkeit Nixons in Frage. Jeden Tag kommen neue Skandale über die Multis ans Licht. In Frankreich schlägt die Regierung mit der Faust zu, als sei sie schon faschistisch. All das spielt sich über unseren Köpfen ab, und wir haben den Eindruck, daß wir trotz aller Informationsmöglichkeiten von heute wie kleine Kinder behandelt werden und daß Zeitungen, Radio, Fernsehen letzten Endes nur ein ganz kleines Stückchen des Schleiers heben.

Nach der Lektüre des *Newsweek* heute morgen habe ich mich gefragt, durch welches Wunder es noch Millionen und Abermillionen ordentlicher Menschen auf der Welt gibt.

Vor allen Dingen, da es nicht mehr so wie früher den Sündenbegriff gibt, durch den sie bevormundet und gegängelt werden.

Es ist doch ziemlich traurig, wenn man in Gedanken die Geschichte von zweitausend oder mehr Jahren Revue passieren läßt und feststellt, daß eine Handvoll Männer heute wie zu jeder anderen Epoche über Leben und Tod der anderen entscheidet.

Sogar diese Gedanken aber nehmen mir heute wie auch gestern oder vorgestern meine Lebensfreude nicht. Da ist ein Sonnenstrahl neben meinem Fuß. Da ist der weiße Fleck einer Wange und ein im Schatten liegendes Profil zwei Meter weg von mir.

Ist für uns kleine Leute, die wir nicht danach trachten, die Welt zu regieren, das Leben nicht schön und köstlich?

Ich habe gerade einen Satz gehört, der mich bezaubert und den ich sofort festhalten will, aus Angst, ihn wieder zu vergessen:

»Man kann nicht schlafen und gleichzeitig die Zeit anhalten wollen.«

Ich war fünfzehn. Oder fünfzehneinhalb. Oder vierzehneinhalb. Ich habe ein ziemlich erstaunliches Gedächtnis für kleine Einzelheiten, Gerüche, Töne. Ich kann ohne Mühe eine Begebenheit wiederaufleben lassen, so wie ich sie vor dreißig oder vierzig Jahren erlebt habe.

Dieses Gedächtnis ist nur nicht chronologisch, wenn ich so sagen darf. Es ist schwierig für mich, die Ereignisse zeitlich richtig einzuordnen. Und ich, dem seine Kinder doch so wichtig sind, bin unfähig zu sagen, in welchem Monat oder Jahr sie geboren worden sind.

Auf jeden Fall war es gegen Ende des Krieges. Des Krieges 1914–1918 natürlich. Es regnete. Ich war auf dem Dachboden, wo ich mir ein primitives Arbeitszimmer eingerichtet hatte: ein alter Sessel, ein weißer Holztisch und ein wackliger Stuhl.

Meine Mutter hatte aus einer gelbroten Steppdecke einen Hausmantel geschneidert, der, abgesehen von der Farbe, an eine Mönchskutte erinnerte, und das vermittelte mir ein gewisses Gefühl von Wichtigkeit.

Auf meinem ungeheizten Dachboden wurde ich, in meine Steppdecke gehüllt, ein Poet und schrieb Gedichte.

Ich habe sie nicht aufgehoben. Sie waren bestimmt nicht viel wert. Da ist aber eines, von dem ich weder den Inhalt noch die erste Zeile vergessen habe.

Melancholie des hohen Kirchturms,
So hoch, daß . . .

Wie es weiterging, habe ich vergessen, aber ich kenne noch das Wichtigste davon. Der hohe Kirchturm beugte sich voller Neid über die niedrigen Häuser, die ihn eng aneinandergedrängt umgaben, mit Gäßchen, in denen Kinder spielten, Frauen sich von Tür zu Tür unterhielten, Marktfrauen, die ihre Ware mit schriller Stimme anpriesen.

Ich glaube nicht, daß ich mich mit jenem Kirchturm verglichen habe, einem sehr häßlichen Kirchturm übrigens, denn die Kirche von Saint-Nicolas, meiner Pfarrgemeinde, ist wahrscheinlich die häßlichste von ganz Lüttich.

Es waren eher die kleinen Straßen, die mich faszinierten, das dichte Gedränge, die menschliche Wärme, der Gedanke, daß Menschen nicht allein waren, sondern zu *ihrer* Straße gehörten, zu *ihrem* Quartier, dessen Grenzen sie nur selten überschritten. Ich weiß nicht, warum dies Bild des Dachbodens wieder vor mir aufgetaucht ist. Vielleicht, weil meine Sehnsucht immer in zwei ganz verschiedene Richtungen ging?

Möglich ist es schon.

An der Place des Vosges kamen Freunde zu mir, von denen manche berühmte Maler oder Filmemacher waren.

Danach habe ich in Sartrouville einen Kahn herrichten lassen, der fünf Meter lang war, den man mit einer geteerten Plane zudecken und nachts sogar abschließen konnte. Mittendrin diente mir die Holzkiste, die ich mir für meine Schreibmaschine hatte machen lassen, als Sitzgelegenheit. Hinten ein Zwei-PS-Hilfsmotor. Das Boot hieß »Ginette«. Hintendran hing ein Kanu, in dem

Matratzen, Decken, die Küchenbatterie und ein kleines Zelt für Boule verstaut waren.

Eigentlich waren wir vier. Da waren Tigy und ich, Boule und unser Hund Olaf, der immer größer und schwerer wurde.

Mit dieser Ausrüstung haben wir auf den Flüssen und Kanälen eine Rundfahrt durch ganz Frankreich gemacht. Das war eine der erstaunlichsten Entdeckungsreisen, die ich je unternommen habe. Die Städte und Dörfer kehren in der Tat ihr wahres, ursprüngliches Gesicht meist dem Wasser zu. Die Eisenbahn, die großen Landstraßen vermitteln nur einen nichtssagenden Eindruck: Tankstellen, Geschäfte für Sportartikel, Billigläden, Bankfilialen ...

Ich mochte die Kais lieber, besonders bei den kleinen Flüssen, wo die Frauen auf den Knien liegend ihre Wäsche in der Strömung wuschen.

Abends suchten wir uns eine abgelegene Stelle, am Waldrand meistens. Wir stellten das Zelt auf, in dem Olaf und Boule schliefen, und wir bauten die Leinwandkabine der »Ginette« für meine Frau und mich auf.

Gegen vier oder fünf Uhr morgens weckte mich Boule mit einer Riesentasse Kaffee. Jetzt besetzte ich das Zelt. Meine Schreibmaschine wurde auf einen Klapptisch gestellt, und zwei oder drei Stunden lang tippte ich ein oder zwei Romankapitel.

Ich erinnere mich unter anderem daran, auf diese Weise einige Stunden an einem Kai in Lyon getippt zu haben, wo die Leute erstaunt stehenblieben und gafften.

Ich erinnere mich, daß ich mich auf dem Canal du Midi sehr früh morgens rasiert habe und dabei die Fensterscheibe eines Hauses als Spiegel benutzte. Ich war in kurzen Hosen. Es schien mir, als ob das Bild langsam verschwamm oder vielmehr, als ob ein anderes Bild teilweise an die Stelle meines Bildes trat.

Und tatsächlich öffnete sich plötzlich das Fenster, eine dicke Frau in Lockenwicklern und Morgenrock fragte mich etwas furchtsam und gleichzeitig verblüfft:

»Was machen Sie denn da?«

Worauf ich wie selbstverständlich antwortete:

»Ich rasiere mich.«

Wir blieben ziemlich lange in Le Grau-du-Roi, wo die »Ginette« etwa hundert Meter vom Strand entfernt vor Anker lag, was Boule zwang, fast bis zum Hals ins Wasser zu steigen, wenn sie uns morgens Kaffee bringen wollte.

Manchmal gingen wir abends auch ins Casino. Wir zogen uns in dem Zelt am Strand um. Auf dem Rückweg zogen wir uns aus, und in unschuldiger Nacktheit erreichten wir unseren Unterschlupf auf der »Ginette«.

Es war sehr heiß. Bei Sonnenaufgang fing ich an zu schreiben. Riesige Stechmücken, so wie sie in der Camargue nun einmal sind, ließen mit ihren Angriffen nicht lange auf sich warten. Ich kaufte ein Gazetuch, in das ich mich bis zu den Knien einhüllte. Und unter dieser Gaze rauchte ich beim Tippen meine Pfeife. Bis zu dem Morgen, an dem das Tuch Feuer fing und mir nicht nur fast die Haare versengt, sondern beinah auch das Zelt in Brand gesetzt hätte.

Ist das eine lustige Erinnerung? Ist das eine traurige Erinnerung?

Aus der zeitlichen Entfernung kann ich das nur

schwer beantworten. Wir hatten schwierige Zeiten, zum Beispiel auf manchen Strecken, wenn wir weit von einem Dorf weg waren und unser Zehnliterfaß mit Trinkwasser füllen wollten.

Komisch oder schwierig, alle diese Erinnerungen sind mir als konstruktiv im Gedächtnis geblieben. Ich sah Leute, die man normalerweise nicht sieht. Ich hatte Kontakt zu ihnen, den man normalerweise auch nicht hat.

Bei Épernay goß es acht Tage in Strömen. Alles wurde durchnäßt, unsere Matratze, unsere Kleidung, der Hund und wir selbst. Unmöglich, das Zelt aufzustellen und auf einem Holzfeuer zu kochen. Wir aßen Wurst, Brot, Käse. Vor uns hatten Lastkähne festgemacht, und eine Frau von einem Kahn kam ab und zu und schaute von der Höhe ihres Bootes auf uns herab.

Eines Tages hat sie sich dann endlich entschlossen. Sie stieg auf die Uferböschung hinunter, schlüpfte an Bord der »Ginette« und lud uns zu einem guten, warmen Essen ein.

Zum ersten Mal habe ich da Zicklein gegessen, und das ist eine meiner schönsten gastronomischen Erinnerungen geblieben. Erinnerung auch an eine einfache, herzliche Atmosphäre ohne überflüssige Worte.

Erster Mai 1973. Ich hoffe, daß wir diesen Tag noch oft erleben und daß wir in derselben Umgebung, in der gleichen herzlichen Atmosphäre zusammenkommen werden. Wir feiern gerade eine Menge Sachen, darunter auch die Lebensfreude.

Endlich ist sie wieder zurück.

Ich war vier Tage allein. Ich wußte, daß das hart werden würde. Es war noch viel härter, als ich gefürchtet hatte. Ich habe nichts getan. Ich habe nichts gelesen, was ich behalten hätte. Ich habe mich von Sessel zu Sessel geschleppt, und zweimal bin ich etwa hundert Meter die Straße entlanggegangen, ohne etwas wahrzunehmen.

Und dennoch war das eine relative Einsamkeit. Bei mir waren Pierre, mein vierzehnjähriger Sohn, und Iole, seine ehemalige Gouvernante, die jetzt unsere Köchin ist.

Eine Person fehlte jedoch. Das hat mich daran erinnert, daß ich sehr viel über die Einsamkeit geschrieben habe. Kritiker haben mich früher einmal den Romancier der Einsamkeit getauft. Vielleicht, weil ich die Einsamkeit gut verstehe, weil ich lange Zeit mit ihr gelebt habe und immer Angst habe, wieder einsam zu werden.

Ich spreche nicht von der mehr oder weniger philosophischen Einsamkeit des Menschen einem ihn erdrückenden Universum gegenüber. Ich spreche im Moment auch nicht von der Unmöglichkeit der Menschen, eine wirkliche Beziehung untereinander herzustellen.

Auf der Straße, im Zug, egal wo, ich habe die Einsamen immer erkannt. Sie gehen nicht wie andere. Man könnte sagen, sie tragen keine Freude, keinen Funken in sich, ob es nun Männer oder Frauen sind.

Es ist dabei nicht wichtig, wohin sie gehen. Sie schauen die Vorübergehenden nicht an, weil sie wissen, daß diese ihnen nicht helfen können. Ich warte immer darauf, daß sie mit ihrer Hand eine Bewegung zum Herzen hin machen, die typische Bewegung der Herzkranken.

Habe ich nicht das erste Mal in einem Alter geheiratet, in dem man normalerweise nur Abenteuer im Kopf hat, nur weil ich dieser Einsamkeit entfliehen wollte? Möglich ist es. Wenn das der Fall war, so ging es jedenfalls schief. Tigy und ich haben mehr als zwanzig Jahre zusammen gelebt. Wir haben sehr viele Reisen gemacht, sehr viele Abenteuer durchgestanden. Aber wie oft, wieviele Minuten habe ich dabei gefühlt, daß wir zwei wirklich im selben Rhythmus, in demselben Atemzug dachten, fühlten und lebten?

Niemals, glaube ich, und deshalb habe ich während dieser ganzen Zeit auch nicht an die Liebe geglaubt, deshalb habe ich auch immer mehr Gelegenheiten zur Zerstreuung gesucht, auf diesem oder einem anderen Kontinent.

Meine zweite Frau hat mir diese Hoffnung auch nicht gegeben. Unser Verhältnis, denn es war eher ein Verhältnis, gründete sich auf sexueller Anziehung, auf einer Gier nach einer gewissen Raserei, aber ohne daß ich es wußte, war da noch weniger Liebe oder was ihr hätte ähneln können als im ersten Falle.

Fast zehn Jahre ist es jetzt her, daß ich sie nicht gesehen habe, und auf der Straße würde ich sie wahrscheinlich nicht wiedererkennen. Unsere Verbindung geht über Rechtsanwälte, was mir auch lieber ist.

Ich suche einen Namen für das Gegenteil von Einsamkeit. Ich möchte einen anderen finden als das Wort Liebe, nicht so abgegriffen und unvollkommen.

Vielleicht kann man jenes Gefühl, jene Fülle erst von einem gewissen Alter ab erleben. Man lebt Tag und Nacht jeden Augenblick zusammen. Man könnte fast auf das Sprechen verzichten, denn jeder hat schon verstanden, bevor der andere überhaupt den Mund aufgemacht hat.

Nicht mehr allein auf der Welt zu sein!

Welches Wunder, und warum denken die Leute nicht öfter daran?

Ich schaue zum Beispiel den Kartenspielern im Café zu. Alte Freunde, könnte man sagen. Vielleicht sind sie zusammen zur Schule gegangen. Sie haben eine Menge gemeinsamer Erinnerungen. Ihre Stimmen werden lauter. Sie lachen. Und dennoch ist jeder wie eingeschlossen in seinem kleinen Würfel aus gefiltertem Licht. Nehmen wir die Karten weg. Nehmen wir den grünen Teppich und das Bier weg, und es bleiben nur noch leicht betrunkene Männer übrig.

Ich könnte dasselbe von drei oder vier Frauen sagen, die in einer Konditorei Torte essen. Sie plappern. Sie tratschen. Eine Stunde später wird jede draußen wieder einsam sein.

Diese vier Tage, die ich allein war, haben mich viel gelehrt. Sie haben auch mein Verständnis für die Menschen gefördert, mein ungeheures Mitgefühl für all die, die ohne ein Ziel umherwandern oder sich in ihre vier Wände einschließen und sich selbst Gesellschaft leisten müssen.

Ich habe von starken Wesen gehört, die fähig seien, sich selbst zu genügen. Hat es die wirklich gegeben? Sind aus ihnen nicht verbitterte Menschen geworden, von deren Verzweiflung und Not uns Kunst und Literatur so ergreifende Schilderungen überliefert haben?

Ich weiß darüber nicht sehr genau Bescheid. Ich habe übrigens auch kein Verlangen danach, genau Bescheid zu wissen, denn das ist ein Problem, wo ich Gewissensbisse bekäme, wenn ich mich zu sehr damit beschäftigte.

Ich bin siebzig. Es ist kaum einige Jahre her, daß ich nicht mehr allein bin. Egoistisch genieße ich mein Glück, Stunde für Stunde, Minute für Minute, und ich möchte lieber nicht versuchen zu verstehen.

Wir haben gerade unser Mittagsschläfchen gemacht. Es hat anderthalb Stunden gedauert. Beim Einschlafen hielten wir uns an der Hand. Als wir erwachten, lagen unsere Hände immer noch ineinander.

Oft, wenn ich nach dem Mittagessen die Augen schließe, beginne ich, mit Licht und Schatten zu spielen, und fast immer sind es die Bilder vom Canal du Midi, die mir durch den Kopf gehen.

Dieser Kanal ist gewiß der schönste Frankreichs. Er stammt aus der Zeit Colberts. Ich glaube, er ist der einzige auf der Welt, der eine runde Schleuse hat, mit vier

Toren, so daß man von Nord nach Süd ebenso hindurchfahren kann wie von Ost nach West.

Auf den Uferböschungen stehen Platanen, und ihre Blätter bewegen sich gleichzeitig in der Luft und im Wasser; hier läßt sie ihr Spiegelbild länger oder breiter aussehen.

Das ist für mich der wahre Süden Frankreichs, sehr viel lebendiger und weniger künstlich als die Côte d'Azur.

Ob er sich seit 1925 oder 1926 sehr verändert hat? Ich hoffe nicht. Die Lastkähne, die zu jener Zeit auf ihm dahinfuhren, wurden noch von Pferden gezogen, und ihr Stall war an Bord.

Das Leben dort war gemächlich. Die Boote, die nach Bordeaux fuhren, waren mit Wein beladen. Auf der Rückfahrt brachten sie Kohle mit.

Und an jeder Schleuse fand derselbe kleine Handel statt. Der Schleusenwärter kam mit seinem Krug, den man mit Wein füllte, oder mit seinem Eimer, den man mit Kohlen füllte. Er seinerseits brachte Ziegenkäse, ein Hühnchen oder ein Zicklein mit.

Den Wein besorgte ich mir aus Pumpen, die aussahen wie Benzinpumpen und wo man mir meine Ballonflasche für ein paar Francs füllte.

Es war ein faules Leben. Es war warm und kühl, alles zusammen. Man fuhr ohne Unterlaß vom Schatten ins Licht, und manchmal hatte man das Gefühl, in einen Tunnel hineinzufahren.

Die Dörfer waren weit weg. Der Kanal lebte wirklich sein eigenes Leben, und wenn man eine Stadt wie Carcassonne durchqueren mußte, war man fast betäubt vom Lärm und dem Hin- und Hergerenne der Menschen.

Ich habe noch andere Postkarten im Kopf. Von Zeit zu Zeit betrachte ich sie ein wenig wie ein Kartenspiel. Noch ein Kanal: der Canal du Berry. Vor ein paar Jahren habe ich gelesen, daß er zum Verkauf stünde, und ich hätte ihn gern genommen. Das ist der schmalste Kanal. Damals, als ich noch meine ganze Kraft hatte, konnte ich mit geschlossenen Füßen darüberspringen.

Die Boote, die »Flöten« hießen, waren nicht mehr als anderthalb Meter breit. Von Zeit zu Zeit kam man an eine Brücke, und wenn man an einer Kette zog, konnte man die hölzerne Brückenfahrbahn hoch in den Himmel hinaufziehen.

Auch Dörfer, aber fast immer in gewisser Entfernung. Eine sanfte, schweigsame Welt, die nach Nußbäumen und den Bauernhöfen der Umgebung schmeckte.

Ich arbeitete immer noch unter dem Zelt, wo das Klappern meiner Maschine die Vögel sicher sehr erstaunt hat. Es erstaunte auch die Bootsleute und die wenigen Bauern, die vorbeikamen.

Auf diese Weise habe ich Dutzende von Romanen geschrieben, vielleicht zweihundert oder dreihundert Geschichten, aber ich weiß nicht mehr, welche.

Wir kamen wieder zum Loing, wo es schon ein wenig mehr Betrieb gab, dann brachte uns die Seine nach Paris zurück.

Farbkleckse. Rauschende Blätter. Gerüche, denen ich nie mehr begegnet bin.

Wenn die Welt doch jeden Tag so sein könnte!

Heute morgen fühle ich mich bedrückt, grundlos eigentlich. Gestern abend konnte ich schlecht einschlafen, obwohl ich einen ausgefüllten und herrlichen Tag hinter mir hatte mit kleinen Freuden zu fast jeder Stunde.

Mein Unbehagen kommt vielleicht daher, daß ich aus einem mir unbekannten Grund an Paare und Zweierbeziehungen gedacht habe. Ich habe jetzt das ungewöhnliche Glück, Teil eines vollkommenen Paares zu sein. Darauf mußte ich fast siebzig Jahre warten.

Ich denke an all die anderen Paare. Mein Leben lang war dies eine Art fixer Idee von mir. Ich glaube, ich habe schon von den erleuchteten Fenstern gesprochen, abends, in den dunklen Straßen von Lüttich, und von den Silhouetten, die man manchmal dahinter vorbeihuschen sah. Ich sah ihnen sehnsüchtig zu. Ich stellte mir vor, daß dort ein Mann und eine Frau lebten, in ihrer eigenen Welt für sich allein, umgeben von vertrauten Dingen, wie sie sich gegenseitig beistanden und sich gegenseitig im Leben halfen.

Ich habe immer so etwas wie einen kleinen Stich ins Herz gefühlt, aus Neid, wenn ich in einer Mauernische ein Paar bei einer Umarmung sah.

Aber was anschließend?

Ich habe gelernt, mir diese Frage zu stellen, oder vielmehr hat mir das Leben wenigstens einen Teil der Antworten gegeben.

Seit meiner Kindheit hat für eine gewisse Anzahl von Menschen der Wohlstand immer mehr zugenommen, eine doch sehr kleine Zahl, wenn man sie mit der ganzen Welt vergleicht. Wohlstand. Ein Wagen. Etwas Geld.

Hilft das, ein Paar entstehen zu lassen? Ich habe unglückliche, total zerstrittene Paare gesehen in Milieus, in denen materielle Dinge keine Rolle spielen.

Einen Mann und eine Frau, die sich einige Tage, einige Monate, einige Jahre vorher noch nicht kannten, zu einem harmonischen Zusammenleben zu bringen. Ist das nicht ein Wunder? Wievielen von ihnen gelingt es? Vor etwas mehr als vierzig Jahren sagte mir ein Gynäkologe, daß nach dem, was er von seinen Patientinnen erfahren habe, nur achtzig Prozent der Frauen sexuelle Erfüllung kennen.

Es ist wahr, daß das Leben der Frau damals eine ständige Strapaze war. Fünf, sechs, acht Kinder. Sie dreimal am Tag füttern, anziehen, ihre Wäsche waschen, die Wohnung saubermachen; sich auf dem Land außerdem noch um das Federvieh kümmern.

Die meisten Männer stärken sich erst einmal in einem Bistro, bevor sie in eine Welt zurückkehren, die sie nicht als ihre eigene empfinden.

Was haben sich dieser Mann und diese Frau bloß zu sagen? Was haben sie miteinander gemein? Beide sind gleich müde, und da ist es nicht verwunderlich, daß die Frau der Umarmung des Mannes ausweicht oder sie ungeduldig und mürrisch über sich ergehen läßt.

Dies ist die Kehrseite der Liebeslieder, die Kehrseite der Träume, die man mit zwanzig im Kopf hat.

Aber mit zwanzig träumt man ja noch nicht einmal von einer festen Zweierbeziehung. Man träumt von Abenteuern. Abenteuern, die eine Nacht, einen Monat oder ein halbes Jahr halten. Man hat Angst vor der Verantwortung, die man übernehmen muß, wenn man sich eines menschlichen Wesens annimmt.

Aber wer denkt im Grunde schon daran? Liebe, Liebe, Liebe ...

Während doch wirkliche Zärtlichkeit, wirkliche Gemeinschaft, dieselbe Freude am Leben zu zweit ausschlaggebend sind.

Daran denke ich auch, wenn ich zwei alte Leute sehe (ich vergesse, daß ich auch dazugehöre), die Arm in Arm die Straße überqueren.

Ist das nicht auch ein Mythos? Philemon und Baucis?

Ich habe viele junge und alte Paare im Laufe meines Lebens kennengelernt. Ich könnte mir die an den Fingern abzählen, die bis zum Ende durchgehalten haben. Es wären weitaus mehr dabei, die beim Älterwerden so etwas wie stille, aber stetige Haßgefühle füreinander entwickelten.

Das ist es, was mich seit heute morgen so bedrückt, Bilder von Leuten, die ich nicht kenne, mit denen ich gar nichts zu tun habe, an die ich Glücklicher aber immer wieder denken muß.

Es gibt ein Buch, das ich gerne schreiben möchte, wenn ich dazu fähig wäre: *Auf der Suche nach einer neuen Moral.*

Wir sind, scheint mir, an einem Punkt der Geschichte

angelangt, wo der Mensch sich eine neue Basis sucht, die mit seiner Lebensform einigermaßen übereinstimmt.

Und ich frage mich, ob die vielen Störungen, unter denen die Menschen heute leiden und die die Ärzte oft vergeblich zu heilen versuchen, nicht daher kommen, daß eine Moral fehlt, die mit der Wirklichkeit übereinstimmt.

Das wird noch kommen. Eine Moral wird langsam entstehen. Wer weiß, wie sie aussehen wird?

Seit zwei oder drei Wochen lese ich an der Autobiographie von Gertrude Stein. Ich lese nicht hintereinander weg, sondern häppchenweise. Ich kann nicht sagen, daß das leckere Häppchen sind. Dieses Buch regt mich schon die ganze Zeit auf, ob zu Recht oder nicht. Eine Frau erzählt von sich. Das ist sehr schön. Ich bin neugierig darauf, was sie über sich zu sagen hat. Aber wie in manchen Spalten der Abendzeitungen spricht sie vor allem über mehr oder weniger berühmte Bekannte, und was sie uns über sie erzählt, ist nicht etwa so tiefsinnig, daß wir sie dadurch besser kennenlernen würden, sondern es ist reiner Klatsch.

Die besten Seiten sind am Anfang, über den jungen Picasso, den jungen Braque, den jungen Matisse.

Sie beschreibt deren Elend mit Worten, die mir mißfallen, ihre ehelichen Unstimmigkeiten, die mir noch mehr mißfallen, und durch diese schnell zusammengepfuschten Bilder, die beweisen sollen, daß Madame Gertrude Stein die ganze moderne Malerei entdeckt hat, wird eigentlich über die Maler gar nichts ausgesagt. Es werden hauptsächlich deren Schwächen enthüllt.

Diese Lektüre macht mich nachdenklich. Seit einigen Monaten habe ich die Angewohnheit, alle zwei oder drei Tage, manchmal auch jeden Tag, Bilder zu diktieren, die mir so durch den Kopf gehen, seltener Ideen, denn Ideen habe ich nie viele gehabt.

Um dies oder jenes Erlebnis, das ich mit zwanzig, fünfundzwanzig, dreißig Jahren hatte, in den rechten Zusammenhang zu rücken, müßte ja auch ich eigentlich Zeitgenossen zitieren, die damals meine Freunde waren, die, falls sie noch leben, immer noch meine Freunde sind und die mehr oder weniger berühmt geworden sind.

Das würde sich sicher gut machen, aber eine Art Schamgefühl hält mich davon ab, auf so etwas zurückzugreifen. Von Leuten zu erzählen, ohne sie wirklich zu kennen, ohne alle Beweggründe ihres Handelns zu kennen, heißt das nicht auch, ihnen etwas von ihnen selbst zu stehlen?

Ich weiß, daß es Mode ist.

Sobald sich irgendwer hervorgetan hat durch eine Leistung auf dem Gebiet der Literatur, der Malerei, des Sports, was weiß ich, schreibt man ein Buch über ihn, und manchmal gibt er sich dazu her und signiert es auch noch.

Ich habe gründlich nachgedacht. Ich verzichte darauf, von Pagnol, Achard, Vlaminck, Foujita, Paul Colin, Derain, Picasso, von all denen, mit denen ich irgendwann verkehrt habe, zu erzählen, sei es auch nur anekdotenhaft.

Das gibt mir das Gefühl, ganz allein und nackt zu bleiben. Um so mehr, als ich eigentlich gar nicht über mich selbst reden möchte. Wie ich schon gesagt habe, ich möchte mir ein Bilderalbum anlegen, mit den Bildern, die meiner Überzeugung nach jeder in sich trägt, von denen er oft nichts weiß und die ihm in schwierigen Augenblicken so sehr helfen könnten.

Vor sehr langer Zeit, als ich noch Pferde, Kühe, Lämmer und Enten hatte, war ich eng mit der Natur verbunden.

War ich noch zu jung? Ich habe jedenfalls nicht davon profitiert. Bei einem Spaziergang um Épalinges herum hat meine Gefährtin letztes Jahr unter einem Busch Veilchen gepflückt, die ich selbst übersehen hatte.

Diese Veilchen verstand ich sofort, sie nahmen sofort einen Platz in meinem innersten Wesen ein.

Ich habe das Glück, in einem Teil von Lausanne zu wohnen, der wie ein großer Garten ist, mit Sportplätzen, Schwimmbädern, Spazierwegen, die sich mehrere Kilometer am See entlangziehen.

Dies alles ist nicht nur Wirklichkeit geworden für mich, sondern es ist wie mein tägliches Brot geworden. Morgens schaue ich immer zuerst aus dem Fenster. Und je nach Wetter, je nach Wind entscheide ich, ob wir nach links in Richtung Ouchy oder nach rechts in Richtung Saint-Sulpice gehen.

Jeder Grashalm zählt, jede Schattierung des grünen Rasens. Wie wir auch beinahe die Köpfe durch die Gitter stecken, um ein paar Maiglöckchen zu betrachten, wenn wir an Villen vorbeigehen, wo kleine Gärten drumherum sind.

Das ist die Folge einer langen, sehr langen Entwicklung, die über den Wasserstrahl der Place des Vosges führt, über die Meerestiefen der Insel Porquerolles, über den Canal du Midi und über jenen anderen, den ich mit geschlossenen Füßen mitten in Frankreich übersprungen habe.

All das ist gut, so wie der warme Geruch aus einer

Bäckerei. Das ist Wirklichkeit. Und ich hoffe, niemand auf der Welt kann sie mir nehmen.

Das ist es, was heute mein Leben, meine Freude ausmacht.

Es ist jetzt kaum zehn Minuten her, seitdem ich den letzten Satz beendet habe, und nachdem ich mir ein Pfeifchen gestopft habe, verspüre ich schon wieder das Bedürfnis, mein Mikrofon zu ergreifen. Die Gedanken reißen nicht ab. Ich habe von den Anekdoten und Skizzen gesprochen, die man aus den Leuten machen könnte, denen man begegnet ist.

Das entspricht so ziemlich meiner Hauptbeschäftigung während der letzten Zeit. Die Leute, die man so schildert, sind zehn, zwanzig Jahre danach natürlich nicht mehr die gleichen. Der Marcel Achard von 1973 ähnelt dem Marcel Achard von 1925 nicht. (Jetzt zitiere also auch ich einen Namen!)

Ich habe aber eine Ausrede: Dies geschah, um wieder zum Paar zurückzukommen, von dem ich schon gesprochen habe, oder vielmehr zur Ehe. Zwei junge Menschen voller Hoffnung und Übermut begegnen sich im Alter von zweiundzwanzig oder fünfundzwanzig Jahren. Sie heiraten. Diese Ehe soll nach katholischer Lehre bis zum Tod dauern. Sie rechtlich wieder aufzulösen ist in den meisten Ländern sehr schwierig und kostspielig.

Wie werden sich unsere beiden Menschen nun aber weiterentwickeln? Denn sie werden sich weiterentwikkeln und schneller, als sie denken, körperlich, moralisch, intellektuell, emotional ... Sie werden sich bis in alle ihre Fasern hinein weiterentwickeln ...

Der Mann, der mit fünfundzwanzig forsch ist, wird nicht mehr der gleiche sein, wenn er mit vierzig Verantwortung auf sich lasten fühlt. Auch die Frau wird sich geändert haben, in einer Richtung, die man unmöglich vorhersehen konnte, als sie noch ein zerbrechliches junges Mädchen war.

Bilden diese beiden Menschen auch weiterhin ein Paar? Ich spreche von einem wirklichen, richtigen Paar, wo alles gemeinsam ist, wo die Freuden des einen die Freuden des anderen sind und wo sogar die Gedanken des einen die Gedanken des anderen sind.

Das sollte die Grundlage der Ehe sein, so wie unsere Eltern sie verstanden. Aber waren unsere Eltern, denen die Scheidung nicht zur Verfügung stand, denn auch glücklich? Sind sie es bis zuletzt gewesen?

Man spricht viel vom zweiten, dritten, vierten Alter. In welchem oder welchen dieser Lebensalter wird der Bund wohl geschlossen, und in welchem beginnt wohl sein Zerfall?

Auch ich habe Paare alter Leute getroffen, die voller Aufmerksamkeit für einander zu sein schienen. Ich bin nicht immer darauf hereingefallen. Im Gegenteil, es schien mir oft, als sei das nur eine aufgesetzte Haltung, eine Haltung, um – koste es, was es wolle – die Möbel zu retten.

Ich habe Engländerinnen mittleren oder reiferen Alters gekannt, pummelig, hell gekleidet, mit rosigem Teint, einem großen Strohhut auf dem Kopf, die sich den ganzen Tag im Garten um ihre Blumen kümmerten.

Mochten sie denn die Blumen wirklich? Es ist möglich.

Aber ihre Männer, für die hatten sie schon lange nichts mehr übrig.

Ich habe gerade ein Telegramm bekommen, das mich persönlich nicht betrifft, das mit mir nichts zu tun hat und das mich trotzdem bedrückt. Es ist nämlich ein Telegramm, wie ich es oft in Épalinges bekommen habe, und ein wenig von jenem Leben, das ich nicht mehr mag, ist damit ins Haus gedrungen. Ich jage es schnell wieder hinaus.

Gestern habe ich ausnahmsweise einmal meine Türe aufgemacht. Bis dahin hatte ich alle Besuche vermieden. Ich war glücklich und zufrieden in dem kleinen Kreis, den ich mir geschaffen habe.

Es war für einen Freund, meinen besten Freund wahrscheinlich. Er ist intelligent. Er arbeitet im Verlagswesen. Das hätte mich interessieren sollen. Ich hatte aber mehr als dreieinhalb Stunden lang das Gefühl, in einer unwirklichen Welt zu sein. Diese Welt, Paris, die Verleger, die Zeitungen, kamen und kommen mir immer noch absurd vor. Meine wirkliche Welt ist hier, ein Universum, das ich genau an dem Tag entdeckt habe, an dem ich aufhörte, Romane zu schreiben.

Das war zweifellos die wichtigste Entscheidung, die ich in meinem Leben getroffen habe. Das war vielleicht auch wie eine Pokerpartie. Entweder dabei untergehen oder von Gewissensbissen geplagt werden oder ein neues Leben entdecken.

Glücklicherweise hat sich die dritte Hypothese als richtig erwiesen. Nicht nur, daß ich keine Kontakte mehr suche, ich kann sie auch gar nicht mehr ertragen, nicht einmal körperlich. Gestern wäre ich gern liebenswürdig gewesen, hätte mich gern für die Konversation interessiert. Ich habe alle nur möglichen Anstrengungen unternommen, aber ich fürchte, daß es nicht sehr viel genützt hat.

Was mich selbst betrifft, so war es jedenfalls kein Erfolg. Ich bin wie jeden Tag um neun Uhr zu Bett gegangen. Normalerweise schlafe ich fast sofort ein. Um Mitternacht schlief ich aber immer noch nicht.

Und heute morgen denke ich widerwillig an diese ganze Aufregung, die mich nichts angeht und mit der ich ein für alle Male Schluß gemacht habe.

Schnell wieder unser gutes kleines Leben!

Es ist jetzt einige Tage her, ich weiß nicht, wieviele, denn ich kümmere mich nicht um den Kalender, seitdem ich nicht mehr mit meinem Mikrofon geplaudert habe. Das hat letzten Sonntag angefangen, als mir klar wurde, daß ich zwei Besuche nicht würde umgehen können. Ich hatte mich ihnen fast sechs Monate lang entzogen. Der Besuch am Sonntag war der von einem meiner besten Freunde. Der vom Mittwoch auch. Aber beide hatten etwas mit Literatur zu tun. Ich frage mich, ob ich nicht gegenüber allem, was literarisch ist, allergisch geworden bin. Es erinnert mich an eine ferne Vergangenheit, und diese Erinnerungen kommen mir fremd vor.

Heute nachmittag kommt ein anderer Besucher, auch mehr oder weniger literarisch. Danach mache ich meine Türe wieder zu und lebe weiter unser Leben, das von T. und mir.

Die beiden Erlebnisse, die ich gerade hinter mir habe, waren verheerend. Sie haben mich wieder in eine Welt versetzt, die ich nicht mehr kennen will, in eine Unruhe, von der ich mich ein für alle Male freigemacht habe.

Ich habe Leute wiedergesehen, für die kein Gras existiert, keine Glyzinien, nicht die unaufhörlich wechselnden Gesichter der Passanten. Eine künstliche Welt. Ich habe indes nie allzuviel mit ihr zu tun gehabt. Ich habe den größten Teil meines Lebens am Meer oder auf dem Lande verbracht, aber ich gehöre nichtsdestoweniger zum »Literaturbetrieb«.

Jetzt nicht mehr. Ich will nicht übertreiben. Ich will auch kein Pessimist sein. Ich habe Lust zu sagen, daß ich mich all meiner Bücher fast schäme, dieser Hunderttausenden von Zeilen, die ich in mühevoller Arbeit eine nach der anderen getippt habe.

Warum?

Gestern nachmittag habe ich durch ein Telegramm erfahren, daß die Universität von Lüttich mich zum Doktor honoris causa ernannt hat. Das freut mich, ich gebe es zu, weil es meine Geburtsstadt ist, zu der ich, seit ich neunzehn war, praktisch keinen Kontakt mehr gehabt habe. Der Titel selbst zählt gar nicht. Aber, daß Menschen aus einer anderen Generation sich an mich erinnern.

Ich habe gerade wieder meinen Morgenspaziergang gemacht. Diesmal war er gut, voller Heiterkeit und Lebensfreude. Ich hoffe, daß dies anhält und man nicht wieder mein kleines Glück zerstört aus belanglosen Gründen, die mich nichts angehen.

Morgen hoffe ich, das »Tal der Kinder« wiederzusehen, wie man es hier nennt, einen großartigen Park, in dem es unter anderem einen Rosengarten gibt, der in voller Blüte stehen muß.

Ich muß mich besser verteidigen. Ich muß den Mut haben, meine Türe geschlossen zu halten, sogar meinen besten Freunden gegenüber. Gerade weil sie Freunde sind, haben sie mir nichts vorzuschreiben, und ich habe ihnen auch nichts vorzuschreiben.

Ich habe siebzig Jahre lang ein aktives, um nicht zu sagen ein aufregendes Leben geführt. Jede Stunde ohne Bewegung war für mich eine verlorene Stunde. Seit einigen Monaten bin ich dabei, meine innere Aktivität, die mir so viel wichtiger und so viel erfüllter erscheint, in vollen Zügen zu genießen!

Im Grunde ist dies vielleicht nur eine Rückkehr zu den Ursprüngen. Während meiner Jugendzeit war ich nie so glücklich wie damals, als ich in meinem gesteppten Hausmantel auf dem Dachboden saß.

Als ich noch jung war, konnte ich nicht genug kriegen von historischen Memoiren und Briefwechseln. Die Briefe Dostojewskis waren für mich aufregender als seine Werke.

Vor sechs Monaten erst und praktisch als ich aufgehört habe, Romane zu schreiben, habe ich damit angefangen, zeitgenössische Memoiren zu lesen, und ich war doch ziemlich überrascht. Ein Wort kam immer wieder darin vor, ein Wort, das ich nur mit Mühe verstehen konnte: das Wort Freund.

Ich entdeckte so, daß ich in Wirklichkeit seit meiner Kindheit keine Freunde mehr gehabt habe. Sicher, in der Volksschule hatte ich Spielkameraden. Ich hatte nicht so viele auf dem Jesuitenkolleg, wo alle Schüler wohlhabender waren und einen Clan bildeten, der mir unzugänglich war.

Danach gab es natürlich »La Caque«, aber ich gehörte nur auf eine irgendwie theoretische Art dazu, und zu den Sitzungen kam ich von allen am unregelmäßigsten.

Danach Paris ... Ich schrieb kleine Geschichten und Groschenromane. Es ist klar, daß das keine Empfehlung war, und manche mögen sich sicher gefragt haben, ob ich nicht der Sohn eines reichen Vaters war, für dessen Lebensunterhalt gesorgt wurde.

Ich denke sehr ernsthaft über diese Frage nach. Das ist von meiner Seite aus keine Gleichgültigkeit gegenüber meinen Mitmenschen, ganz im Gegenteil. Ich liebe die Menschen. Mein ganzes Leben war ein einziger Versuch, sie zu verstehen. Sie aber wirklich zu verstehen, nicht einfach so im Laufe von mehr oder weniger losen Beziehungen.

In meinen Augen wäre die Freundschaft etwas Ernstes, Festes gewesen und nicht diese oberflächlichen Bande, die im literarischen Milieu entstehen und vergehen.

Zweifellos habe ich deshalb in diesem Milieu so wenig verkehrt. Eigentlich, wenn ich mich mit siebzig Jahren frage, mit wem ich denn verkehrt habe, finde ich da mehr Fischer, Bauern, mit denen ich einen Schluck getrunken und im Bistro Karten gespielt habe.

Schüchternheit? Diese Erklärung scheint mir nicht zutreffend zu sein. Im Grunde glaube ich, daß der Mann, der sich wirklich zu Frauen hingezogen fühlt, fast schicksalhaft ein Mann ohne Freunde ist. Ich nun liebte die Frauen seit frühester Jugend. Ich träumte mit einer manchmal schon quälenden Sehnsucht von dem Paar, das heißt, einer festen Zweierbeziehung, dem einzigen Bund, in dem ich aufgehen wollte.

Tigy und ich hatten eine solche Zweierbeziehung nicht, und in den Armen der leichten Mädchen habe ich einen Ersatz gesucht.

Auch mit meiner zweiten Frau habe ich eine solche Beziehung nicht erlebt.

Schließlich bin ich ihr doch noch begegnet, so wie ich sie mir erträumt hatte, mit allem, was dazugehört, ihrer Zärtlichkeit, ihrer Schwärmerei und all dem wunderbaren Vertrauen. Aber ich hatte das Alter von sechzig schon überschritten. Dennoch habe ich da das Glück empfangen, das noch heute mein ist, obwohl ich manchmal anfange zu zittern, wenn ich mich im Spiegel betrachte.

Wegen dieser paar völlig aufrichtigen Zeilen werden mir viele Leute böse sein. Sie werden an Gefühllosigkeit meinerseits glauben, an so etwas wie Unempfindlichkeit; es ist aber doch ganz anders.

In den verschiedenen Abschnitten meines Lebens habe ich Leute kennengelernt und mit Leuten verkehrt, die ich sehr gemocht habe, die sich aber in der Folgezeit zu anderen hingezogen fühlten. Waren das wirklich Freunde, und kann man besonders in Paris Freunde finden, wo man im literarischen Milieu dieses Wort für alle gebraucht, die man zweimal getroffen hat?

Mit einem Wort, es ist aus Respekt vor den Menschen, daß ich mich dieser mehr oder weniger entwürdigenden Verbindlichkeit verweigert habe.

Was ich gerade so ungeschickt habe sagen wollen, ist eigentlich, daß ich außer in meinen letzten Jahren immer ein einsamer Mensch gewesen bin.

Und ich habe gelernt, vor dieser Einsamkeit eine panische Angst zu haben. Ich habe sogar gelernt, sie auf der Straße in den Gesichtern der Passanten zu erkennen, und ich vermeide es jedesmal, mich umzudrehen, um zu vermeiden, die gesteigerte Empfindlichkeit des Einsamen zu verletzen.

Zu jener Zeit existierte in der engen Rue Saint-Martin noch ein hohes, schmales weißgetünchtes Haus. Ziemlich spät abends fand man sich meist im Smoking oder im Frack dort ein. Für hundert Francs erhielten die Herren eine schwarze Filzlarve und ein Stück Pappe. Dann brauchte man sich nur noch ins Treppenhaus zu begeben.

Dort gab es an die sechs oder sieben Zimmer, deren Türen immer offenstanden. Sechs oder sieben Betten. Auf diesen Betten Paare. Diese entstanden und lösten sich wieder auf. Man ging von einem Zimmer zum anderen. Alles war erlaubt. Was beweist, daß der Sittenverfall, von dem man heute so oft spricht, von gestern oder sogar von vorgestern ist.

Diese Leute, die oft bedeutende Persönlichkeiten waren, durchstreiften auch den Bois de Boulogne, und Leuchtzeichen signalisierten ihnen, wo an diesem Abend die Orgie stattfand.

Dieselbe Freizügigkeit, oder doch beinahe, herrschte auch in vielen Ateliers am Montparnasse, und manchmal endeten auch die Abende an der Place des Vosges kaum anders.

Kurz und gut, in jenem Winter lebte ich gleichzeitig drei verschiedene Leben. Einerseits waren da diese erotischen Nächte. Da waren sofort anschließend meine Romanseiten, die ich fieberhaft auf der Maschine tippte. Schließlich waren da noch meine beinah wöchentlichen Reisen nach Fécamp.

Unsere Rundreise durch Frankreich mit der »Ginette« hatte mich auf den Geschmack gebracht. Ich hatte beschlossen, ein richtiges Boot bauen zu lassen, einen soliden und gedrungenen Kutter wie die der Fischer von Fécamp. Ich fuhr dorthin, um seinen Bau eifersüchtig zu überwachen.

Es war keine Yacht. Es war ein schönes großes Boot für das Meer und sollte schon mal einen ordentlichen Sturm aushalten können.

Ich stieg normalerweise in einem kleinen Gasthof ab, in dem es nur zwei Zimmer gab und wo abends die Fischer des Ortes verkehrten, die noch nach frischem Seefisch rochen.

In diesem Gasthof hätte ich beinahe eine schlimme Dummheit gemacht. Ich hatte viel getrunken. Ich wollte ins Bett gehen und stieg eine winklige Treppe hinauf, und als ich das rosa Kleid der Serviererin in einem Mansardenzimmer verschwinden sah, folgte ich ihr.

Ich war überrascht, als sie sich wehrte. Dann öffnete sich die Tür und der Wirt rief mich diskret auf den Treppenabsatz.

»Vorsicht, sie ist erst fünfzehneinhalb ...«

Ich habe nie eine Schwäche für Backfische gehabt. Es war der Zufall, der mich in jener Nacht in dieses Zimmer geführt hatte, der Zufall und der Alkohol. Ich gestehe, daß ich schnell wieder in mein Zimmer flüchtete.

Mein Boot nahm langsam Gestalt an. Es kam der große Tag, an dem ich es zur Seinemündung brachte und es dann an der Spitze des Vert-Galant in Paris vor Anker legte. Dorthin kam dann auch der Geistliche von Notre-Dame, um es mit großem Pomp zu taufen.

Das Boot hieß »Ostrogoth«. Ich fuhr quer durch Belgien, dann durch Holland, war schließlich auf der Nordsee und kam nach Bremen, dann nach Wilhelmshaven, dem ehemaligen deutschen Kriegshafen.

Wir waren zu dritt an Bord, meine Frau, Boule und ich. Alle drei in gelbem Ölzeug. Fast hätte ich Olaf vergessen, der der Länge nach ausgestreckt auf Deck lag und mir verzweifelte Blicke zuwarf, als wollte er mich fragen, wann wir wieder festeren Boden unter die Füße bekommen würden.

Dieses Leben gefiel mir. Ich tippte meine Romane in einer gutgeheizten Kabine, in der Boule auch kochte. Auf der Rückfahrt fanden wir uns eines Tages in Nordholland, und wir beschlossen zu überwintern. Der wunderbare Hafen, wo an Stelle von Toren Schleusen in den dicken Festungsmauern waren, heißt Delfzijl.

Ich ging an einem ruhigen Platz vor Anker. Am nächsten Morgen ging ich spazieren, um ein neues Romanthema zu finden, und dort entstand der erste Maigret: *Pietr le Letton (Maigret und Pietr, der Lette).*

Dort steht jetzt auch die offizielle Statue des Kommissars.

Delfzijl, ganz oben im Norden Hollands an der deutschen Grenze, ist eine der erstaunlichsten Städte, die ich kenne. Die Mauern, die Befestigungen ähneln, sind in Wirklichkeit Deiche, denn oft in der Geschichte ist die Nordsee in die Stadt eingefallen.

Deshalb sind die Tore, die durch diese Deiche hindurchgehen, auch Schleusen, die man im Falle einer Gefahr schließen kann.

Die Straßen sind mit rosa Backsteinen gepflastert. Die Häuser sind rosa. Es herrscht hier eine Ruhe, an die man nicht mehr gewöhnt ist, und man sieht von fern auf der Straße nur wenige Passanten.

Morgens trank ich in einem kleinen Café, das vor Sauberkeit glänzte, einen Genever, wonach ich zur Ostrogoth zurückkehrte und mich in die Kabine setzte.

Maigret und Pietr, der Lette war kein Meisterwerk. Er wurde trotzdem in meinem Leben zu einer Art Angelpunkt.

Ich hatte Dutzende von Groschenromanen und Hunderte von Geschichten geschrieben, um mein Metier zu erlernen. Als ich *Maigret und Pietr, der Lette* noch einmal durchlas, fragte ich mich, ob ich nicht einen neuen Lebensabschnitt erreicht hatte und was geschehen war.

Diesem Maigret, den ich zuerst nur grob skizziert hatte, versuchte ich ein persönlicheres Leben zu verleihen. Die drei folgenden Romane, *Les demoiselles de Concarneau, Le pendu de Saint-Pholien* und ich weiß nicht, was noch für einer, erschienen mir dann wert, veröffentlicht zu werden, jetzt aber nicht mehr in einer billigen Reihe, sondern in dem, was ich bei mir selbst eine halbliterarische Reihe nannte.

Ich nahm den Zug nach Paris. Ich vertraute die vier Romane Vater Fayard an, von dem man sagte, er habe ein untrügliches Gespür. Er bestellte mich ein paar Tage später zu sich und sagte:

»Also, was haben Sie denn da alles in allem eigentlich machen wollen? Ihre Romane sind keine richtigen Kriminalromane. Ein Kriminalroman läuft ab wie eine Partie Schach, wo der Leser alle Prämissen kennen muß. Bei Ihnen nichts dergleichen. Ihr Kommissar ist nicht unfehlbar. Er ist weder jung noch verführerisch. Was die Opfer und die Mörder anbelangt, so sind die weder sympathisch noch unsympathisch. Dann geht das auch noch jedesmal schlecht aus. Keine Liebe, keine Hochzeit. Wie wollen Sie denn damit das Publikum fesseln?«

Ich streckte die Hand aus, um die Manuskripte wieder an mich zu nehmen. Er hinderte mich daran.

»Sei's drum. Wir werden viel Geld dabei verlieren, aber ich will den Versuch wagen. Schicken Sie mir noch sechs andere Romane. Wenn wir ein paar davon auf Lager haben, fangen wir an, sie herauszubringen, jeweils einen pro Monat.«

Ich kehrte nach Delfzijl zurück, wo ich mit Erleichterung wieder mein Boot bestieg. Ich war wieder zu Hause. Und ich begann, Tag für Tag das zu schreiben, was man dann die Maigrets genannt hat.

Danach durchquerte ich Friesland, um den Winter in dem winzigen Hafen von Staveren zu verbringen, wo ich morgens erst einmal das Eis rund um das Boot aufhacken mußte. Man sprach von diesem Winter als von einem der kältesten seit Menschengedenken. Es war wunderbar, in der Kabine im Warmen zu sitzen und den Geruch der Pommes frites oder eines Kaninchens in Weißwein zu riechen, das Boule für uns zubereitete.

Wenn das Boot erst einmal richtig vor Anker lag, machte Olaf nicht mehr sein langes Gesicht. Er nahm so seine Gewohnheiten an und lief im Dorf spazieren. Die Fischer hatten gemerkt, daß er ganz verrückt auf Fisch war. Aus ihren vollen Booten warfen sie ihm lebende Heringe zu, die er mit einem Bissen verschlang. Es ist komisch, daß Maigret in einer solchen Atmosphäre geboren wurde, wo doch all seine Untersuchungen oder fast alle in Paris stattfinden sollten.

Ich hatte an dem Boot Gefallen gefunden. Ich träumte schon von einem anderen, das für das Mittelmeer ausgerüstet war.

Ich habe gestern eine Entdeckung gemacht, wenn man so sagen kann: die nämlich, daß ich in diesen eiligen Notizen wie auch in meinen Romanen oft den Ausdruck »kleiner Junge« gebrauche, wenn ich von mir selbst spreche.

Ich weiß natürlich, daß wir die wichtigsten unserer Fähigkeiten in unserer Kindheit und Jugendzeit erwerben.

Aber bei mir sind es nicht so sehr die Erinnerungen, auf die es ankommt. In Wirklichkeit bin ich mit siebzig der kleine Junge und der Heranwachsende geblieben, der ich einmal war, und ich denke, fühle, begreife alles immer noch wie ein kleiner Junge. Ohne es zu bemerken, habe ich das mein ganzes Leben lang getan, und deshalb spreche ich auch von einer Entdeckung. Gewiß, ich habe vielfache Kindheitserinnerungen von einer vielleicht außergewöhnlichen Genauigkeit. Aber es sind nicht diese Erinnerungen, die zählen: Es ist das Wesen, das ich geblieben bin.

Geht es anderen Menschen ebenso? Aus Zurückhaltung würde ich es nicht wagen, ihnen diese Frage zu stellen. Für mich ist wichtig, daß ich nie ein Erwachsener geworden bin und daß ich immer noch so reagiere wie damals, als ich noch nicht einmal fünfzehn oder sechzehn war. Wenn überhaupt! Mit sechzehn gerät das doch schon durcheinander.

Heißt das, daß ich geistig zurückgeblieben bin? Das ist möglich. Jahrzehntelang habe ich bestimmte Handlungen ausgeführt, habe ich gesprochen, geschwatzt, Verantwortung übernommen, ohne daß dies für mich je Realität geworden wäre.

Die Realität, ich komme darauf zurück, das ist der kleine Junge. Man wird hierüber vielleicht lachen. Ich bin dennoch ziemlich sicher, daß ich mich nicht irre.

Mit siebzig Jahren handle, denke, benehme ich mich immer noch wie das Kind von jenseits der Maas.

Es gibt einen Abschnitt in meinem Leben, einen Teil von dem, was man die dreißiger Jahre nennt, den ich in schlechter Erinnerung behalten habe und von dem mir sogar ein schlechter Nachgeschmack geblieben ist. Dennoch waren das angeblich die tollsten Jahre, und die meisten Leute sollen von ihnen ja begeistert gewesen sein.

Die Maigrets waren kaum herausgekommen, als sie schon in mehr als zehn Sprachen übersetzt wurden und die Filmrechte von drei Romanen verkauft waren.

Ich kaufte mir einen riesigen Chrysler Imperial und stellte einen Chauffeur ein. Ich mietete eine Villa in Antibes, wo damals erst ein Dutzend Villen standen.

Ich kaufte meine Garderobe bei einem der besten Schneider von Paris, und abends zog ich einen Smoking an, um ins Casino zu gehen.

Wenn ich mich damals selbst gesehen hätte, wäre ich nicht in schallendes Gelächter ausgebrochen?

Ich hatte auch so etwas wie ein kleines Schloß in der Nähe von La Rochelle gemietet, und ich unternahm zahlreiche Reisen, nach Rußland, in die Türkei, nach Äquatorialafrika, wo es kaum richtige Straßen gab.

In Paris schließlich kam ich in ein ganz neues Milieu.

Hier kann ich von einem Mann sprechen, für den ich übrigens eine große Zuneigung bewahrt habe: Eugène Merle. Dieser hatte am Ende des Krieges eine satirische Wochenzeitung herausgebracht, *Le Merle blanc*, und damit einen beträchtlichen Erfolg errungen. Er hatte auch ein frivoles Wochenblatt herausgebracht, *Frou-Frou*, das nicht weniger erfolgreich war und bei dem ich mitarbeitete.

Merle hatte sich wie die meisten Zeitungsbesitzer ein Schloß fünfzig Kilometer von Paris entfernt gekauft. Dort hielt er jeden Sonntag freien Mittagstisch. Ich wurde bald einer der regelmäßigen Tischgäste. In einer für mich erstaunlich familiären Atmosphäre traf man da Minister, Bankiers, mehr oder weniger anrüchige Geschäftsleute, Schriftsteller und manchmal auch Journalisten.

Die Freizügigkeit der Gespräche bei Tisch brachte den Naivling, der ich geblieben war, aus der Fassung. Diese Leute diskutierten offen über ihre kleinen Privatangelegenheiten, die oft sehr große Angelegenheiten waren und die sich fast alle hart an der Grenze des Ungesetzlichen bewegten.

Dies alles mit einer Ungezwungenheit und Natürlichkeit, als wäre von den allerbanalsten Dingen die Rede.

Ich möchte nicht das Wort Zynismus benutzen. Es ist viel zu schwach, unendlich viel zu schwach.

Kurz und gut, was in diesen Gesprächen verhandelt wurde, schien ganz selbstverständlich zu sein. Es war die Kehrseite der Medaille. Hier entdeckte man, daß das, was man am Abend zuvor in der Zeitung gelesen hatte, falsch war und nur im Hinblick auf ein bestimmtes Resultat geschrieben worden war. Man erfuhr, daß der Besitzer einer großen Tageszeitung nach seinem Gutdünken Minister ernennen oder absetzen ließ.

Übrigens begegne ich dieser Art von Geschäftemacherei seit einigen Jahren in den Zeitungen wieder.

An den Sonntagen von Avrainville überraschte die Affäre Stavisky niemanden, und mindestens die Hälfte der Gäste hatten ihre Hände im Spiel.

Schamlos. Skrupellos. Um so schlimmer, wenn das übrige Frankreich nur aus Idioten bestand. Und damals fand die Episode statt, die ich als die schändlichste meines Lebens betrachte. Ich war auf einen Sprung nach Lüttich gefahren, um meine Mutter zu besuchen. Ich erinnere mich, daß wir Arm in Arm die Rue du Pont-d'Avroy entlanggingen, als ich ihr in etwa die folgenden Worte sagte:

»Schau mal, Mutter, es gibt nur zwei Arten von Menschen auf der Welt: die Schläger und die Geschlagenen. Ich möchte lieber auf der Seite der Schläger sein.«

Diese Worte erfüllen mich heute noch mit Kummer, und ich schäme mich ihrer auch immer noch. Ich war auf dem falschen Weg. Ich ahmte die wichtigen Leute nach, die ich jede Woche traf. Ich nahm im Frack an den Abendgesellschaften teil.

Kurz, ich war im Begriff unterzugehen.

Ich weiß nicht, was mich gerettet hat. Jedenfalls hat diese ganze Zeit nicht lange gedauert. Ich machte eine Weltreise. Ich bin zurückgekommen und habe mich in Paris am Boulevard Richard-Wallace niedergelassen, wo man auf allen Etagen Schauspieler und Produzenten traf.

Eine Zeitlang schlüpfte ich abends noch in meinen Frack. Dann bin ich mit einem Mal in mein Auto gesprungen und nach Holland gefahren. Ich suchte ein kleines Haus am Meer, weitab von den Stränden und Casinos. Je weiter ich die Küste zur Normandie, dann zur Bretagne hin entlangfuhr, desto mehr entdeckte ich, daß da, wo man an das Meer herankonnte, alles überfüllt war.

Ich hielt schließlich in der Nähe von La Rochelle bei dem kleinen Schloß, in dem ich einige Jahre vorher gewohnt hatte.

Ich suchte kein kleines Schloß mehr. Ich suchte ganz im Gegenteil ein einfaches und rustikales Haus, wo man gerne seine Ferien bei seiner Großmutter verbringen möchte, wie ich damals sagte.

So ließ ich mich in Nieul-sur-Mer nieder. Tigy lebt immer noch dort.

Es gibt Zeiten wie meine ersten zwanzig Jahre, an die ich mich immer noch fast stereoskopisch erinnern kann, und aus diesen Zeiten kann ich die kleinsten Begebenheiten in ihrer genauen Reihenfolge wieder zusammensetzen. Ich nehme an, daß das allen so geht.

Andere Zeitabschnitte wiederum haben mir sehr viele Erinnerungen hinterlassen, die sehr lebendig sind, wie die Jahre zwischen zwanzig und dreißig, aber schon mit einer gewissen Verschwommenheit, was die Chronologie anbelangt.

Die Jahre zwischen dreißig und vierzig, ich möchte nicht sagen, daß da ein Loch ist, aber ich erkenne sie nicht wieder, ich erkenne mich da vor allen Dingen nicht wieder, und ich kann sie nicht richtig nachvollziehen. Ich könnte mich hier um zwei, drei Jahre irren, ohne daß dies irgendwie auffiele.

Die Terrasse von Fouquet's zum Beispiel. Es kam vor, daß ich jeden Spätnachmittag dort an einem der Tische auf der Terrasse verbrachte, neben Reihen von Schauspielern und Filmproduzenten. Was hatte ich da bloß zu suchen? Ich weiß es nicht. Um elf Uhr abends oder um Mitternacht ließ ich mich manchmal mit Tigy nach Le Bourget fahren, fragte, welches Flugzeug zuerst abfliegen würde und flog dann nach Prag, nach Budapest, irgendwohin, sogar ohne Gepäck mitzunehmen.

Das alles bleibt nebelhaft verschwommen. Da sind die anderen Reisen, längere, die noch in fragmentarischen Bildern in mir fortbestehen, eine Schar Affen, die uns im afrikanischen Urwald verfolgte, und die beschauliche Überquerung des Pazifiks, Australien, ein Tahiti, das noch nicht zur Touristenfalle umfunktioniert war.

In welchem Jahr habe ich bloß das Schloß de la Cour-Dieu im Wald von Orléans mit einem zehntausend Hektar großen Jagdrevier gemietet? Ich veranstaltete eine Treibjagd. Ich hatte das Unglück, ein Reh zu verletzen, das ich dann töten mußte, und seither habe ich kein Gewehr mehr angerührt.

Die nicht enden wollenden Regengüsse von Buenaventura in Kolumbien und Paradiesvögel in den Wäldern von Ecuador.

Alles ist wahr. Alles ist gelebt worden. Ich habe Lust hinzuzufügen: umsonst.

Wie es auch umsonst war, daß ich ein paar Monate später wieder auf demselben gelben Stuhl auf der Terrasse von Fouquet's saß. Wie es auch umsonst war, daß ich mir wieder meinen Frack anzog, um zu weiß Gott welchem Cocktail zu gehen.

Was mir bleibt, ist Porquerolles, wo ich fünf oder sechs Jahre lang ein Haus hatte, wo ich mir ein typisches Fischerboot der Gegend, ein »Spitzboot«, gekauft hatte. Ich hatte einen Matrosen. Wir waren ganze Nächte auf dem Meer. Und nachmittags spielten wir Boule mit den Einwohnern.

Man könnte sagen, daß ich nach einer Periode des Fiebers das innere Bedürfnis verspürte, mich zu entspannen, ans Meer oder aufs Land zurückzukehren.

Wenn man mich jedenfalls fragen würde, welche Jahre meines Lebens ich noch einmal erleben möchte, so sind es nicht diese Jahre. Und trotzdem, wo ich auch immer war, ich schrieb meine sechs Romane pro Jahr.

In diesen dreißig Jahren, was suchte ich da bloß, als ich zwischen Schloß und Bistro hin- und herpendelte, von einem Kontinent zum anderen, als ich vierzig Tage hintereinander auf einem Dampfer verbrachte, um nach Sydney zu fahren, als ich meine Schreibmaschine an den verschiedensten und zeitweise an den entlegensten Orten der Welt aufstellte?

Seltsamerweise habe ich mir zu jener Zeit diese Frage nicht gestellt. Das kam mir ganz natürlich vor. Ich hatte Lust zu leben, alle Leben zu leben, gleichzeitig Bauer, Seemann, Reiter und eleganter Pariser auf den Champs-Elysées zu sein.

Erst jetzt, lange danach, stelle ich mir ernsthaft diese Frage. Was ich zum Beispiel weiß, ist, daß ich mich nicht selbst bestätigen wollte. Selbstvertrauen hatte ich eher zuviel.

Ich suchte auch keine Abenteuer oder exotische Landschaften. Ich suchte nicht die Kultur, wie man heute sagt, denn ich besuchte weder Museen noch historische Stätten.

Im Grunde suchte ich den Menschen, glaube ich. Das ist eine Suche, die mich immer leidenschaftlich begeistert hat, und mit siebzig werde ich mir darüber klar, daß ich ihr unbewußt mein ganzes Leben gewidmet habe.

Eine Partie Belote mit dem Fleischer und zwei Fischhändlern in einem Bistro von Nieul-sur-Mer waren für mich ebenso wichtig wie die Ankunft auf der Reede von Istanbul, das damals einen der schönsten Häfen der Welt hatte.

Ein Pferderitt über Land in der Vendée vermittelte mir ebensoviel Befriedigung und Lebensfülle wie eine Abendgesellschaft in Paris.

Ich habe niemals ein wirklich mondänes Leben geführt. Außer den bekannten Persönlichkeiten, die ich zufällig bei Eugène Merle kennenlernte, habe ich das gemieden, was man die große Welt nennt, als wenn ich gefühlt hätte, daß das nicht zählte bei dieser Suche nach dem Menschen.

Denn es war der einfache Mensch mit seinen kleinen Freuden und großen Sorgen, der mich interessierte. Ich habe in Zentralafrika primitivste Stämme kennengelernt. Man hatte mich vor einigen dieser Völkerstämme gewarnt.

Ich will nicht prahlen, aber ich bin trotzdem zu ihnen gegangen, und ich habe mich bei diesen Menschen, die noch ganz nackt lebten, vollkommen wohlgefühlt. Wohler als inmitten der Gäste im Speisesaal eines Luxusdampfers.

Es fällt mir etwas schwer, mich auszudrücken. Ich fühle, was ich sagen möchte, aber ich finde die Worte nicht leicht.

Könnte ich auch von einer negativen Epoche sprechen? Von einer Art Zusammenbruch aller vorgefaßten Meinungen und sogar, warum sollte ich es nicht zugeben, einer Lebensform, von der ich armer Hund von Groschenromanschreiber zu Beginn der zwanziger Jahre manchmal geträumt hatte?

Kurz und gut, so als ob ich eine Romanseite durchsah,

strich ich nacheinander die überflüssigen Wörter, die überflüssigen Personen durch, alles, was künstlich und unecht war.

Ich suchte den Menschen, den Menschen in seiner ganzen Blöße, den Menschen, der mit sich selbst fertigwerden muß, und ich traf ihn auf allen Breitengraden. Ich wurde wütend, wenn ich gutbetuchte Weiße verachtungsvoll von den »Kanaken« reden hörte, wie man damals sagte, oder auch von den Wilden.

Auf diese Weise habe ich in etwa zehn strapaziösen, zusammenhanglosen Jahren entdeckt, daß es keine Kanaken gibt, daß es keine Neger gibt, daß es keine Wilden gibt.

Ich hatte unrecht, als ich sagte, daß ich mich dieser Jahre ein wenig schäme. Ich bin nicht stolz auf sie, ich möchte sie nicht noch einmal erleben. Ich glaube jetzt, daß sie nötig waren. Und die größte Entdeckung, die ich durch sie machen durfte, war die Demut.

Die Träume, auf die wir unser Leben lang zurückgreifen, schaffen wir uns im Alter von zehn bis etwa zwanzig Jahren. Diese Schöpfung hängt nun aber nicht von uns ab.

Seitdem ich mit dem Schreiben aufgehört habe, lese ich manchmal zeitgenössische Memoiren, das heißt, Geschichten, die von meinen Zeitgenossen über meine Zeitgenossen geschrieben worden sind. Vorher beschränkte ich mich ja auf historische Memoiren und Briefwechsel.

Die Bücher, die ich heute lese, rufen bei mir immer

dasselbe Unbehagen hervor. Nur weil man jemanden seit seinem zwanzigsten Geburtstag kennt, enthüllt man wahrhaftig nicht nur seine Schwächen, sondern manchmal auch, was er einem unter dem Siegel der Verschwiegenheit anvertraut hat.

Sogar wenn es sich um berühmte oder sehr bekannte Leute handelt, über die Berichte in der Presse oder in einer »gewissen« Presse erscheinen, bin ich jedesmal schockiert.

Aus diesem Grund zögere ich, bei dieser Plauderei am Mikrofon, die bei mir schon zur Manie geworden ist, Namen zu nennen, außer es ist absolut notwendig.

Gewiß, diese gesprochenen Notizen sind nicht zur Veröffentlichung bestimmt. Aber ich habe eine gewisse Erfahrung mit solchen Entscheidungen.

Als ich 1959 persönliche Aufzeichnungen in Hefte schrieb, hatte ich mir geschworen, sie nie erscheinen zu lassen. Diese Hefte lagen zehn Jahre lang in einer Schublade bei mir herum, ohne daß sie einer gelesen hätte. Dann, auf dringende Bitte eines Freundes, habe ich sie schließlich unter dem Titel *Als ich alt war* erscheinen lassen.

Jetzt bin ich wirklich alt. Werde ich nun mein Wort eher halten? Ich weiß es nicht.

Deshalb weiche ich allen Namen aus, die ich zitieren könnte, einschließlich der Namen der Leute, über die ich nur Gutes sagen möchte.

Ich bin kein Chronist. Ich bin auch kein Journalist. Die Anekdoten, die man erzählen könnte, sogar über Leute, die man gut zu kennen glaubt, sind notwendigerweise ungenau oder unzutreffend.

Meine Romanfiguren gehören mir. Meine Freunde nicht.

Um so weniger die Leute, die ich einmal bei mir zu Gast hatte oder bei denen ich einmal zu Gast war.

Gestern beim Abendessen habe ich Pierre, meinen jüngsten Sohn, der vierzehn Jahre alt ist, beobachtet, und dabei habe ich an meine drei anderen Kinder gedacht, die schon älter sind und das Nest schon verlassen haben.

Das erinnert mich an einen Satz, den ich vor ein paar Tagen über die Bedeutung von Kindheitserinnerungen für das restliche Leben gesagt habe. Wie der Zufall will, wird jedes meiner vier Kinder unterschiedliche Kindheitserinnerungen haben, nicht nur, was den äußeren Rahmen, sondern mehr noch, was den Lebensstil selbst anbelangt.

Marc, der Älteste, der vierunddreißig ist und nicht weit von Paris entfernt wohnt, hat seine früheste Kindheit in Nieul-sur-Mer in der Nähe von La Rochelle verbracht. Er kann, wann immer er will, zu den Ursprüngen zurückkehren, denn das Haus, das ich hergerichtet hatte, da ich glaubte, lange Jahre dort zu bleiben, wird noch von seiner Mutter bewohnt.

Der Krieg hat uns daraus vertrieben. Wir haben zuerst zwei Jahre in einem Riesenschloß in der Vendée gewohnt, wo ihm ein Park und ein Wald zur Verfügung standen. Dann, immer noch in der Vendée, in Saint-Mesmin-le-Vieux, hatte ich einen kleinen Hof mit drei Kühen, einer Menge Hühnern, Perlhühnern, Enten, Gänsen, Truthähnen.

Die Verleger hatten nur sehr wenig Papier. In dieser Zeit habe ich auch am wenigsten geschrieben. Marc arbeitete im Gemüsegarten neben mir. Er ging auch mit in die Pilze. Ich hatte ein Ponygespann und einen kleinen Wagen, mit dem wir in die Umgebung fuhren. In der Nähe war auch ein Fluß, in dem wir angelten.

Heute nun nimmt Marc seine Kinder mit in die Pilze und geht mit ihnen auch zum Fischen.

Als er sechs war, sind wir in die Vereinigten Staaten gefahren und haben dort an den verschiedensten Orten gelebt, eine Zeitlang in Florida, dann in Arizona, dann in Kalifornien, endlich in Connecticut, wo ich einen fünfundvierzig Hektar großen Besitz gekauft habe, weil ich wieder einmal fest davon überzeugt war, daß ich den Rest meines Lebens dort verbringen würde.

Der arme Marc fragte mich:

»Sag mal, Dad, wann werde ich denn mal länger als ein Jahr in eine Schule gehen, und wann werde ich denn mal meine Freunde behalten können?«

Er ahnte nicht, daß wir nur fünf Jahre in unserem Haus in Connecticut bleiben würden.

Ich habe mich scheiden lassen. Ich habe wieder geheiratet. Johnny wurde geboren und ist da in den Kindergarten, seine erste Schule, gegangen, wo ich ihn jeden Morgen hinbrachte. Er sprach englisch und weigerte sich, französisch zu sprechen.

Meine Tochter Marie-Jo wurde auch in Lakeville geboren und verbrachte dort zwei Jahre, bevor ich ohne ersichtlichen Grund beschloß, mit meiner Familie nach Europa zurückzukehren.

Johnnys Erinnerungen an Amerika sind undeutlich

geblieben. Dennoch ist er im Augenblick an einer kalifornischen Universität, und er wird dann nach Harvard gehen.

In Europa hat er zuerst zwei Jahre in Cannes gelebt, dann sind wir alle in die Schweiz gekommen.

Wie sind diese chaotischen Erinnerungen wohl in ihren Köpfen festgehalten worden? Ich weiß es nicht, und ich vermute, daß sie sich darüber noch keine Gedanken machen. Marc fährt von Zeit zu Zeit in die Staaten zurück, und er fühlt sich dort wie zu Hause. Johnny schließlich weiß noch nicht, ob er nach Harvard in Europa oder Amerika Karriere machen soll.

In Lakeville hatten wir fast undurchdringliche Wälder und zwei Forellenbäche.

In Cannes hatten wir eine Villa von prachtvoller Mittelmäßigkeit, die ich sehr schnell überhatte.

Johnny und Marie-Jo haben also alles in allem erst im Schloß von Échandens, in der Nähe von Lausanne, ihr eigenes Leben begonnen und dann in dem Haus, das ich vor zehn Jahren in Épalinges bauen ließ.

Es steht zum Verkauf.

Nur Pierre fährt noch nach Épalinges, seitdem er vierzehn ist und Moped fahren darf; nicht aber wegen des Hauses, das ist ja verschlossen, sondern weil er dort eine kleine Freundin hat.

Marc zum Beispiel hat in Arizona, wo er drei Jahre gelebt hat, den lieben langen Tag auf dem Pferd gesessen, er konnte das Vieh aus der Wüste holen, und wir hatten unseren Spaß daran, mit einem Colt auf eine alte Holzbohle zu schießen.

Johnny hatte in der Schweiz nicht das Recht, sich im

Schießen zu üben, denn weder in Échandens noch in Épalinges war unser Besitz von Mauern umgeben.

Wer von den beiden wird wohl in seiner Erinnerung die schönsten Bilder finden?

Marie-Jo ist in Paris. Sie geht zur Schauspielschule. Sie ist zwanzig.

Ich weiß auch nicht, wie die Erinnerungen von ihr aussehen werden.

Manchmal versuche ich, sie mir an ihrer Statt vorzustellen. Natürlich kann ich mich dabei nur irren.

Wenn man mich gefragt hätte, als ich sechzehn war, welche Erinnerungen meine Jugend prägen würden, hätte ich das nicht sagen können.

Noch weniger kann ich das in bezug auf meine Kinder sagen, und doch steht ihr ganzes Leben, von dem ich immer nur einen kleinen Teil kennen werde, auf dem Spiel.

Gestern fiel mir auf, daß jedes meiner Kinder seine Kindheit und Jugendzeit in einer anderen Umgebung verbracht hat und jedes von ihnen daher ganz verschiedene Erinnerungen behalten wird.

Naiverweise habe ich vergessen, daß es ja eigentlich noch schlimmer ist. Alle vier haben einen anderen Vater kennengelernt. Als Marc geboren wurde, war ich noch keine vierzig. Körperlich war ich sehr aktiv. Ich brachte ihm bei, radzufahren, zu reiten, einen Baseball zu werfen und auch, mit dem Schlagholz umzugehen, kurzum, er hat einen Mann kennengelernt, der noch bei vollen Kräften war und bei seinen Spielen noch mitmachen konnte.

Johnny wurde zehn Jahre später geboren. Da war ich schon über fünfzig. Ich konnte ihm auf unserem Besitz in Lakeville seinen ersten Skiunterricht geben. Ich konnte noch an einigen seiner Spiele teilnehmen, in Cannes aber, wo ich ein mondänes Leben führte, wie man so sagt, brachte ihn ein Chauffeur zur Schule, dann zur Oberschule, und wenn wir auch zusammen im Schwimmbecken herumgeschwommen sind, hat er mich doch öfter im Smoking oder Frack als in kurzen Hosen gesehen.

(Eben habe ich mich geirrt. Ich habe von fünfzig gesprochen. Das stimmt nicht. Ich war sechsundvierzig.)

In Épalinges schließlich sind wir sehr viel zusammen spazierengegangen, aber ich fühlte doch, daß ich für ihn schon das war, was man sehr liebenswürdig einen Mann in den besten Jahren nennt.

Marie-Jo kam kurz vor unserer Abreise aus den Vereinigten Staaten zur Welt. Als sie nach Europa kam, war sie noch eine kleine Wilde. Ich hatte immer davon geträumt, eine Tochter zu haben, und einige Jahre lang konnte ich diese Rolle spielen, die ich mir so sehr gewünscht hatte.

Ich klapperte selbst die Geschäfte ab, um etwas zum Anziehen für sie zu finden. Die Kinder in Europa trugen noch keine Blue jeans, und es war eine Freude für mich, ihr niedliche neue Kleidchen zu kaufen, entweder mit Stickereien oder aus Spitze, sie zu frisieren, als wäre sie eine Gestalt der Comtesse de Ségur.

Auch sie habe ich schwimmen gelehrt. Drei Jahre hintereinander sind wir in den Ferien lange auf dem Bürgenstock gewesen, wo es jeden Nachmittag gegen fünf einen Tanztee gab, und ich hatte das Vergnügen, ihr beizubringen, wie man Walzer tanzt.

Und doch war ich schon ein reifer Herr, ein sehr reifer sogar. Ich habe viel gearbeitet. Ich wurde von den Journalisten, dem Radio, dem Fernsehen belagert, aber das war ein Vergnügen für sie. Sie setzte sich brav in eine Ecke und sah zu, was da so alles passierte.

Mit Johnny habe ich auf seinen Wunsch hin alles noch einmal wiederholt, was er in der Schule gelernt hatte. Bei Marie-Jo begnügte ich mich mit Grammatik- und Lateinunterricht. Ich begegnete denselben Worten wieder, die ich schon ihren Bruder hatte aufsagen lassen, und schließlich konnte ich sie auswendig.

Sie erzählte mir viel von den Büchern, die sie las, und sie war von allen vieren die einzige, die sich schon früh für meine Bücher begeisterte, über die sie dann anschließend Kommentare abgab.

Marc hingegen hatte nie ein Wort von mir gelesen, bevor er einige meiner Texte in der amerikanischen Schule von Lakeville durcharbeiten mußte.

Johnny führte ein sehr eigenbrötlerisches, fast einsames Leben, und er kam erst dann in das Spielzimmer in Épalinges, als seine Schwester anfing, dort Partys zu geben.

Jetzt bleibt mir Pierre. Er ist vierzehn und ich siebzig. Mit ihm bin ich nicht radgefahren. Mit ihm habe ich nicht Ball und auch nicht Fußball gespielt. Wir sind höchstens einmal zusammen in unser Schwimmbecken gestiegen, aber mit sieben oder acht hat er mich schon um Längen geschlagen.

Ich fühle, daß die Gemeinschaft mit ihm ebenso ist

wie mit den anderen. Wir diskutieren freimütig über alles. Auch ihm höre ich dieselben lateinischen Vokabeln ab, die ich schon Johnny und Marie-Jo abgehört habe.

Ich bin nichtsdestoweniger so alt wie ich bin. An seinen Spielen habe ich nie teilnehmen können. Heute leben wir zusammen in unserer Wohnung in der Avenue de Cour, und wie ich es bei den anderen gemacht habe, lasse ich auch ihm völlige Freiheit. Er stellt sein Tagesprogramm selbst zusammen, und er sucht seine Freunde selber aus. Er hat seinen eigenen Fernseher, und das Programm, das er sieht, könnte ich nicht eine Stunde lang ertragen.

Seit einem Monat, das heißt, seitdem er vierzehn ist und somit nach Schweizer Gesetz ein Moped fahren darf, verschwindet er halbe Tage lang, ohne daß ich ihm Rechenschaft über seine Zeit abverlange.

In zwei oder drei Jahren wird sich die Tür hinter seiner Kindheit schließen. Seine Erinnerungen werden dann festgelegt sein.

Was für welche wird er wohl von seinem Vater haben? Was für welche werden die anderen von ihrem Vater haben?

Wie andere Eltern auch, nehme ich an, denke ich nicht ohne eine gewisse Melancholie an das Leben, das jeder später führen wird, ein Leben, bei dessen Aufbau ich jedem mit meinen schwachen Mitteln geholfen habe.

Nach meinen Überlegungen von eben könnte man meinen, ich sei ein unglücklicher oder unzufriedener Mensch.

Gerade das Gegenteil ist der Fall. Das Leben, das ich mir in den letzten Jahren in Épalinges geschaffen hatte, das Leben besonders, das ich mir in der Wohnung der Avenue de Cour geschaffen habe, schenkt mir eine nie gekannte Heiterkeit und Freuden, die mein Leben ausfüllen. Das liegt zum größten Teil an T., meiner Gefährtin, die mich nicht einen Augenblick verläßt und die ich meinerseits jeden Augenblick brauche.

Ich schreibe keine Romane mehr. Das fehlt mir nicht. Im Gegenteil, es wundert mich, daß ich fast fünfzig Jahre meines Lebens damit verbracht habe, mich in die Haut anderer hineinzuversetzen.

Heute stecke ich endlich in meiner eigenen. Ich bin Herr über meine Gedanken und meine Stimmungen. Jede Stunde bringt etwas Glück mit sich, und ich weiß endlich, daß ich nicht allein bin. Ich habe eben lange über meine Kinder gesprochen. Ich liebe sie aus tiefstem Herzen, ich würde sagen, ich hänge fast zu sehr an ihnen.

Als der erste, Marc, aus dem Haus ging, um zu heiraten, hat er in mir eine große Leere hinterlassen. Dann kam Johnny an die Reihe, Marie-Jo, bald Pierre, denn in meinem Alter vergehen die Jahre schnell.

Ich habe eingesehen, daß es egoistisch wäre, sich an ihnen festzuklammern, wie es auch unmöglich wäre, daß sie in ihrem Alter viel Verständnis aufbringen.

Mir bleibt, wenn ich lange genug lebe, die Wohnung in der Avenue de Cour, ihre gemütlichen Ecken, die Gegenstände darin, die alle ihren bestimmten Platz haben, meine fast rituellen Handlungen.

T. vor allem bleibt mir. Durch sie bin ich endlich ein glücklicher Mensch.

Seit einiger Zeit denke ich oft, daß ich mit den Jahren schrullig werde. Tatsächlich sind in unserer Wohnung in der Avenue de Cour meine Beschäftigungen, meine Handlungen irgendwie genau festgelegt.

Ich habe nun nachgedacht. In Épalinges war mein Leben, außer wenn ich für das Radio oder das Fernsehen Interviews gab, auch gleichförmig, und ich fuhr selten nach Lausanne, um etwas einzukaufen oder um einfach eine Stunde in der Stadt herumzulaufen.

Ich habe noch tiefer in meinen Erinnerungen gekramt.

In Cannes zum Beispiel habe ich den Forville-Markt, wo ich Einkäufe machte, praktisch nie ausgelassen.

In Nieul, vor mehr als dreißig Jahren, ging ich nun auch jeden Tag in La Rochelle zum Einkaufen, und ich sattelte immer so ziemlich zur gleichen Zeit eines meiner Pferde und ritt dann querfeldein dieselbe Strecke.

In Lakeville holte ich stets um zehn Uhr morgens meine Post und ging anschließend in den Supermarkt.

Ich könnte noch weiter zurückgreifen. Ich hatte immer einen ziemlich starren Stundenplan, dem ich ohne ersichtlichen Grund genau folgte.

Doch! Diese peinliche Genauigkeit hatte einen Grund,

meine Romane nämlich. Die ersten Jahre in Paris waren mehr Bohème, aber ich schrieb trotzdem immer zur selben Zeit jeden Tag eine bestimmte Anzahl Seiten für meine Groschenromane.

Die Maigrets kamen danach, und auch an Bord hatte ich so viel Disziplin, jeden Morgen um sechs Uhr ein Kapitel anzufangen.

In meiner Art zu schreiben hat es Unterschiede gegeben. Meine ersten Romane bestanden aus Kapiteln von je fünfzehn Tippseiten. Ich schrieb täglich drei dieser Kapitel, dann zwei.

Je mehr der Umfang meiner täglichen Produktion schrumpfte, desto dichter wurden meine Romane.

Der größte Teil von ihnen wurde mit einer Tagesleistung von zwanzig Seiten geschrieben. Genau zwanzig Seiten. Ich weiß nicht, warum. Ich stimmte die Handlung oder die Dialoge nicht auf diese Wellenlänge ab, aber auf der zwanzigsten Seite hörte ich automatisch auf.

Sogar meine Spaziergänge hatten einen gewissen Rhythmus, eine gewisse Länge.

In Épalinges hatte ich drei Strecken, und ich suchte jeden Tag eine der drei je nach dem Wetter, der Temperatur aus.

Hier mache ich dasselbe und gehe zur gleichen Stunde, fast in der gleichen Zeit, am See entlang, bald nach Ouchy, bald nach Saint-Sulpice hin.

Ich bin also nicht erst mit den Jahren schrullig geworden. Ich entdecke, daß ich es mein ganzes Leben lang gewesen bin.

Es ist wahr, auch ein Bankangestellter oder eine Verkäuferin müssen ja jeden Morgen zur gleichen Zeit aufstehen, den gleichen Autobus nehmen, beide arbeiten gleich lang. Das beruhigt mich. Ich bin kein besonderer Fall. Wie jeder oder fast jeder drehe ich mich in meinem kleinen Zirkus um die eigene Achse.

Und das macht mich sehr froh.

Ich habe auf eine so selbstverständliche Art und Weise mit meiner schriftstellerischen Tätigkeit gebrochen, ich wollte gerade sagen: mit meinem Schriftstellerberuf, daß ich Erstaunen und eine gewisse Reizbarkeit empfinde, wenn ich morgens die Post öffne. Es fehlte nicht viel, und ich würde das alles miteinander in den Papierkorb werfen.

Ich besitze noch ein Sekretariat, nicht in meiner Wohnung, auch nicht in dem Gebäude, in dem ich wohne, sondern am anderen Ende von Lausanne, und das betrete ich nie. Nur per Telefon arbeite ich mit meiner Sekretärin. Ich gebe ihr in Stichpunkten die Antworten an, die sie schreiben soll. Sie liest mir die Briefe vor, die sie erhalten hat, und auch da gebe ich ihr die Antworten an.

Es kommen Briefe aus aller Herren Länder und immer dasselbe Lied: Übersetzungsrechte, Rundfunkrechte usw., abgesehen von den manchmal rührenden Leserbriefen oder wie von heute morgen aus Zentralafrika, in dem mich jemand um drei Millionen fünfhunderttausend Schweizer Franken bittet.

Das alles ist nun so weit weg! Im Grunde hätte ich gar nicht so viele Jahre zu schreiben brauchen. Bei meiner Suche nach dem Menschen und meinem leidenschaftlichen Willen, ihn zu verstehen, hätte ich vielleicht gar keine Romanfiguren zu erschaffen brauchen.

Der Beweis ist, daß ich jetzt, ohne etwas zu schreiben, diese Suche mit mehr Intensität und Leidenschaft als je zuvor weiterverfolge.

Eine Leidenschaft, die ganz persönlich geworden ist, da ich nicht das Bedürfnis verspüre, meine kleinen Entdeckungen mitzuteilen.

Meine einzige Verbindung zur Außenwelt ist dieses Mikrofon, das mein Vertrauter geworden ist, von dem aber vielleicht niemand jemals etwas erfahren wird.

Ich habe gestern von meinen Ticks gesprochen. Zum Beispiel von dem, auf einem doppelformatigen gelben Briefumschlag die Namen meiner Romanfiguren, ihre Adressen, ihre verwandtschaftlichen Bindungen usw. festzuhalten, kurz, das, was ich einen Romanplan nenne. Nun, ich hatte in Delfzijl an Bord der »Ostrogoth« zufällig einen gelben Umschlag dieses Formats in die Hand bekommen und meine Notizen darauf gekritzelt.

Dem bin ich mehr als fünfzig Jahre treu geblieben, und in manchen Ländern oder in manchen Dörfern war es ein schwieriges Problem, einen Umschlag dieser Art aufzutreiben.

Ein anderer Tick ist es, meine Schreibmaschine vor einem neuen Roman sorgfältig zu reinigen und das Farbband auszuwechseln. Noch ein anderer, abends schon einen kleinen Rolltisch neben meinen Schreibtisch zu stellen, damit ich darauf meinen Tee und mein Glas abstellen konnte.

Daraus wird letzten Endes eine kleine Welt, die ich ohne Bruch, ohne Bedauern, ohne Traurigkeit durch eine andere kleine Welt ersetzt habe, wo meiner Ansicht nach mehr für mich herausspringt.

Heute morgen habe ich in dem amerikanischen Magazin *Time* einen langen Artikel über die Ausstellung in Avignon gelesen, die den letzten zweihundert Gemälden und Zeichnungen Picassos gewidmet ist.

Er war zwischen neunzig und zweiundneunzig, als er diese Werke schuf. Der amerikanische Kritiker streitet ihnen jeden künstlerischen Wert ab und bedauert, daß sie überhaupt gezeigt werden.

Das hat mir wehgetan. Ich habe Picasso gekannt. Ich verstehe, daß er, wie andere Maler oder Schriftsteller auch, bis zu seinem letzten Atemzug arbeiten wollte.

Andererseits verstehe ich die Meinung des Kritikers.

Ich bin noch weit von meinem neunzigsten Geburtstag entfernt. Ich habe, wenn ich so sagen darf, im voraus Vorsichtsmaßregeln getroffen, da ich im Alter von siebzig Jahren mit dem Schreiben aufgehört habe. Ich kündigte dies durch ein einziges Interview an und gab als Hauptgrund für meine gegenwärtige Untätigkeit die Schwindelanfälle an, die ausgelöst werden durch die Menieresche Krankheit, ein nicht sehr schweres aber sehr schmerzhaftes Gehörleiden.

Diese Erklärung stimmt. Zum großen Teil jedenfalls. Um die ganze Wahrheit zu sagen, müßte ich hinzufügen, daß ich begann, an mir selbst zu zweifeln, und daß mich die immer größer werdende Anstrengung, die mir meine Romane abverlangten, schließlich überforderte.

Hätte ich denn aber nicht versuchen können, mit weniger Intensität, mit weniger Raserei zu schreiben und meine Romanfiguren zu erschaffen, habe ich jetzt Lust zu fragen.

Ich habe nichts von meinen beruflichen Fähigkeiten

eingebüßt. Nach mehr als fünfzig Jahren verliert man so etwas nicht mehr. Ich hätte noch lange Zeit Romane schreiben können, ohne daß das Publikum den Unterschied zu den alten gemerkt hätte, aber ich, ich hätte gewußt, daß es irgendwie falsche Simenons gewesen wären.

Ich weiß nicht, warum ich heute morgen daran dachte, daß von all unseren Fähigkeiten das Gedächtnis die geheimnisvollste und wunderbarste ist.

Es zeichnet nicht nur unsere Erinnerungen auf, sondern es filtert sie auch, ohne daß wir etwas daran ändern können.

So daß wir nicht ein, sondern zehn, zwanzig, hundert Leben leben, alle mehr oder weniger verschieden. Ohne ersichtlichen Grund hakt in uns etwas aus, und schon erleben wir diese oder jene Begebenheit aus unserem Leben, vor allem aus unserer Kindheit, mit Abweichungen wieder.

Das stimmt so sehr, daß ich mich manchmal frage, ob das Ereignis, das ich so wiedererlebe, nicht realer ist als das, das ich einst in der wirklichen Realität erlebt habe.

Das große Geheimnis ist diese Filterung, die uns nicht bewußt wird, die sich aber in jeder Minute unseres Lebens vollzieht. Im Moment habe ich meinen Schreibtisch vor Augen. Ich sehe all seine Einzelheiten, ich mag seine Farbe, sein poliertes Aussehen, aber ist dieser Schreibtisch da wirklicher als der, an den ich mich eines Tages, ohne es zu wollen, erinnern werde?

Sind die Kindheitserinnerungen, die uns in verschiedenen Lebensaltern wiederbegegnen, wahrheitsgetreuer als diese Kindheitserlebnisse selbst?

Auch Tiere haben ein Gedächtnis, wie sich immer mehr herausstellt. Es wird behauptet, es sei weniger ausgeprägt, weniger vollkommen als unseres. Und dennoch ist der Zugvogel zu etwas fähig, was uns unmöglich ist: das Nest, das ihm im Vorjahr gehörte, aus einer Entfernung von Tausenden von Kilometern wiederzufinden.

Ein Vorteil der Untätigkeit, in der ich mich jetzt befinde, ist gerade dieses Wiedererleben mannigfaltiger und ganz verschiedener Leben. Sogar wenn etwas dabei ist, was man vergessen möchte.

Sollte unser Gedächtnis hellseherischer sein als wir selbst und die unnützen Bilder und Ereignisse eliminieren, um nur diejenigen zu bewahren, die von einer gewissen Bedeutung sind?

Ich glaube, gerade das Gegenteil ist der Fall. Ich habe zum Beispiel einige Monate lang eine große Liebe erlebt, die den Lauf meines Lebens hätte ändern können. Das war 1935 oder 1936. Ich war an Bord eines Passagierdampfers, der hübsch gemütlich aus Australien zurückkehrte. Auf ihm befand sich ein relativ unscheinbares Mädchen von etwas mehr als sechzehn Jahren, das mich betörte. Ich machte ihr hartnäckig den Hof, und es konnte nicht ausbleiben, daß Tigy, die an dieser Reise auch teilnahm, es bemerkte.

Sie hat sehr darunter gelitten. Aus Liebe? Ich bin mir da nicht sicher. Vielleicht aus Furcht, einen gewissen Lebensstil aufgeben zu müssen.

Die Überfahrt dauerte zweiundvierzig Tage. Danach haben wir noch miteinander korrespondiert, sie und ich, als sie in London war.

Ich war fest entschlossen, mich scheiden zu lassen, um sie zu heiraten.

Nun bleibt mir von ihr gerade noch ein Bild, und auch das ist verschwommen. Sie saß an Deck mit dem Meer ringsherum und nähte, wobei sie ihr Gesicht wie eine Schülerin vornübergebeugt hielt.

Außer meiner Mutter hatte ich wenige Frauen nähen sehen. Ist das also der Grund, warum mir das als einziges Bild im Gedächtnis geblieben ist?

Ich glaubte damals, etwas sehr Aufregendes zu erleben, mein Leben noch einmal aufs Spiel zu setzen, und ich habe alles in allem nur ein verschwommenes, über eine Näharbeit gebeugtes Gesicht übrigbehalten.

Dagegen ist mir ein anderes Bild sehr genau, sehr lebendig in Erinnerung geblieben, während es sich in Wirklichkeit doch um einen recht unbedeutenden Vorfall handelte.

Ich wohnte auf Tahiti. Ich hatte für das ganze Dorf ein Fest gegeben, den Punsch schöpfte man aus Fässern. Alle waren am Strand, der fast bis ans Haus heranreichte. Irgendwann bin ich in Begleitung einer jungen Tahitianerin ins Haus gegangen. Sie legte ihren Pareo ab, und wir haben uns geliebt.

Sie war es, die das leise Geräusch von Schritten vernahm. Mit einem Sprung, ohne zu zögern, war sie aus dem Fenster, immer noch nackt, und dies Fenster lag mehr als drei Meter über dem Boden.

Sie hatte sich in dem Geräusch der Schritte nicht getäuscht. Tigy kam nachsehen, was ich machte. Sie hat nichts gemerkt. Der Vorfall ist also ganz banal, blieb ohne Folgen. Dennoch sehe ich mit fotografischer Klarheit den nackten Körper der jungen Tahitianerin wieder vor mir, als sie sich leichtfüßig emporschwang, ohne darüber nachzudenken, wo sie auftreffen würde.

Das verschwommene Bild des Mädchens, das ich fast geheiratet hätte. Das stereoskopische Bild eines jungen Körpers, der zum Fenster läuft.

Wo findet diese Auswahl denn statt? Wer ist dafür verantwortlich?

Dies ist eine der paar Fragen, die mich verwirren, und ich habe keine Antwort darauf gefunden.

Letzte Nacht bin ich plötzlich aufgestanden und zur Tür gegangen.

»Wohin gehst du?«, hat mich T. gefragt.

Wie selbstverständlich habe ich geantwortet:

»Ich muß in die Schule.«

»Es ist noch nicht soweit. Leg dich wieder hin. Ich wecke dich rechtzeitig.«

Ich hatte geschlafwandelt. Ich habe mein ganzes Leben solche Anfälle gehabt. Als ich Kind war und bis zum Alter von siebzehn war ein Gitter an meinem Fenster. Mehrere Male haben mich meine Eltern buchstäblich im Nachthemd und mit bloßen Füßen auf der Straße aufgegriffen.

Zu jener Zeit kamen meine Anfälle sehr häufig. Die Ärzte sagten, daß das mit zunehmendem Alter vergehen würde.

Diese Anfälle sind auch wirklich seltener geworden, haben aber doch nie ganz aufgehört. Einmal, als ich etwa zwölf war, bin ich die zwei Stockwerke in die Küche hinuntergestiegen und habe noch einmal die gesamten Hausaufgaben gemacht, die ich doch am Abend bereits gemacht hatte. Ich war sehr überrascht, als ich am nächsten Morgen in meinem Heft zweimal die gleiche Hausarbeit vorfand.

Das Seltsamste daran ist, daß diese Dinge noch im

Alter von siebzig Jahren vorkommen. Es sind keine Anfälle, die von Ängsten begleitet werden. Sie kommen eher unerwartet, so wie das, was sich letzte Nacht abgespielt hat.

Meine vier Kinder sind Schlafwandler mit Unterschieden in der Häufigkeit und in der Intensität. Marc, mein Ältester, hat am meisten darunter gelitten. In Lakeville lief er mit aufgerissenen Augen im Haus herum und schrie:

»Ich bin tot ... Seht Ihr denn nicht, daß ich tot bin?«

Sein Sohn ist ebenfalls Schlafwandler. Alle haben auch mein Luftschlucken geerbt.

Das erinnert mich wieder daran, was ich vor einigen Tagen über unser Gedächtnis gesagt habe. Ich weiß nicht, ob ich mich wiederhole. Das kommt bestimmt vor, denn ich höre die besprochenen Bänder nie mehr ab, und ich habe auch *Als ich alt war* nicht noch einmal durchgelesen.

Diese Frage nach dem Gedächtnis hat mich immer sehr interessiert und sogar ein wenig erschreckt. Auch Jung spricht sehr oft davon, natürlich gelehrter als ich, ich bin ja auch kein Wissenschaftler.

Er spricht von dem, was er das Stammesgedächtnis nennt und was von unserem bewußten Gedächtnis ganz verschieden ist. Wie viele Spezialisten heutzutage spricht er auch von unserem primären Gehirn, einem Gehirn, das sich über die Jahrhunderte hinweg geformt hat, das so auf uns gekommen ist und über das wir keine Kontrolle haben.

Dieses Gehirn steuert dennoch eine gewisse Anzahl unserer Aktionen und Reaktionen.

Genau das erschreckt mich.

Wir leben in einer Gesellschaft, in der die Grundlage aller Institutionen auf der Annahme beruht, daß wir für all unsere Handlungen und Taten verantwortlich sind, abgesehen von ein paar schweren Fällen für den Psychiater, die von den Gerichten mehr oder weniger anerkannt werden. Wenn es überhaupt dazu kommt!

Also? Können wir wirklich behaupten, all unser Handeln sei bewußt und wir seien voll dafür verantwortlich?

Ich persönlich glaube es nicht, und ich erschrecke, wenn ich an die vielen, vielen Männer und Frauen denke, die verurteilt und hingerichtet wurden für Handlungen, derer sie sich gar nicht bewußt waren.

Schreiben! Ich meine, Romane schreiben, den Versuch, Romanfiguren zum Leben zu erwecken.

Warum?

Seit fünfzig Jahren plage ich mich damit herum, Menschen zum Leben zu erwecken, kurz, Menschen zu suchen, die meine Brüder sind.

Und erst heute habe ich die Antwort auf die Frage gefunden, die ich mir so oft gestellt habe: Warum schreibe ich?

Weil ich so lange Jahre unzufrieden war. Schon als Jugendlicher war ich unzufrieden. Auch danach bin ich es immer gewesen. Also habe ich mir eine Welt gesucht, wo ich so etwas wie einen Bruder finden würde. Diesen Bruder habe ich zweihundertvierzehn- oder zweihundertfünfzehnmal zu erschaffen versucht, ohne daß es mir gelungen wäre.

Und dann plötzlich war ich glücklich, fühlte mich im Einklang mit mir selbst, mit der Welt, mit einem Wesen, das keine Romanfigur war.

Und ich hatte es nicht nötig, einen zweihundertsechzehnten Roman zu schreiben.

Heute morgen habe ich davon gesprochen, daß ich in der letzten Nacht geschlafwandelt habe, als ich plötzlich aufgestanden bin, um zur Schule zu gehen. Es ist das erste Mal, daß ich so etwas geträumt habe, aber ich stelle doch seit einigen Monaten fest, daß ich im Traum ein Mensch ohne Alter bin. Durch den Schleier des Schlafes hindurch fühle ich mich jung. Geht das allen Menschen meines Alters so? Vielleicht. Ich weiß es nicht. Dies ist eine der Fragen, die wir unseren Freunden aus einer gewissen Scheu heraus nicht stellen.

Am selben Tag. Am selben Nachmittag.

»F. A.« Diese leicht zu enträtselnden Buchstaben könnten in vielen dieser Plaudereien auftauchen. Wenn ich sie heute hier erwähne, dann wegen meiner Entdeckung von heute morgen. Denn mehr und mehr scheint mir das eine Entdeckung zu sein, eine Entdekkung meines Ichs, meiner psychischen Beschaffenheit, das scheint mir auch die Erklärung dafür zu sein, warum ich mir diese spezielle Lebensform vor langer Zeit ausgesucht habe. Ausgesucht oder einfach nur hingenommen?

Ich spüre, daß mir diese Fragen noch im Kopf herumgehen und daß ich darauf zurückkommen werde.

Jetzt bin ich so angenehm entspannt, daß ich keine Lust habe, darüber nachzudenken.

Solange ich zurückdenken kann, habe ich immer, so gut es ging, das Wort Liebe vermieden. Es ist ja auch wirklich ein sehr unklares Wort, besonders im Französischen. Hier liebt man seine Frau, seine Kinder, die Pommes frites, das Autofahren, das Bridge- oder Boulespiel, was weiß ich?

Ich habe nach fünfzig Jahren endlich entdeckt, wo meiner Meinung nach das Wort Liebe wirklich hingehört. Insbesondere habe ich bemerkt, daß die Frauen, die dies Wort voller Leidenschaft oder Gefühl aussprechen, gar nichts für den Gegenstand dieser sogenannten Liebe empfinden.

Jetzt wäre es schwierig für mich, davon zu sprechen, und noch schwieriger, dies Wort, das ich schließlich hassen gelernt habe, zu gebrauchen. Tag und Nacht mit jemandem zu leben, die Tatsache, daß aus einer Stunde Trennung fast ein Drama wird und sogar den körperlichen Zustand beeinflußt, die Tatsache, den Mund zu öffnen und eine andere Stimme das sagen zu hören, was man selbst gerade sagen wollte, die Tatsache auch, keinerlei Hintergedanken mehr zu haben, die Aufrichtigkeit der Kindheit wiederzufinden, dem zu begegnen hatte ich das Glück, das ich schon nicht mehr zu erhoffen wagte.

Wenn ich gesagt habe, daß ich das nicht mehr zu erhoffen wagte, so ist das nicht einfach so dahergeredet. Man wird nicht so alt wie ich, ohne eine große Anzahl mehr oder weniger provisorisch oder endgültig zusammengefügter Paare getroffen zu haben.

Dieser Art von Gemeinschaft, so wie ich sie heute erlebe, bin ich nie begegnet.

Ich bin von meiner zweiten Frau nicht geschieden, weil dies zu viele Komplikationen mit sich brächte. Sie ist aus meinem Leben verschwunden, außer was die Schecks und die Anwälte betrifft.

Ich habe das Glück zu spüren, wie die Zeit in vollkommener Sicherheit vergeht, in einer Harmonie, die rund um die Uhr dauert.

Dies ist keine senile Leidenschaft. Ganz im Gegenteil. Aber, lieber Himmel, warum mußte ich bloß so lange Jahre auf das warten, was ich über alles andere stelle: die Heiterkeit.

Vor langer Zeit haben mich manche den Schriftsteller der Einsamkeit genannt. Und wenn ich versuche, mich halbwegs an die Romane zu erinnern, die ich geschrieben habe, glaube ich wirklich, daß die meisten meiner Figuren geplagt waren von der Unfähigkeit, sich mitzuteilen.

Darin eingeschlossen *Maigret et Monsieur Charles*, den letzten, der vor mehr als einem Jahr geschrieben wurde.

Wenn ich noch schreiben würde, würde man mich zweifellos den Romancier des Paares nennen. Würden sich die Leser dann noch in meinen Protagonisten wiedererkennen?

Gestern hat mich meine Tochter voller Freude angerufen, um mir mitzuteilen, daß sie ihre Prüfung am »Cours Simon« bestanden hat. Sie hat gesagt, sie besucht mich in zwei Wochen.

Sie lebt jetzt seit mehr als einem Jahr allein in Paris, und ich lasse ihr jede Freiheit. Es kann vorkommen, daß sie mehr als einen Monat nichts von sich hören läßt. Wenn wir beisammen sind, erzählt sie mir allerdings fast zuviel, mit Einzelheiten, die ich lieber gar nicht hören möchte.

In der Zeitung lese ich gerade, daß Marc Mitte August einen Film anfängt. Von ihm habe ich seit Ostern weder einen Brief noch einen Anruf bekommen.

Johnny hat mich vor vierzehn Tagen aus Kalifornien angerufen, um mir mitzuteilen, daß er hervorragend abgeschnitten hat: In Kalifornien haben sie an keiner Universität je einen Studenten gehabt, der Johnnys Punktzahl erreicht hätte. Er ist offiziell in Harvard aufgenommen, was nicht einfach ist, und er müßte dort nach den Ferien anfangen.

Am Montag erfahre ich, an welchem Tag er kommt. Heute, am Mittwoch, habe ich ein etwas rätselhaftes Telegramm erhalten, in dem steht, daß seine »Romanze« weitergeht und er ganz gewiß Mitte nächster Woche kommen wird.

Dies alles ist für mich wie eine Art formloser Brei. Da und dort geschehen Dinge, die mich nur als verformte Echos erreichen, wenn sie mich überhaupt erreichen.

Dennoch habe ich meine Kinder frei erzogen. Sie haben mir immer sagen können, was sie mir zu sagen hatten, ohne daß ich versucht hätte, ihnen hineinzureden.

Jetzt habe ich das Gefühl, überflüssig zu sein und sogar, um diese unangenehme Idee weiterzuspinnen, das Gefühl, daß sie glücklicher wären, wenn ich nicht mehr lebte und sie schon heute ihr Erbteil bekämen.

Das macht mich nicht traurig. Das ist eine Situation, die ich immer vorausgesehen habe. Glücklicherweise habe ich mir mein kleines Leben zu zweit gezimmert, das alles wieder gutmacht.

Ich werfe ihnen also nichts vor. Ich gewöhne mich daran, mit ihnen nicht mehr »unter einer Decke zu stekken« und unterschreibe die Schecks, die sie von mir verlangen. Das geht eigentlich wie am laufenden Band. Gestern hat mir der Anwalt meiner Frau geschrieben, daß sie unbedingt ein neues Auto braucht.

Sie soll es haben. Ich habe kein Auto mehr, und ich war noch nie so glücklich wie jetzt.

Ich denke an ein Wort, das am Giebel zahlreicher offizieller Gebäude steht: FAMILIE.

Meine Familie beschränkt sich gegenwärtig auf zwei Personen, T. und mich.

Dies alles sei ohne Bitterkeit, ohne Hintergedanken gesagt, denn ich weiß, ich habe immer gewußt, daß das die Natur des Menschen ist.

T. sitzt neben mir. In einer Stunde wird sie noch dasitzen. Sie wird beim Mittagessen da sein, auch bei der

Mittagsruhe. Bei unserem Nachmittagsspaziergang heute werde ich mich bei ihr einhaken, und später dann werden wir ganz einfach und zärtlich miteinander einschlafen.

Ich weiß nicht, wieviele Jahre oder Monate mir noch bleiben. Ich habe beschlossen, daß diese Monate, diese Jahre mir gehören sollen, anders ausgedrückt, uns gehören sollen, T. und mir, vollkommen und uneingeschränkt.

Vor einem Jahr kam ein Film über die Mafia heraus mit dem Titel *Der Pate*, und dieser Pate war gewissermaßen der Patriarch, der unwidersprochen seine Familie und die angeheirateten Verwandten der Familie beherrschte.

Im Dezember sagte mir eins meiner Kinder, auf sehr nette Art übrigens:

»Du erinnerst mich an den ›Paten‹.«

Aber nein, ich bin nicht der »Pate«, ich bin es nicht mehr. Ich bin nicht mehr der Patriarch. Ich habe meine eigene Persönlichkeit wiedererlangt und das Recht auf mein eigenes Leben.

Ich komme jetzt und auch weiterhin allen meinen Pflichten nach.

Aber im Grunde bin ich ein »Pate« im Ruhestand geworden.

Von den Leserbriefen, die ich erhalte, kommen die meisten von Ärzten, Psychiatern, Psychoanalytikern. Und dies schon seit vielen Jahren.

Heute morgen habe ich einen bekommen, der mich sehr viel mehr überrascht hat als alle übrigen. Der Absender hat in einer Zeitung gelesen, daß ich wegen meiner Schwindelanfälle aufgehört habe zu schreiben. Er schreibt mir unter anderem, er wolle sich nicht in mein Privatleben einmischen, aber ich müsse im Laufe der letzten Jahre große persönliche Schwierigkeiten gehabt haben.

Das ist wahr. Es waren aber nicht nur ein paar Jahre, sondern mehr als zehn Jahre, wenn nicht noch mehr. Eines Tages werde ich mich entschließen müssen, mehr darüber zu erzählen, obwohl ich aus Prinzip keinen anderen hier hineinziehen will. Aber da sind meine Kinder, meine Enkel, die ein Anrecht auf die Wahrheit haben.

Das ist ein Thema, auf das einzugehen ich noch nicht den Mut habe.

Noch etwas anderes verblüfft mich in dem Brief von heute morgen. Ich weiß nicht, wie alt der Absender ist. Er hat drei Gehirnoperationen hinter sich. Er ist halbseitig gelähmt. Das hindert ihn aber nicht daran, seine Patienten von morgens acht bis abends um zehn zu behandeln, mit nur einer kurzen Mittagspause.

Er ist von vollkommener, um nicht zu sagen außergewöhnlicher Hellsichtigkeit. Er kann nur mit einer Hand Maschine schreiben, und er schafft das ohne einen Tippfehler.

Das ermutigt mich. Gleichzeitig beschämt es mich ein wenig, da ich selbst alles so habe laufen lassen.

Ich habe einen schlimmen Tag hinter mir, vor allem die erste Hälfte. Ich habe nämlich zum dritten Mal in meinem Leben einen Darmverschluß gehabt. Ich wollte mich eigentlich ins Krankenhaus fahren lassen. Wenn ich es nicht getan habe, dann deshalb, weil ich gesehen habe, daß T. der Situation so gewachsen war, wie es kein Arzt und keine Krankenschwester gewesen wären.

Ich stelle mir vor, was dieser Tag für sie gewesen sein muß. Nicht einen Augenblick habe ich an ihrer Tüchtigkeit oder ihrer Liebe gezweifelt, beide sind eng miteinander verbunden. Jetzt beginnt der Abend. Wir gehen bald ins Bett. Ich hoffe, daß sie bei dem Versuch, mir, koste es, was es wolle, einen Schock zu ersparen, selbst nicht einen zu großen Schock erlitten hat.

Sie, sie hat es geschafft.

Ich meinerseits frage mich, ob ich es schaffen werde, ihr begreiflich zu machen, daß dieser Tag, der zeitweise doch so mühsam war, für mich ein einziges Liebeslied gewesen ist. Ich habe ihr schon zweimal gesagt, nicht heute, sondern bei einer anderen Gelegenheit, daß ich mich ihr gegenüber wie ein Egoist verhalte. Das stimmt auch. Ich glaube nicht, daß ich ein egoistischer Mensch bin. Aber ich nehme doch ihre ganze Liebe und ihre Opferbereitschaft, durch die sie mich glücklich machen will, an.

Ein regnerischer, ungemütlicher Sonntag nach dem mühseligen Tag von gestern. Ich fühle mich ganz schlapp. Ich habe kaum die Kraft, meine Zeitung zu lesen. Ich laufe mühsam in der Wohnung herum. Ich lege mich ein paar Minuten hin und stehe fast sofort wieder auf. Zu allem Überfluß habe ich auch noch Schmerzen im Kopf und in fast allen Gelenken.

Ich weiß aus Erfahrung, daß ein Tag wie dieser mir später eine sanfte, volle Erinnerung an enges Zusammenleben schenken wird.

Es wird wohl allen so gehen. Mit der Zeit sind die schmerzlichen Augenblicke, die ich einmal erleben mußte, trotz ihrer Grautöne süß und genußvoll geworden.

Warum also nicht gleich damit anfangen, anstatt sich mühsam hinzuschleppen und zu schimpfen?

Aber nur die Zeit kann unsere Erinnerungen läutern. In zehn Tagen, in einem Jahr wird dieser Tag wahrscheinlich zu meinen angenehmsten Erinnerungen gehören.

Es ist doch komisch, älter zu werden! Jahr um Jahr lebt man, als ob dies nie geschehen dürfe oder genauer gesagt, als ob man eines Tages ein Alter erreichte, in dem nichts mehr zählt.

Wie Millionen von Menschen wissen, verhält es sich gar nicht so. Ich meinerseits weiß nicht mehr, wie das bei mir angefangen hat. Vielleicht doch. Ich gewöhnte mich daran, jedes Jahr nur noch vier Romane zu schreiben statt sechs.

Dann habe ich mich entschlossen, nicht mehr selbst zu fahren, sondern mich chauffieren zu lassen, weil ich immer zerstreuter wurde.

Dann habe ich wegen einer Arthrose im rechten Fuß auf das Golfspielen verzichten müssen.

Seltsam an dieser Sache ist, daß man nicht weiß, wann man verzichten muß. Eines Morgens habe ich wie gewöhnlich Golf gespielt. Nachmittags habe ich beim Treppensteigen einen Schmerz im rechten Fuß gespürt. Ich bin zu einem Spezialisten gegangen, der mir verboten hat weiterzuspielen.

Aber dieses letzte Mal, wann war das? Es gibt für alles ein letztes Mal. Ein letztes Mal, daß man bestimmte Dinge erlebt, die man nicht noch einmal erleben wird. Ich fliege nicht mehr. Aber wann bin ich zum letzten Mal geflogen? Ich steige nicht mehr in mein Schwimmbecken, das zusammen mit meinem Haus in Épalinges verkauft werden soll. Wann aber bin ich dort zum letzten Mal geschwommen?

Ebenso gibt es Dinge, die wir ganz automatisch tun und von denen wir annehmen, daß wir sie unser Leben lang tun werden, die dann aber plötzlich aus unserem Dasein verschwinden.

Das letzte Mal, daß ich getippt habe?

Das letzte Mal, daß ich Briefe von Hand geschrieben habe?

So viele letzte Male, die sich langsam ansammeln und die in Wahrheit das Altern ausmachen.

Es wird noch andere letzte Male geben, aber welche, will ich gar nicht wissen, ich will sie nicht vorhersehen, ich will sie nicht kommen sehen.

Es ist immer noch Zeit, verzichten zu müssen, wenn es soweit ist. Zehn-, zwanzig-, fünfzigmal hintereinander zu verzichten, manchmal widerstrebend, manchmal weniger.

Im ganzen gesehen vollzieht sich das ohne innere Erschütterung, und es ist auch nicht besonders unangenehm. Ich würde sogar sagen, man verspürt ein gewisses Gefühl der Befriedigung dabei. Ich weiß, daß morgen kein Trupp von Fernsehleuten mein Haus überfallen und alles auf den Kopf stellen wird. Ich weiß, daß kein Journalist mir Fragen stellen wird, auf die ich lieber nicht antworten möchte. Ich weiß, daß ich nicht zu einem Essen, einem Empfang, einem Cocktail gehen werde.

Die Leute sind sehr nett zu den Greisen. Sie lassen einem den Vortritt. Sie passen auf, um einen nicht anzurempeln. Und sie geben einem allerlei nettes Spielzeug, um einen für die entschwundenen Freuden zu entschädigen.

Die Universität von Pavia hat mich zum Doktor honoris causa ernannt. Da mein Vater nicht sehr gesund war und früh gestorben ist, habe ich aber nur vier Jahre die Oberschule besucht.

Die Universität von Lüttich hat mir ihrerseits denselben Titel verliehen.

Vor fünf Jahren noch hätte ich an diesen Zeremonien teilgenommen. Jetzt findet das ohne mich statt, fern von mir, in einem abstrakten Raum.

Ich hätte fast Lust, so als Paradoxon zu verkünden, daß das Altern die Bewegung auf die Abstraktion hin ist.

Auf jeden Fall lohnt es sich, jede Minute zu erleben, sie auszukosten.

Natürlich reißen die kleinen Wehwehchen nicht ab.

Die Jüngeren sehen einen Greis, der vielleicht behindert ist, aber dennoch an seinem Leben hängt. Was sie dabei nicht begreifen, ist, daß das Leben trotzdem rundherum gut ist, aber sie sind sich dessen noch nicht bewußt, und sie verschwenden es.

Später, sehr viel später verschwendet man nicht mehr.

Es war während der ersten Dezembertage zu Beginn der zwanziger Jahre. Welches Jahr es genau war, weiß ich nicht mehr. Ich habe die Jahre noch nie richtig zählen können.

Wie dem auch sei, ich mußte noch einige Tage Militärdienst hinter mich bringen, bevor ich Lüttich verlassen und nach Paris fahren konnte. Diese paar Tage verbrachte ich, wie die Monate vorher übrigens auch, in Zivil bei der *Gazette*.

Man hatte mich nach Antwerpen geschickt wegen einer Reportage, für die ich nur sehr wenig Zeit brauchte. Zufällig lief mir irgendeine entfernte Kusine über den Weg, und wir verbrachten den größten Teil des Nachmittags zusammen in einem Hotelzimmer.

Ich fuhr dann wieder mit dem Zug zurück. Auf dem Bahnsteig sah ich sofort meinen zukünftigen Schwiegervater und meine Verlobte, die dort auf mich warteten. Ich verstand. Ich weinte nicht. Ich erstarrte, und ich bin überzeugt, daß mein Gesicht ausdruckslos war.

»Wo?«, habe ich gefragt.

»In seinem Büro. Als er allein war.«

Ich wollte von niemandem begleitet werden. Die Beziehungen zwischen meiner Mutter und denen, die meine angeheirateten Verwandten werden sollten, waren nicht sehr herzlich. Außerdem mußte ich allein sein.

Es muß gegen sieben Uhr abends gewesen sein. Die Straßen waren erleuchtet. Wie gewöhnlich trug ich einen alten Regenmantel, und ich ging schnell, mit den Händen in den Taschen, und ich rauchte dabei meine Pfeife.

Als ich mich dem Haus in der Rue de l'Enseignement näherte, bemerkte ich einige Gruppen von Neugierigen oder Nachbarn. Ich trat ein und sah links sofort meinen Vater in seinem Bett liegen. Er war ein Mann von einem Meter sechsundachtzig. Wie er so leblos dalag, erschien er noch größer.

Ich mußte mich selbst überwinden, um heranzutreten und seine Stirn mit meinen Lippen zu berühren. Daraufhin stieg ich, ohne mit meiner Mutter oder meinem Bruder gesprochen zu haben, in mein Zimmer im zweiten Stock hinauf, wo ich anfing, hin und her zu laufen.

Habe ich an diesem Abend etwas gegessen? Wie ist er vorübergegangen?

Dies alles vermischt sich in meiner Erinnerung, wie auch der nächste und übernächste Tag.

Was ich dann wieder vor mir sehe, ist das Begräbnis, Tanten, Onkel, Vettern, Kusinen, Nachbarn, sie alle waren da, warteten und beobachteten mich.

Ich vermied es, sie ihrerseits anzuschauen. Man hätte mich sonst für schuldig halten können.

Die Leichenwagen wurden noch von Pferden gezogen, und die Familie ging hinterher. Wir sind sicher an der Kirche Saint-Nicolas vorbeigekommen, aber davon ist mir kein Bild geblieben, nicht einmal der Geruch des Weihrauchs.

Was ich höre, ist das Knirschen des Kieses auf dem Friedhof, die unendlichen Alleen bis hin zu dem Teil, den man den neuen Teil hätte nennen können, weil die Gräber dort gerade erst ausgehoben worden waren.

Als der Sarg unten in der Grube war, habe ich alle herumliegenden Blumen genommen und sie hineingeworfen.

Wonach ich dann regelrecht die Flucht ergriffen habe. Ein Vetter, der älter war als ich, wollte mich einholen, hat es aber nicht geschafft.

Vom Rest des Tages weiß ich nichts mehr.

Was eigentlich dominiert, ist das erstarrte Gesicht meines toten Vaters und die Kälte seiner Stirn.

Dies alles möchte ich meinen Kindern ersparen. Ich möchte, daß sie mich nicht tot sehen, daß dann nur zwei Personen bei mir sind: erstens T., die mir die Hand halten wird, und Dr. C., der mir, wenn nötig, durch eine Spritze helfen wird.

Das Krematorium ist hundert Meter entfernt. Keinen Trauerzug. Kein Defilee. Erst recht keine Ansprachen, und bei der Verbrennung niemand außer T.

Wenn ich heute hieran denke, dann nicht aus Pessimismus, sondern weil das Bild meines Vaters mir wieder eingefallen ist, und weil ich möchte, daß meine Kinder von mir das Bild eines Lebenden im Gedächtnis behalten, den sie gekannt haben, und nicht das eines Toten.

Hiernach ist es nun mein innigster Wunsch, daß dies erst in zehn oder zwanzig Jahren geschehen möge.

Mitten im Leben hält man den Tod gern für ein weit entferntes Unglück. Nach und nach fängt man an, ihn sich etwas mehr aus der Nähe zu betrachten. Wichtig ist, ihn ohne Furcht zu betrachten und dabei bis zum letzten Moment alles zu genießen, was uns das Leben schenkt.

Genau das tue ich ruhig und ganz wie von selbst.

Und deshalb bin ich glücklich.

Da ich 1903 geboren bin, habe ich noch das Ende der Zeit erlebt, die man die Belle Epoque genannt hat und die im großen und ganzen mit Beginn des Krieges von 1914 zu Ende ging. Mein Vater trug einen Zylinder, wenn er ins Büro ging. In den Straßen sah man zu bestimmten Tageszeiten die Bergarbeiter mit schwarzen Händen und Gesichtern, mit weißen Augen, geblendet von der Sonne, die sie plötzlich wiedererblickten.

Andererseits gab es die Wohlhabenden und sogar sehr Reichen, die, die nur erster Klasse reisten, die im Ritz oder im Crillon abstiegen und ihre nächtlichen Ausflüge im Maxim's beschlossen.

Bisweilen wurde ein Trupp Streikender plötzlich von berittenen Polizeibeamten mit gezogenem Säbel überfallen.

Das sind Bilder, die sich in mein Gedächtnis eingegraben haben.

Die zweite Epoche, die ich erlebt habe, war die Epoche des Montparnasse, die Maler und Dichter, die aus der ganzen Welt gekommen waren, Männer, deren Bilder heute für eine Million Dollar verkauft werden und die sie damals für einen Kaffee und ein Hörnchen eintauschten.

Auch dort floß der Reichtum, der aus Amerika, wie eine Flut, die Perlenschnüre, die fast bis zum Knie reichten, die Gigolos, die alle mehr oder weniger wie Argentinier aussahen und die ihrer Beute bei den Tanztees auf den Champs-Elysées auflauerten.

Die Männer trugen keine Zylinder mehr. Die Bergarbeiter hatten immer noch keine Duschen. Nachts sah man Wesen wie aus der Apokalypse halbnackt vor den klaffenden Mäulern der Hochöfen arbeiten.

Trotzdem geschah etwas, mußte etwas geschehen.

In den Ländern Afrikas, Asiens, Lateinamerikas, die ich besuchte, waren die Eingeborenen primitiv geblieben.

Dennoch gab es aber auch da die mit Epauletten und Orden geschmückte, vollgefressene Rasse der Militärs und der Intelligenzija.

Das hat zwanzig Jahre gedauert, dann kam ein neuer Krieg. Dann eine neue Nachkriegszeit. Auf die Belle Epoque, auf die Epoche vom Montparnasse folgte die Epoche von Saint-Germain-des-Prés mit ihren dunklen Kellern, ihren oft sehr begabten jungen Leuten, die nur von ihrer Musik und ihrer Gitarre lebten.

Die aßen, wenn sie gerade etwas hatten, und schliefen oft zu viert oder fünft in einem Zimmer.

Die Polizei mochte sie nicht. Die Polizei hat ungewaschene, schlechtangezogene, unterernährte Leute, die nur ihre Träume verwirklichen wollen und sich um alles andere einen Dreck kümmern, nie gemocht.

Saint-Germain ist zu Ende. Eine andere Epoche hat begonnen, wie ich an meinen Kindern erlebe. Wie wird die werden? Wo wird die hinführen?

Zu einer scheinbar viel größeren Freiheit sicherlich. Zu einem aus materieller Sicht sorgloseren Leben. Ihre

Motorräder und Mopeds rasen durch die Städte und machen abends die Landstraßen unsicher.

Ist das gut? Ist das schlecht? Oder sollen wir zu den Gendarmen zurückkehren, die mit blankem Säbel über die Männer herfielen, die gerade zwölf Stunden hintereinander im Bergwerk gearbeitet hatten?

Erst wenn diese neue Generation vierzig oder fünfzig Jahre alt ist, wird sie uns die Antwort geben.

Vorgestern gab es in Paris eine Demonstration faschistischer oder mit den Faschisten sympathisierender Studenten. In Italien, wo die Partei viel von ihrer Stärke und ihrem Einfluß wiedergewonnen hat, kann man sie gar nicht mehr zählen. In den Vereinigten Staaten erhebt die Rechte wieder ihr Haupt, und die Hippies sind zu einer unbedeutenden Randgruppe geworden.

In den Ländern Südamerikas ist es ebenso. Wir sind weit von der vielleicht etwas naiven Zeit entfernt, wo der Präsident der Französischen Republik in Cut und Zylinder Chrysanthemenausstellungen eröffnete.

Ich habe mehr als zwanzig Jahre in Paris gelebt, ohne einen Wagen der Polizei oder der C.R.S. in der Stadt zu sehen. Ist dies heute noch möglich?

Ich habe gerade von einem meiner Kinder einen Brief erhalten, der mich sehr getroffen hat. Weniger durch das, was seine Worte ausdrücken als durch die Untertöne, die in ihm mitschwingen.

Natürlich bin ich glücklich über das Einvernehmen, das unter den Meinen herrscht. Dieses Einvernehmen nimmt jedoch, so scheint mir, mehr und mehr den Charakter einer Art Freimaurerei an.

Es ist, als wenn sich neben dem familiären Kern ein neuer Kern bildete.

Niemand spricht offen und ehrlich zu mir. Im Gegenteil, was ich dem einen oder anderen sage, wird sofort verzerrt und ungenau weitergegeben.

Das führt zu Mißverständnissen.

Ist es nicht in allen Familien so? Ich bin jetzt der Alte. Sie sind jetzt die Jungen, und ich bin nicht mehr sehr wichtig.

Aber ist es nicht eine Illusion, wichtig sein zu wollen?

Ein Mensch bleibt wenigstens bei mir. Wir brauchen uns nicht zu unterhalten, um uns zu verstehen. Das ist das große Glück, das ich in meinem Leben erfahren haben werde.

Seit zwei Tagen habe ich jetzt ohne ersichtlichen Grund Lust zu weinen. Ist das der Anfang der Senilität? Um zehn Uhr heute morgen war ich noch deprimiert. Um fünf nach zehn kam ein Brief für T. Er enthielt die ersten Fotos ihres zwei Monate alten Enkels, die zeigen, wie er gerade die Arme nach seinem Vater ausstreckt.

Das hat genügt, um mich wieder aufzuheitern. Heute morgen unheimlicher Schwindel, ohne daß ich wußte, warum. Ich habe eine ausgezeichnete Nacht hinter mir. Ich habe mich geduscht, angezogen und am Arm von T. einen kurzen Spaziergang gemacht. Ich hätte nicht gewagt, allein zu gehen.

Schwindlig ist mir jeden Morgen eine oder zwei Stunden lang, aber das nenne ich eher Schwindelzustände.

Heute waren es richtige Schwindelanfälle, und die machen mir Angst.

Das Ulkigste an der Sache ist, daß ich das sofort wirkende Heilmittel in meiner unmittelbaren Nähe habe. Der Arzt hat es mir selbst empfohlen. Ich brauche nur ein oder zwei Gläser Champagner zu trinken oder ein einfaches Glas Bier, damit der Schwindel aufhört.

Das geht ein paar, zehn, zwölf, vierzehn Tage lang gut. Dann habe ich das Gefühl, daß mein gesamter

Organismus nicht mehr funktioniert, und der Schwindel fängt wieder von vorn an.

Ich muß also jeden Morgen nein sagen. Das ist schwieriger, als es scheinen mag.

Heute morgen gegen zehn lag ich ausgestreckt auf meinem Bett. Die Gardinen waren zugezogen, die Fensterläden aber standen offen, so daß heller Sonnenschein wie durch ein Filter in mein Zimmer drang. Es sind Vorhänge mit kleinen Blümchen, wie es zu unserer Wohnung paßt.

Ich glaube nicht, daß ich geschlafen habe. Ich bin trotzdem etwas eingedöst, und mein Geist glitt hin zu anderen Bildern, mein Körper hin zu anderen Empfindungen.

Da war zuerst das dumpfe Rauschen der Stadt, das nur sehr gedämpft zu uns in den achten Stock heraufdringt. Es waren verworrene Töne, aus denen manchmal ein schrilleres Geräusch herausklang.

Ich lag auf dem Rücken, ganz flach, und alle Türen unserer Wohnung standen offen.

In einem der Häuser, in denen ich mit etwa sechzehn gewohnt habe, in der Rue de l'Enseignement in Lüttich, gab es einen Hof, einen etwa fünfzehn Meter langen Garten mit ganz hinten ein paar weißen Hühnern und einem Hahn.

Heute morgen habe ich, ich weiß nicht warum, den Garten wiedergesehen, wo ich aus einem mir unbekannten Grund in dem Korbstuhl meines Vaters saß. Ich war selten zu dieser Tageszeit zu Hause.

Die Luft war warm, aber eine leichte Brise kam zu mir her, und ich hätte schwören können, daß meine

Mutter in der Wohnung herumlief und den Haushalt machte. Aber es war T., ich wußte es, und meine Gedanken folgten träge ihren Schritten; dabei erriet ich an den leisen Geräuschen, was sie gerade tat.

Ich weiß nicht, wie lange das gedauert hat. Es war wundervoll, ein Hauch aus meiner Jugendzeit und gleichzeitig aus der Gegenwart, die sich verbanden und ein lustvolles Ganzes ergaben.

Freud war achtundsechzig oder neunundsechzig, ich weiß es nicht mehr genau, als er Kieferkrebs bekam. Um sein genaues Alter herauszufinden, brauchte ich eigentlich nur die zwei Meter in mein Arbeitszimmer hinüberzugehen und einen Blick in den Briefwechsel zu werfen, der in meinem Bücherschrank steht. Diese Einzelheit fällt mir auf, da ich nicht weiß, ob diese Ungenauigkeit daher kommt, daß ich faul bin oder einfach eine Art Widerwillen gegen genaues Zitieren habe.

Niemals, weder für einen Roman noch für einen anderen Text, habe ich je eines der Bücher aus meinem Bücherschrank aufgeschlagen. Wenn es sein muß, bleibe ich lieber bei ungefähren Angaben. Manche werden mir das vorwerfen, und ich will gar nicht behaupten, daß sie im Unrecht sind.

Jedenfalls war er achtundsechzig oder neunundsechzig. Man hat ihn schnellstens ein erstes Mal operiert. Er hat noch fast zehn Jahre gelebt und sich nacheinander sieben- oder achtmal operieren lassen.

Er trug eine Spezialprothese, sprach aber dennoch nur mühsam, und zu essen war noch schwieriger für ihn.

Während dieser Jahre hat er es nichtsdestoweniger fertiggebracht, Österreich unter schwierigen Bedingungen zu verlassen und sich in London anzusiedeln. Ich glaube, in seinem ganzen Leben hat er nie so viel geschrieben, unter anderem Briefe an seine Kollegen und Schüler. Und er empfing und behandelte seine Patienten weiter.

In seinen Briefen keine Klage. Auf seinem Gesicht keine Trauer, keine Angst, auf einigen kaum etwas Verbitterung, wenn man Fotos von ihm aus dieser Zeit betrachtet.

Um den Geisteszustand eines Mannes zu beschreiben, dem sein Arzt gerade mitgeteilt hatte, daß er nur noch einige Monate zu leben habe, ließ ich in einem meiner Romane diesen selben Mann sagen:

»Ich befinde mich jetzt also im Zustand der Krankheit.«

Ich befinde mich eigentlich nicht im Zustand der Krankheit. Ich habe kein organisches Leiden. Ich leide nur unter Schwindelanfällen. Ich kann nie voraussehen, wann sie kommen. Wochenlang merke ich nichts davon. Ein andermal kommen sie hintereinander und dauern den ganzen Tag.

Dies ist nicht unerträglich. Es ist kein richtiger Schmerz. Trotzdem ist es unangenehm.

Ich glaube nicht, daß meine Laune oder meine Freude am Leben, ich möchte sagen, mein Lebenshunger, sich im geringsten geändert hat.

Wenn ein Schwindelanfall eine Stunde dauert, weiß ich, daß ich anschließend mit Erleichterung all meine täglichen Freuden wiedererleben werde. Im Gegenteil, ich koste sie dann nur noch mehr aus.

Es ist ein ganz leichter Fall. Aber dadurch kann ich

die letzten Jahre Freuds wie die vieler anderer Kranker besser verstehen.

Die kleinste Besserung, wenn sie auch nur ein paar Stunden dauert, reicht aus, um ihnen die Kraft oder die Geduld zu geben, ihre Schmerzen zu ertragen.

Das ist fast ein Wunder, dies Fehlen von Mutlosigkeit, dies Bedürfnis, diese Kraft, sich am Dasein festzuklammern.

Man braucht nicht wirklich krank zu sein, um das zu verstehen. Zahnschmerzen reichen schon.

Seit einigen Jahren spricht man viel über Sexualität. Das ist ein Thema, das immer wieder in Zeitungen, Zeitschriften, ja sogar in wissenschaftlichen Werken abgehandelt wird.

Vielleicht werden die Erinnerungen, die ich jetzt hier wachzurufen versuche, einen ganz kleinen Beitrag zu dieser Frage leisten.

Ich habe in meinem Leben zu vielen Frauen aus allen Ländern, aus allen Kontinenten Beziehungen gehabt. Mehrmals habe ich geliebt oder zu lieben geglaubt. Wenn mein Gedächtnis nun gewisse Erinnerungen wieder hervorholt, so sind das nicht die, auf die ich gefaßt gewesen wäre.

Die lebendigste Erinnerung stammt von 1933 aus Warschau. Ich war auf einer Europareise. Ich kam gerade aus Berlin. Eines Nachmittags, als ich allein auf einer belebten Straße daherging, sah ich hinter einer Toreinfahrt eine Gestalt. Es war eine junge, üppige blonde Frau, die mir verlockend erschien, und so trat ich unter die Wölbung.

Sie führte mich in ein hübsches Zimmer im zweiten Stock, und dort stellte ich fest, daß diese junge Frau eine der schönsten, anziehendsten war, die mir das Schicksal beschert hat.

Wir müssen eine Stunde zusammen gewesen sein.

Kaum mehr. Heute, vierzig Jahre später, sehe ich sie gewissermaßen in allen Einzelheiten wieder vor mir, und ich schwöre, sie war es, die die stärkste sexuelle Erregung meines Lebens in mir hervorgerufen hat.

Die andere Erinnerung ist sehr verschieden. Ich war in Paris. In der Rue Saint-Sulpice stand ein schmales, gastliches und sehr ordentliches Haus, wenn ich so sagen darf, in dem Sinn, daß nur eine diskrete und wohlerzogene Kundschaft dort verkehrte.

Manchmal schaute ich hier herein, wenn ich in der Nähe war. Eines Tages stand ich einer phantastischen Negerin gegenüber. Ich war gerade in ganz Afrika herumgereist. Ich hätte also abgestumpft sein müssen.

Diese Negerin nimmt den zweiten Platz in meinen sexuellen Erinnerungen ein, wenn ich so sagen darf.

Anders ausgedrückt, weder die Triebkräfte in uns noch unsere Freuden werden uns bewußt.

Vor diesen beiden so elementaren und scheinbar so banalen Erinnerungen verblassen für mich alle anderen.

Johnny ist gerade eine Woche bei uns gewesen. Vor einer halben Stunde ist er zu Marc nach Frankreich gefahren, und vielleicht klingt es empörend, wenn ich sage, daß diese Abfahrt für mich eine Erleichterung gewesen ist. Trotzdem ist es die Wahrheit.

In Kalifornien hat er an der Universität außergewöhnlich gute Zensuren bekommen. Im nächsten Semester setzt er sein Studium in Harvard fort. Kurz, was diesen Punkt anbelangt, bin ich, was man einen »glücklichen Vater« nennt.

Aber eine Woche lang hat sich in meiner Wohnung alles um ihn gedreht. Angeblich wollte er mich besuchen. Ich glaube, daß ich alles in allem nicht länger als eine Dreiviertelstunde mit ihm allein war.

Wenn ich aus diesen Gesprächen wenigstens etwas über sein Leben erfahren hätte!

Seine größte Sorge war, jeden Abend in Kalifornien anzurufen und mit seiner Freundin zu sprechen, die den August mit ihm in Frankreich verbringen will.

Wenn er nicht mit Kalifornien telefoniert hat, hat er mit Marc telefoniert, der jetzt bald einen Film anfängt und bei dem er den Juli verbringen will.

Ich bin keiner von den Vätern, die darauf Wert legen, daß ihre Kinder sich zu langen Besuchen bei ihnen verpflichtet fühlen. Ich lasse ihnen jede Freiheit. Vielleicht sollten sie auch meine respektieren?

In der Avenue de Cour, meinem Ruhesitz, wie ich es nennen kann, haben wir nur Iole; sie hat sich bereit erklärt, Köchin zu spielen, nachdem sie in Épalinges lange Pierres Kindermädchen war.

Eine Aufwartefrau kommt jeden Morgen und hilft.

Dann ist da auch noch T., die sich vor allem um mich kümmert.

Auf Ioles Schultern ruht also ein großer Teil unseres kleinen Lebens. Und sie findet noch Zeit und Gelegenheit, sich um Pierre zu kümmern.

Nun habe ich einen Johnny entdeckt, der das anspruchsvolle Wesen und die Arroganz eines verzogenen reichen Bengels an den Tag legte.

»Du wirst ja dafür bezahlt!«

Worte, die ich nie in meinem Leben ausgesprochen

habe und die mir wehgetan haben. Sehr weh. Ich hätte es gern gehabt, wenn alle meine Kinder von mir wenigstens etwas gelernt hätten, genauer gesagt, zwei Dinge: Bescheidenheit und Achtung vor dem Mitmenschen.

Bei Marc habe ich damit Erfolg gehabt. Bei Marie-Jo hoffe ich es, bin mir aber noch nicht ganz sicher. Bei Pierre bleibt mir die Hoffnung, daß er die Lehren verstanden hat, die ich ihm wie auch den anderen zu geben versucht habe.

Keine Lehren im eigentlichen Sinne. Ich habe ihnen nie Moralpredigten gehalten. Ich habe ihnen von Kindesbeinen an eine fast völlige Freiheit gelassen.

Das einzige, was ich ihnen mit leidenschaftlicher Entschlossenheit einzutrichtern versucht habe, ist, wie ich es eben schon gesagt habe, die Achtung vor der Persönlichkeit des Menschen.

Heute morgen ist Johnny gekommen, um mir auf Wiedersehen zu sagen. Ich hätte es lieber gehabt, wenn er nicht gekommen wäre. Denn er ist an der Aufwartefrau, an Iole, an T. vorbeigegangen, als ob er sie nicht sähe oder sie nur Gegenstände wären.

Einmal mindestens habe ich also in meinem Leben versagt.

Ich habe mein Tonbandgerät gerade einen Augenblick allein gelassen. Es fällt mir etwas auf, was ich nicht erwähnt habe. Intellektuell ist Johnny sehr reif, und er ist sehr willensstark.

Dieser Mensch ist so geblieben, wie er schon mit dreizehn war. Er ist immer noch das jähzornige und trotzige Kind, das er schon damals war; er hat keine Verhaltensmaßregel, keinen Zwang ertragen und gedacht, jeder stehe zu seiner Verfügung.

Wenn er wenigstens danke sagen würde!

Endlich bin ich in Valmont. Es hat einige Komplikationen gegeben, wie ich sie bei all meinen Unternehmungen anzutreffen pflege, aber ich habe schließlich wieder meine Wohnung erreicht, das Licht dieser Wohnung und all die vertrauten Gegenstände. Jetzt brauche ich mich nur noch auszuruhen.

Heute werde ich mein friedvolles Dasein in Valmont beginnen. Wir, T. und ich, sind bis nach Glion hinaufgestiegen. Ich habe nicht geglaubt, daß ich das am zweiten Tag schaffen würde.

Wir sind in dieser kleinen Wohnung, die ich so liebe, mit den riesigen Fenstern überall, einem riesigen Badezimmer, das ebenfalls durch zwei große Fenster Licht erhält. Sogar auf der Toilette ist ein Fenster, durch das man die Vögel auf den Bäumen sehen kann.

Wie jeden Tag, wenn ich hier bin, habe ich gerade Aitken angerufen, und sie hat mir die Post durchgesagt, die heute gekommen ist. Das interessiert mich immer weniger. Ich schäme mich dessen ein wenig, aber es entspricht einfach den Tatsachen. Es ist auch nicht so, daß ich mich in mich selbst zurückziehe, ganz im Gegenteil, aber das, was ich die »Geschäfte« nenne, interessiert mich nicht mehr.

Die Amerikaner und die Engländer schlagen sich um die Rechte für eine Serie aller Maigrets im Fernsehen.

Früher hätte mich das gefreut. Heute läßt mich das so gleichgültig, daß ich Aitken die Antwort überlasse.

Das ist keine Senilität. Ich glaube es jedenfalls nicht.

Im Gegenteil, das ist Weisheit. Es interessiert mich nur noch der eigentliche Wert dieser Dinge, und das ist ein sehr geringer Wert. Was hier im Augenblick zählt, sind meine Spaziergänge im Wald. Sie vermitteln mir in jeder Minute ein immer neues Glück und eine Erfüllung, die mir fremd waren, als ich einen Teil meiner Zeit in meinem Sekretariat verbrachte.

Ich habe auch gelernt, die Vögel zu betrachten und ihnen zu lauschen.

Ich glaube, man muß ein gewisses Alter erreicht haben, um zu verstehen und zu schätzen, was wirklich zählt.

Da geschieht etwas Seltsames. Es ist nämlich so, daß drei meiner Kinder, die jüngeren auf jeden Fall, T. gegenüber einen gewissen Widerstand an den Tag legen. Das ist keine Eifersucht, auch nicht eine Art Treue ihrer Mutter gegenüber, die sie praktisch nie sehen.

Sie hätten am liebsten gehabt, daß ich Épalinges behalte, dort Feste gebe, Geliebte habe, junge Filmsternchen oder Schauspielerinnen, wenn's geht, kurz, daß ich ein prunkvolleres Leben führe.

Mit T. dagegen führe ich ein ruhiges und bürgerliches Leben, das aus einer Anhäufung von Millionen kleiner Freuden besteht. Das geht über ihren Horizont. Sie können es auch nicht in ihren Kopf kriegen, daß ich mindestens seit sechs Jahren tot wäre, wenn T. nicht gewesen wäre.

Sie verlangt nie etwas von ihnen, nörgelt nie an ihnen herum. Wenn sie von ihnen spricht, dann nur, um sie vor mir zu verteidigen.

Sie wissen, daß sie der einzige Mensch ist, für den dabei gar nichts herausschaut. Ich werde mich nicht scheiden lassen. Selbst wenn ich es täte, würde ich sie nicht heiraten. Sie wird also nichts erben. Sie hat keinerlei materielles Interesse daran, mit dem alten Kerl zu leben, der ich nun einmal geworden bin, und ihn zu pflegen.

Das ist für mich immer wieder wie ein Wunder. Ich wußte gar nicht, daß man mit siebzig noch Liebe erwekken kann.

Es sind etwa noch zehn Minuten auf der Spule, aber ich weiß nicht, warum ich das Gefühl habe, daß ich noch ziemlich lange diktieren will. Ich habe heute nachmittag einen wundervollen Spaziergang quer durch den Wald gemacht. Jetzt bin ich wieder in meiner Wohnung, die vor Sonne immer noch ganz rosa ist, und habe Lust, was auch dabei herauskommt und egal, was man später darüber sagen wird, bestimmte Dinge zu erzählen, die mir am Herzen liegen.

Ich weiß nicht mehr, welcher Autor von den unmäßigen Witwen gesprochen hat. Man trifft jede Menge davon in Paris, New York oder anderswo. In einem gewissen Alter haben sie ganz plötzlich in sich die Berufung verspürt, Theaterdirektorinnen oder Filmproduzentinnen zu werden.

Wenn man mit ihnen über das Werk ihres Mannes spricht, geben sie durch ein kleines Lächeln zu verstehen, daß es dieses Werk ohne sie nie gegeben hätte.

Ich habe keine Witwen. Die beiden Frauen, die ich geheiratet habe, sind noch sehr lebendig, und alles deutet darauf hin, daß sie mich begraben werden.

Als ich mein Aufnahmegerät kaufte, hatte ich mir vorgenommen, über sie nicht zu sprechen. Wie ein Wort das andere ergibt, bin ich nun doch dabei, ohne Haß, vielmehr deshalb, weil ich will, daß später mein Bild nicht zu sehr verfälscht wird.

Ich muß wohl oder übel mit Tigy, der ersten, anfangen. Sie war lange Zeit ein wunderbarer Kamerad und immer bereit, Knall und Fall irgendwo auf der Welt hinzureisen. Ich könnte sagen, sie wäre vollkommen gewesen, wenn sie nicht immer von dieser Eifersucht gepackt worden wäre.

Jene Eifersucht schrieb ich damals der Liebe zu und respektierte sie, wobei ich es so einrichtete, daß ich anderswo entschädigt wurde.

Mit zwanzig, fünfundzwanzig, dreißig hatte ich einen unersättlichen Hunger auf die Frau, alle Frauen, und ich litt buchstäblich darunter, wenn mir eine durch die Lappen ging.

Wie soll man das aber anstellen, wenn man eine Frau wie Tigy hinter sich hat? Schummeln, gewiß. Und ein Mann verzeiht einer Frau niemals, daß sie ihn zum Schummeln gezwungen hat.

Ich habe zweiundzwanzig Jahre lang geschummelt. Ich habe mehr Abenteuer hinter der Tür als im Bett gehabt.

Meine brave Boule, die mit siebzehn bei mir angefangen hat und die noch die Kinder meines Sohnes Marc großzieht, wird mir nicht böse sein, wenn ich enthülle, daß wir die ganze Zeit zusammen geschlafen haben, praktisch jeden Tag.

Dann kam der Krieg. Wir sind auf ein Gut in Saint-Mesmin-le-Vieux in der Vendée geflüchtet. Dort hatte ich drei Kühe, ein Pferd, Hunderte von Hühnern, Enten und Truthähnen. Gewöhnlich hielt ich meine Mittagsruhe in einem kleinen Gebäude, das in der Nähe des Hauptgebäudes stand. Und Boule kam gewöhnlich, um mich dort zu wecken, was zumindest zu Zärtlichkeiten führte.

Eines sonnigen Nachmittags tauchte Tigy auf, starr und bleich, und mit einer Handbewegung, die der Comédie-Française würdig gewesen wäre, machte sie mir ein Zeichen herauszukommen. Als wir dann im Hof waren, erklärte sie mir voller Entschlossenheit:

»Auf der Stelle wirfst du diese ›Person‹ raus.«

Schon länger als zwanzig Jahre gehörte Boule für uns zur Familie. Ich antwortete mit einer einzigen Silbe:

»Nein.«

Einen Moment war sie außer Fassung.

»Entweder sie geht oder ich.«

Keine von ihnen ist gegangen.

Ich habe ganz einfach vorgeschlagen, daß von da an jeder von uns, Tigy und ich, seine Freiheit haben sollte.

Sie hatte mir immer angekündigt, sie würde sich umbringen, wenn ich sie betrüge.

Vierzehn Tage nach diesem Vorfall hat sie mit dem Sohn eines Freundes geschlafen, der gerade bei uns zu Gast und fünfzehn Jahre alt war.

Endlich hatte ich meine Freiheit. Ich habe sie ausgenutzt. Ich tat im Bett, was ich hinter halbgeschlossenen Türen und auf Tischkanten getan hatte. Der Krieg ging zu Ende. Wie ich es schon längst vor seinem Ausbruch beschlossen hatte, fuhr ich nach Amerika, denn ich verspürte das Bedürfnis, die beiden Kulturkreise kennenzulernen. Marc war sechs Jahre alt. Ich brachte ihn mit seiner Mutter in einer Villa in Kanada unter, von wo aus ich im Pendelverkehr nach New York fuhr.

Ich hatte nicht im Sinn, mich an eine andere Frau zu binden, ganz im Gegenteil.

Ich hatte einige kurze Abenteuer ohne Folgen. Bis zu dem Tag, wo ich in New York auf eine junge Kanadierin stieß, die sich als Sekretärin bewarb.

Was passierte mit mir? Ich habe mich verliebt. Ich empfand eine leidenschaftliche, stürmische und gleichzeitig sehr zärtliche Liebe.

Sie war klein und bleich und kam mir schutzlos vor. Ich hatte auch den Eindruck, daß sie seelisch nicht ganz stabil war, wenn ich so sagen darf.

Ich bin nicht der erste Dummkopf, der Pygmalion gespielt hat. Ich nahm mir vor, ihr ein harmonisches und ruhevolles Leben zu verschaffen. Ich brachte sie zuerst in unsere Villa in Kanada, wo Tigy nichts dabei fand, daß das Mädchen bei uns lebte. Sie ging dann mit uns nach Florida, dann nach Arizona.

Ich hielt sie davon ab, sich zu schminken. Ich habe ihre Frisur geändert, versucht, ihr eine gewisse natürliche Einfachheit einzutrichtern.

Sie wurde schwanger.

Jetzt begann eine äußerst unangenehme Zeit. Tigy wollte sich nicht scheiden lassen. Es war schwierig für mich, angesichts der amerikanischen Sitten mit einer gesetzlich angetrauten Gemahlin, einer Konkubine und einem Kind zusammenzuleben. Ich habe selten zwei Frauen gesehen, die sich so grimmig und nur wegen Geldangelegenheiten in den Haaren hatten. Mehrere Rechtsanwälte wurden eingeschaltet. Sie handelten schließlich einen Status quo aus, der mich an Unterhalt fast alles kostete, was ich verdiente.

Tigy lebt jetzt friedlich in ihrem Haus in Nieul, mit einer gesicherten Gegenwart, einer gesicherten Zukunft. Ich bin ihr nicht mehr böse.

Die andere, D., legte jetzt richtig los. In den Vereinigten Staaten war sie ziemlich ruhig, weil wir nur wenige Leute um uns herum hatten. Als ich beschloß, nach Europa zurückzukehren und mich für den Übergang erst einmal in Cannes niederließ, begann ich zurückzutreten, um ihr Platz zu machen. Sie hatte sich meines Sekretariats bemächtigt. Nach ihrem Belieben wollte sie Geschäfte abwickeln, von denen sie gar nichts verstand. Sie brachte mich mit alten Verlegern auseinander, denen ich völlig vertraute bis zu dem Tag, wo wir uns trennen mußten.

Ich blieb verliebt. Auf ihrer Seite fühlte ich mehr Haß als Liebe.

Wenn man mit ihr spricht, heute noch, hat man den Eindruck, ich verdanke ihr alles. Niemand auf der Welt hat aber jemals eine Zeile eines meiner Romane geschrieben.

Seit einem oder zwei Jahren treffen wir uns noch nicht einmal mehr, und unsere Verbindung geht nur noch über unsere jeweiligen Anwälte.

Das also ist das Ende einer großen Liebe, ein logisches Ende letztlich, wenn man die Naivität bedenkt, mit der ich mich da hineingestürzt habe.

T. ist bei mir geblieben. Unsere Bande sind nach und nach fester geworden, und wenn ich noch einmal für ein Gefühl das Wort Liebe verwenden wollte, dann für jenes, das uns verbindet.

Sie hat nichts dabei zu erwarten. Sie hat alles zu verlieren, denn sie ist sehr viel jünger als ich. Nachts, wenn meine Atemzüge ihr unregelmäßig vorkommen, horcht sie stundenlang darauf.

Wir haben uns so sehr daran gewöhnt, gemeinsam zu denken, daß wir meist dieselben Worte sagen, wenn wir den Mund aufmachen.

Diese Seiten hier wollte ich unbedingt diktieren, weil ich weiß, daß man diese Tatsachen später verdrehen wird. Sie sind es jetzt schon.

Das raubt mir aber nicht den Schlaf.

Ich habe meine Kinder. Und T. vor allem.

Wenige Männer haben dies Glück gehabt, vor allem im Alter von fünfundsechzig.

Es ist ein paar Tage her oder ein paar Wochen, über die Zeit lege ich mir keine Rechenschaft mehr ab, da habe ich über Sexualität und über Fälle von sexuellen Beziehungen gesprochen, die für mich fast wie Wunder waren.

Ich habe die ersten beiden beschrieben. Ich habe es vermieden, auf den dritten anzuspielen. Jetzt, wo ich in diesen quasi täglichen Vertraulichkeiten fortfahre, zögere ich nicht mehr, selbst auf die Gefahr hin, ich müßte eines Tages diese ganzen Schwätzereien verbrennen.

Ich entschließe mich also, im Widerspruch zu meiner ursprünglichen Absicht von dem dritten Wunder zu sprechen, um so mehr, als es ein wirkliches Wunder geworden ist. Zwölf Jahre ist es jetzt ungefähr her, da bat ich die Sekretärin meines italienischen Verlegers, über eine Annonce im *Corriere della Sera* ein Zimmermädchen zu suchen. Ein paar Tage später hat sie sich mit uns verabredet. Ich habe zuerst den Verleger besucht, der mich dann in das Büro der Sekretärin führte, wo eine junge Frau wartete. Ich werde sie nicht beschreiben. Was mir auffiel, war eine Art anmutiger und zurückhaltender Ernsthaftigkeit, eine Art Heiterkeit.

Es war Winter. Sie trug einen Mantel mit dem, was ich ein Pferdedeckenmuster nenne, diese sehr bunten englischen Mäntel.

Es war nicht meine Aufgabe, mit ihr zu reden. Es war D.s Aufgabe. Ich für mein Teil stand bescheiden in einer Ecke und warf von Zeit zu Zeit einen Blick auf die Unbekannte. Wieso wurde mir da klar, daß sie eine wichtige Rolle in meinem Leben spielen würde? Auf diese Frage kann ich keine Antwort geben. Es war nicht, was man Liebe auf den ersten Blick nennt. Es war etwas Subtileres, etwas Ernsteres, ich möchte sagen, etwas Entlegeneres.

Es handelte sich um T. Ein paar Wochen später kam sie nach Échandens, wo ich damals lebte. Ich dachte nie daran, daß sich eine ernsthaftere Beziehung zwischen ihr und mir entwickeln würde. Ich war nicht verliebt. Dennoch ist sie es, mit der ich heute mein Leben teile.

Eines Tages, ich möchte eigentlich gern sagen, am ersten Tag, aber ich vermute, daß ich mich irre, bin ich in das Boudoir gekommen, als sie dort allein war.

Wir haben uns nicht geküßt. Wir haben nicht von Liebe gesprochen. Etwa vier Jahre lang begnügten wir uns mit manchmal flüchtigen, manchmal weniger flüchtigen Kontakten, die wir sehr schön fanden.

Eines Tages, eines Abends vielmehr, habe ich mir sechs Rippen gebrochen, als ich in meinem Badezimmer ausgerutscht bin. T. kümmerte sich um mich bis zum Eintreffen der Ärzte. Am nächsten Morgen brachte man mich in die Klinik; ich aber bestand auf ihrer Gegenwart, und so bekam sie ein Feldbett neben mich gestellt.

Dort, glaube ich, entstand unsere Zärtlichkeit. Sie entstand langsam, allmählich, leise. In den drei Wochen im Krankenhaus waren wir in zwei Räume gesperrt, und da haben wir gelernt, zusammen zu denken, zusammen zu leben, zusammen glücklich zu sein.

Als wir nach Épalinges zurückkehrten, waren wir nicht mehr dieselben. Ich wußte es. Ich glaube, sie wußte es noch nicht. Sie mußte ein Feldbett in mein Zimmer stellen, weil ich noch pflegebedürftig war.

So wurde nach und nach unsere Liebe geboren. Ich traue dem Wort Liebe nicht. Ich verwende es immer seltener. Ich möchte lieber sagen, »daß unser Bund entstand«.

Von ihrem Feldbett kam sie in mein Bett. Nichts war verändert. Wir dachten immer noch zusammen, wir hatten füreinander immer noch die gleichen Ängste, die gleichen Aufmerksamkeiten.

Wir sind heute so weit, daß wir nicht mehr eine Stunde ohne einander leben können, sei es am Tage oder nachts. Es ist ein unbedingt notwendiger Kontakt. Eine leichte Berührung der Finger mitten in der Nacht ist genauso wichtig wie die leidenschaftlichsten Umarmungen.

Sie ist da. Ich bin da. Wir sind zur Ruhe gekommen. Werden wir auch nur für eine Stunde getrennt, so ist der eine ebenso verloren wie der andere. Seitdem ich mit ihr nach Valmont komme, ist der Arzt ganz verblüfft. In der Tat genügt schon die geringste Sorge um meine Gesundheit, und ihr Blutdruck steigt auf hundertsiebzig. Er sagt häufig:

»Ich habe noch nie einen solchen Fall von Symbiose gesehen.«

Ich ziehe dieses Wort dem Wort Liebe vor.

T. und ich leben in Symbiose.

Dies ist der vierte Morgen, an dem ich in Valmont aufwache. Genauer gesagt, der dritte. Und ich habe den Eindruck, daß ich schon seit einer Ewigkeit hier lebe. Zwar bin ich schon zweimal vorher hier gewesen. Aber das trifft auch auf alle anderen Orte zu, wo ich zufällig einmal gelebt habe.

Es dauert eine Stunde, zwei Stunden, um Kleidungsstücke und Gegenstände zu verstauen, vor allem die Gegenstände, die hier beinahe an der gleichen Stelle stehen wie in meinem Haus in der Avenue de Cour. Die Pfeifen sind zurechtgelegt, die Streichholzschachteln, meine Zeitungen, meine Bücher.

Mein Stundenplan ändert sich kaum. Heute morgen sind wir hinaufgestiegen bis nach Glion, wie gestern, wie vorgestern, wie morgen wahrscheinlich auch und die Tage darauf. Nachmittags folgen wir mit immer neuem Vergnügen den Waldwegen.

Manche würden sagen, ich sei wunderlich. Jeder Gegenstand befindet sich auf seinem genau festgelegten Platz. Und es ist eine Genugtuung, ihn dort anzutreffen, anstatt in der ganzen Wohnung herumsuchen zu müssen.

In der Avenue de Cour sind alle Gegenstände an ihrem Platz, der sich nie ändert. Ich erinnere mich, daß es in Panama ebenso war.

Wenn man das wunderlich sein nennt, bin ich es.

Denn das erlaubt dem Geist, völlig frei zu sein.

Auch unsere Zeiteinteilung unterscheidet sich nicht so sehr von der in der Avenue de Cour, auch nicht von der in Épalinges. Ein Spaziergang morgens. Ein Spaziergang nachmittags. Dann wird in den Zeitungen und in den paar Büchern gelesen, die ich mitgebracht habe.

Ich gestehe, daß mich alles stört, was meine Routine durcheinanderbringt.

Meine Kinder sind jetzt in alle Winde verstreut. Marc, mit vierunddreißig Jahren der Älteste, wird in Kürze mit den Dreharbeiten zu seinem Film beginnen. Wenn ich recht verstanden habe, muß er jetzt im Aveyron sein. Möglicherweise ist Johnny noch bei ihm, aber Ende des Monats trifft er seine amerikanische Freundin, und dann wollen sie eine »Tour de France« machen. Aber nicht mit dem Fahrrad!

Marie-Jo spielt in einem Film von Chabrol. Die paar Tage, die sie frei hat, verbringt sie am Meer, mit Vorliebe in Südfrankreich.

Sie schreibt mir, ich soll ihr einen kleinen, ruhigen Ort nennen. Als ob Südfrankreich, überhaupt Frankreich, noch dem Frankreich ähnlich wäre, das ich damals kannte! Sie kann hingehen, wohin sie will, und wird wahrscheinlich doch in Saint-Tropez landen.

Was Pierre anbelangt, so fährt er in acht Tagen mit einem Freund auf die Balearen. Er ist erst vierzehn, aber er hat keine Angst vor der Reise.

In zwei Monaten dann ist Johnny schließlich in Harvard.

Ich sagte, in alle Winde verstreut. Ich glaube nicht, daß es das in meiner Kindheit gab. Aber es gab auch schon eine ebenso scharfe Trennung zwischen Eltern und Kindern. In der Tat waren die Oberschüler meist in der

Schule selbst untergebracht, und hatten wenig Kontakt zu ihren Familien.

Es überrascht mich, daß ich so viel zu meiner hatte.

Ich will ganz und gar aufrichtig sein: Ihre körperliche Gegenwart fehlt mir nicht mehr. Ich weiß, wo sie sind, was sie treiben, was sie denken, oder ich glaube es zu wissen. So etwas wie ein Gefühl der Unbehaglichkeit kommt eher dann auf, wenn wir zusammen sind.

Es gab einmal eine Zeit in Échandens, dann in Épalinges, wo ich abends von Zimmer zu Zimmer ging, um ihnen einen Kuß zu geben und ihnen gute Nacht zu sagen.

Heute, wo ich ihnen nicht öfter als alle sechs Monate oder alle Jahre einen Kuß gebe, außer bei Pierre, der bei mir lebt, fühle ich mich auch nicht weiter von ihnen entfernt.

Ist das ein Wandel im sozialen Leben? Ich lese jeden Tag in den Zeitungen und den Illustrierten, daß das Leben sich ändert, daß die menschlichen Beziehungen sich ändern. Ich merke nichts davon. Die Studenten, die bei meiner Mutter in Pension waren, verließen ihre Familien in Polen oder Rußland für länger als ein Jahr, wenn sie sich Ferien leisten konnten. Die Arbeiter aus Algerien, der Türkei oder anderen Ländern verlassen ihre Heimat für mehrere Jahre, es sind ja auch die Italiener, die in Frankreich alle Tunnel gegraben haben.

Wie jedermann habe auch ich eine Vorstellung von der Familie gehabt, wie man sie auf kitschigen Bildern sieht: Der Großvater mit einem weißen Bart sitzt am Kopfende des Tisches, die Großmutter reicht das Essen herum, der Vater achtet auf die Disziplin, die Mutter

geht vom Speisezimmer in die Küche und die Kinder ...
die Kinder warten ungeduldig darauf, daß alles vorbei
ist.

Während meiner ganzen Kindheit habe ich nur dar-
auf gewartet, dem zu entfliehen. Ich hatte nie ein ver-
trauliches Gespräch mit meiner Mutter oder meinem
Vater, den ich vergötterte. Und wenn ich ihn in seinem
Büro besuchte, dann nur, um mir ein paar Francs zu
pumpen. Er wußte es. Er war mir deshalb nicht böse.

Ich muß mich bei meinen Kindern wohl an dieselbe
Philosophie gewöhnen, denn ich fürchte doch sehr, daß
ich in meinem Innern immer geprägt geblieben bin von
den kitschigen Bildern, die die Familie bei Tisch darstel-
len.

Ich habe heute gelesen, daß sich amerikanische Spezialisten mehr und mehr mit den Träumen beschäftigen und daß die wahrscheinlichste Erklärung die ist, daß sie durch eine winzige Säurekette entstehen, die irgendwie mit einem Nerv verbunden ist. Es soll ein Versuch gemacht worden sein. Ein kleines Stück einer Ratte, von dem man annahm, es enthielte diese Kette, wurde auf eine andere Ratte verpflanzt, der es das rudimentäre Gedächtnis der toten Ratte übermittelte.

Forschungsarbeiten in dieser Richtung gehen weiter, denn etwas Endgültiges steht noch nicht fest. Es wäre doch ziemlich außergewöhnlich, wenn man das Gedächtnis eines Wesens auf ein anderes übertragen könnte, besonders, wenn es sich um Menschen handelt.

Die französischen Gelehrten wiederum suchen in einer anderen Richtung. Für sie ist der Traum eine Art Kristallisation erlebter Geschehnisse. Die wann erlebt worden sind? Ich wollte gerade hinzufügen: Die von wem erlebt worden sind?

Mehrere Male habe ich in meinem Leben ganz genau den gleichen Traum gehabt: eine riesige mondbeschienene Landschaft mit einem See von quecksilbriger Unbeweglichkeit, der von schwarzen Bergen umgeben ist.

Wie komme ich zu diesem Bild? Es stimmt mit keiner

meiner Erinnerungen überein. Ich kenne sehr wenig Seen. Ich habe nie einen gesehen, der dem See aus meinem Traum ähnlich gewesen wäre.

Wie kann sich also im Abstand von fünfzehn, zwanzig Jahren dieser Traum ohne irgendeine Abweichung wiederholen?

Dies entspricht Jungs Stammesgedächtnis: Ein einzelnes Bild, das aus einer fernen Vergangenheit in meinem primitiven Gehirn auftaucht.

Dieser Traum macht mir keine Angst. Er versetzt mich nur ganz einfach in einen Zustand der Erstarrung, so wie die Landschaft erstarrt ist, wie der See erstarrt ist, wie diese ganze unbekannte Welt unbeweglich ist.

Hier in Valmont habe ich eine ganz tolle Toilette. Sie hat in der Tat ein großes Fenster, das auf den Wald hinausgeht und insbesondere auf einen großen Baum voller Vögel. Manchmal gehe ich nur deshalb Pipi machen, um ihnen zuzuschauen.

Ich kenne mich leider bei den Vögeln gar nicht aus. Als ich ein kleiner Junge war, gab es natürlich Spatzen in meiner Straße, wo es an Pferdedreck nicht fehlte. Später habe ich fast immer auf dem Lande gelebt, aber aus einem unbekannten Grund habe ich mich nie für Vögel interessiert. Das finde ich schade. Hier betrachte ich sie lange, ich beobachte, wie sie hin und her fliegen, wie sie sich zanken.

Und das erinnert mich an André Gide. Als Marc geboren wurde, hat Gide zu mir gesagt:

»Achten Sie besonders darauf, daß er sich gut in der Botanik auskennt. Ich spreche aus Erfahrung. Für mich ist es ein großer Trost, auf dem Land spazierenzugehen und die Pflanzen zu beobachten.«

Ich kenne mich bei den Pflanzen auch nicht aus. Im Grunde kenne ich mich eigentlich nirgends sehr gut aus.

Alles, was den Menschen nicht direkt betrifft, läßt mich kalt, und ich mußte erst nach Valmont kommen, um die Vögel anziehend und faszinierend zu finden. Es ist nur so, daß ich kaum einen Kuckuck von einer Elster unterscheiden kann.

Auch was die Pflanzen betrifft, hatte Gide recht. Ich bleibe am Rand des Weges stehen, um sie zu betrachten, aber ich weiß nichts über sie.

Was Marc anbelangt, so bin ich Gides Rat gefolgt. Ich habe ihn wenigstens die Grundlagen der Botanik lernen lassen: Ich glaube aber, daß ihn das kein bißchen interessiert hat.

Es ist erniedrigend festzustellen, wie wenig Kenntnisse man sich im Laufe einer Existenz aneignen kann. Nur eine kleine Handvoll Sand, die einem dennoch Lust darauf macht, mehr zu wissen, wenn es bereits zu spät ist.

Ich habe mich nie sehr gut auf das verstanden, was man gesellige Künste nennt. Im Alter von etwa sieben oder acht Jahren bekam ich Geigenunterricht. Mein Lehrer hatte einen so schlechten Atem, daß ich mich weigerte weiterzumachen.

Ich male nicht. Ich zeichne nicht. Ich spiele kein Instrument. Ich könnte keine Sportart nennen, in der ich außergewöhnlich gut wäre. Ich habe sie fast alle ausgeübt, alle gleich schlecht.

Ich habe gelesen. Ich habe viel gelesen, mein ganzes Leben hindurch; ich muß schlecht gelesen haben, da ich fast nichts behalten habe. Das erinnert mich an eine Gestalt aus einem Stück von Jean Anouilh: *Le voyageur sans bagages.*

Ich schäme mich deshalb nicht. Ich habe mit sehr vielen Leuten zu tun gehabt, und dieses Gebiet ist es wahrscheinlich, auf dem ich noch die meisten Kenntnisse habe: der menschliche Bereich, ein Blick, eine bestimmte Art zu reden, eine verborgene Schwäche, Schwächen vor allem, denn, wenn ich darüber nachdenke, finde ich in meinem Gedächtnis niemanden ohne Schwächen.

Wir führen unser Leben, als ob wir unser sicher wären, als ob wir uns stark fühlten. Wir sind wie der Oberschüler, der gute Noten einheimst, der Verliebte, der etwas von der Liebe zu verstehen glaubt, der Familienvater, der sich ernst nimmt und sich einbildet, daß er die Seinen auf seinen Schultern trägt.

Schließlich werden wir Großväter, die von den Enkeln spöttisch betrachtet werden.

All dies, wenn man so sagen kann, all dies sind unsere erworbenen Kenntnisse. Wegen dieser Leere vielleicht verspüren so viele Leute in einem gewissen Alter den Drang zu ehrenhaften Auszeichnungen, Titeln, Orden, Präsidentschaften, usw.

So werden sie also auf ihre alten Tage von den anderen geehrt, anstatt über sich selbst nachzudenken.

Das trifft auf mich nicht zu, und ich habe vor, bis zum Schluß dieser ziemlich alltägliche, wilde kleine Junge zu bleiben, der ich immer gewesen bin.

Er dürfte höchstens acht oder neun Jahre alt gewesen sein. Er trug eher Lumpen als Kleidungsstücke, und er lief mit bloßen Füßen im schmutzigen Schnee herum.

Dies Bild ist mir heute morgen bei voller Julisonne wieder eingefallen, und es bereitet mir Mühe, es einzuordnen, es zu enträtseln. Dann, ganz langsam, sah ich das Getto von Wilna wieder vor mir.

Wilna ist eine Stadt, die ganz oben an der Grenze zwischen Polen und Rußland liegt. 1933 oder 1934 hatte ich es mir in den Kopf gesetzt, eine Rundreise durch alle Länder Mittel- und Osteuropas zu machen. Ich war in Wilna angekommen, und der kleine Bursche, der vor mir herging, war keine Ausnahme. Einige Männer trugen noch ihre Überzieher, die sie aus dem Untergang herübergerettet hatten, aber die waren abgetragen und von leicht grünlicher Farbe. Die Frauen hatten sich in Umschlagtücher gehüllt. In den Läden gab es fast nichts mehr zu verkaufen. Wozu auch, wo die Leute doch nichts hatten, womit sie etwas hätten kaufen können?

Meine Mutter hatte eine Studentin aus Wilna, Niuta, eine tolle Brünette von überschäumender Fröhlichkeit. Mein Bruder betete sie an, erlangte von ihr aber nur oberflächliche Gunstbezeugungen, denn, wie sie sagte, muß sich ein jüdisches Mädchen für die Ehe rein erhalten.

Ich bin nach Warschau zurückgefahren, wo ich Niuta, ihren Mann und ihren Bruder wiedergesehen habe. Ihr Mann war so schwarzhaarig, als hätte man ihm die Haare mit Tusche gewaschen. In einer Wiege nun ein blondes Baby mit sehr heller Haut, und Niuta flüsterte mir ganz stolz zu:

»Christian!«

Der Vorname meines Bruders.

Sie hatten sich seit fast zehn Jahren nicht mehr gesehen. Christian lebte im Kongo, und ich wiederhole: Die beiden hatten nie sexuelle Beziehungen miteinander. Sie war dennoch überzeugt davon, daß das ein wenig Christians Sohn sei, der ihr durch ein Wunder geschenkt worden war. Warschau war auch arm, von bürgerlicherer Armut. Man legte auf sein Äußeres viel Wert, und die Frauen der Bourgeoisie oder der Intelligenzija gingen nicht ohne ihre Astrachanmäntel aus.

Nachts schwatzte man endlos in den Kneipen und Teestuben.

Eines Tages schlug mir Niutas Bruder, der jung und ledig war, vor, »die Frauen« zu besuchen. In Wirklichkeit war da nur eine, in einem baufälligen Wohnhaus, die jedoch, wie ihre Behausung auch, eine gewisse Würde bewahrte.

Die Frau sprach weder ein Wort Französisch noch Englisch. Sie unterhielt sich mit meinem Freund, und er zog sich schließlich zur gleichen Zeit aus wie sie. Was geschah in jenem Moment? Er muß ihr wohl gesagt haben, daß ich Franzose war, und da habe ich eine Szene miterlebt, wie ich sie nie wieder in meinem Leben gesehen habe.

Wütend, immer noch nackt, mit verzerrtem Mund, überhäufte sie ihn mit Beschimpfungen, während sie mir furchterregende Blicke zuwarf.

Er, peinlich berührt, zog sich, so gut es eben ging, wieder an, und sie stieß uns schließlich, immer noch schreiend, auf den Treppenflur hinaus.

Als ich Niutas Bruder nach den Gründen dieser Wut fragte, sagte er mir, daß er das Pech gehabt habe, von Frankreich zu sprechen. Darauf habe sie etwa folgende Worte geschrien:

»Ja, Frankreich, das uns angeblich helfen will und uns nur Kanonen und Waffen schickt, damit wir es im Kriegsfall verteidigen sollen. Lebensmittel, das ist es, was wir brauchen. Man soll einem Land nicht Soldaten schicken, das nur sich ganz allein zu verteidigen braucht.«

Aber das muß man mit zehn, mit fünfzig, mit hundert malnehmen.

Niuta, ihr blondes Kind, ihr Mann, ihr Bruder mußten in die Gaskammer, ebenso wie dieses nackte Mädchen, das keine Kanonen haben wollte.

Zu dieser Zeit schrieb ich eine Reportage mit dem Titel *Peuples qui ont faim.* Und sie hatten wirklich Hunger. Die Art war verschieden, je nachdem, welche Grenzen man überschritten hatte. Die Ungarn hörten beim Essen weiterhin Geigenmusik; die Tschechen waren nur ein wenig steifer und verschlossener; die Rumänen genossen weiterhin das tägliche Spektakel der königlichen Garde in ihren bunten Uniformen, aber alles war käuflich, eingeschlossen die hohen Funktionäre und die Ministersfrauen, wie man mir schwor.

Das war nicht der katastrophale und auffällige Hunger der unterentwickelten Länder, wo man der Bevölkerung per Flugzeug Büchsen mit Kondensmilch und Säcke voller Reis zukommen läßt.

Ich würde sagen, es war schlimmer: Ein latenter, immerwährender Hunger, der niemanden daran hinderte, seiner Beschäftigung würdevoll nachzugehen. Überall wurde ich höflich empfangen, nicht so wie bei der Warschauer Prostituierten, aber ich merkte, daß die Leute die Qualität meiner Kleidung und meinen gutgenährten Körper aufmerksam betrachteten.

Ich merkte auch, daß sie dachten: »Wir haben Hunger, und sie schicken uns Kanonen.«

Ich war nicht stolz.

Bilder rufen andere Bilder wach, und es kommt vor, daß man eins vergißt, oft gerade das, an dem man am meisten hing.

Es war immer noch 1933, im polnischen Winter. Unser Schlitten folgte den verschneiten Straßen, die eher Pisten ähnlich sahen. Auf beiden Seiten war Wald, und manchmal, ab und zu, sah man ein paar kleine Holzhäuschen.

Was für eine Überraschung für mich, als ich in dieser Umgebung plötzlich einen richtigen Zug mit ein paar Dutzend Waggons sah, der von Hunderten von Leuten umgeben war, die alle irgendwelche Bündel schleppten und Kinder an der Hand mit sich zogen. Es waren in der Mehrzahl reife Männer, aber es waren auch einige Greise darunter. Ich versuchte, Fragen zu stellen, aber niemand verstand mich. Endlich bemühte sich ein Geistlicher sehr geflissentlich.

»Was wollen Sie wissen?«

»Wo fahren diese Leute hin? Dieser Zug ist doch sicher kein normaler Zug.«

»Ganz gewiß nicht. Das ist ein Zug Arbeiter, die wir nach Nordfrankreich bringen, wo sie in den Zechen erwartet werden. Ich begleite sie, ebenso wie der Bürgermeister, damit die Dorfgemeinschaft sich dort wieder bilden kann.«

Ich glaubte, meinen Ohren nicht zu trauen. Man brachte ein ganzes Dorf quer durch Europa zur Arbeit in die Bergwerke Lothringens oder Nordfrankreichs. Ich weiß nicht, ob es viele andere Züge wie den da gegeben hat. Als ich nicht sehr viel später nach Belgien zurückkehrte, überraschte es mich nicht, Menschen untereinander polnisch sprechen zu hören.

Heutzutage gehen diese Dinge anders vor sich; letzten Endes kommt es auf dasselbe heraus. Es wird doch immer Sklaven geben.

T. hat mich durch ihre Worte eben wieder daran erinnert. Als ich meine Groschenromane schrieb, habe ich manchmal achtzig Seiten pro Tag getippt. Zwischen zwei Romanen nahm ich mir dann Zeit zum Leben.

Von den ersten Maigrets habe ich jeweils zwölf im Jahr geschrieben.

Ich kam mir auf einen Schlag wie ein Rentner vor.

Es kamen dann, was ich »ganz normale« Romane nenne, das heißt, Romane ohne Maigret und Kriminalhandlung. Etwa zehn Jahre lang habe ich davon im Schnitt sechs pro Jahr geschrieben.

Erst bei meiner Rückkehr aus Amerika habe ich diese Durchschnittsleistung auf vier gesenkt, und die habe ich dann bis zum vorigen Jahr beibehalten.

Was drängte mich dazu zu schreiben? Selten Geldsorgen. Es war ein Bedürfnis, das sich meiner bemächtigte. Noch vor zwei, drei Jahren fragte mich mein Arzt, immer wenn ich ihn zu mir rief:

»Seit wann haben Sie keinen Roman mehr geschrieben?«

Ich antwortete ihm, daß das zwei oder drei Monate her sei. Da war sein Rezept, wenn ich so sagen darf, unweigerlich:

»Schreiben Sie sofort.«

Jetzt habe ich mich zur Ruhe gesetzt. Ich fühle, daß ich nicht mehr die Energie habe, Romangestalten zu erschaffen und sie durchzukonstruieren.

Das ist es, worauf mich T. vor ein paar Minuten aufmerksam gemacht hat: daß ich niemals so viel diktiert habe. Es handelt sich also sehr wohl um ein Bedürfnis. Diese Seiten, die ich seit ein paar Monaten diktiere, werden vielleicht nie erscheinen. Ich werde später darüber entscheiden.

Was ich entdeckt habe, ist, daß ich seit dem Tag, an dem ich zu schreiben angefangen habe, das heißt, im Alter von sechzehn Jahren etwa, das für mich weder ein Beruf noch ein Hobby gewesen ist, sondern ein Bedürfnis.

Seit diesen paar Monaten, die ich jetzt außerhalb des ganzen Literaturbetriebs lebe, habe ich Gewissensbisse, wenn ich mein Tonbandgerät anschaue und ich es einen Tag mal nicht angestellt habe.

Gott weiß aber, daß das, was ich so diktiere, keine Bedeutung hat.

Noch einmal: Es ist ein Bedürfnis, und ich diktiere heute mehr, als ich damals Romane schrieb, sogar als ich Maigrets schrieb und letzten Endes vielleicht auch Groschenromane.

Bin ich der alte Schriftsteller, der nicht von seiner Arbeit loskommt? Ich glaube nicht, denn wenn es so wäre, wäre ich mein ganzes Leben lang einer gewesen.

Nachträglich füge ich noch einige Worte an, was bei mir ziemlich oft vorkommt, weil mein Geist langsam arbeitet. Als ich meine Romane schrieb, hielt ich mich für einen Profi. Einen Profi worin? Ich weiß es nicht sehr genau, denn ich habe das Schreiben nie als Beruf angesehen.

Immerhin mußte ich aber meine Figuren erschaffen und mich ihnen angleichen.

Jetzt habe ich Ferien. Da sind keine Figuren mehr zu erschaffen. Ich kann mein eigenes Leben leben.

Ich verspüre nichtsdestoweniger den Drang, mich mitzuteilen, was mir ehemals zwischen zwei Romanen nicht so ging.

Der 14. Juli 1924 stellt ein wichtiges Datum in meinem Leben dar, denn es ist das Datum meines ersten Kontaktes mit dem Pariser Volk. Ich war entzückt, eine ganze Stadt gutgelaunt und in sozusagen brüderlichem Kontakt tanzen zu sehen. Auch die kleinsten Cafés, die kleinsten Bistros hatten eine Terrasse, die bis mitten auf die Straße ging. Die meisten hatten ein Podium, auf dem mehrere Musiker oder manchmal ein einzelner Akkordeonist den Tanz rhythmisch untermalten.

Die Bewohner des Quartiers waren alle da und begrüßten sich gegenseitig durch laute Zurufe. Das konnte man wirklich ein Volksfest nennen.

Ich weiß nicht, wie der 14. Juli heutzutage gefeiert wird. Ich habe mir sagen lassen, daß man Stars in aller Eile von Ball zu Ball schleppt. Das enttäuscht mich ein bißchen.

Noch etwas anderes enttäuscht mich. Marie-Jo sollte mich besuchen, bevor sie in Frankreich einige Wochen Urlaub macht. Sie hat mir am Telefon gesagt, daß ihr die Reise für einen so kurzen Besuch zu lang sei. Ich sollte ihr auch einen Tip geben, wo sie am besten hinfahren könnte. Es würde mir schwerfallen, ihr einen solchen Tip zu geben, denn das Frankreich, das ich gekannt habe, hat sich so verändert, daß ich mich dort sicher nur noch schwer zurechtfinden würde.

Heute um vier Uhr sollte Johnny nach seiner Parisreise und vor seinem morgigen Rückflug dorthin kurz bei mir vorbeikommen. Genau um vier hat er mich vom Bett aus angerufen und mir mitgeteilt, daß er gestern abend ein hübsches Mädchen kennengelernt habe, erst um vier Uhr morgens ins Bett gegangen sei und daß er morgen früh kommen würde, wenn ich es wünschte, was ihn allerdings zwingen würde, sein Flugzeug nach Paris sausen zu lassen, wo er wieder zu Marc gehen wird.

Das ist wie eine Fortsetzung dessen, was ich neulich über dies Thema diktiert habe. Er hat die Strapaze umgangen. Denn ich bin eine Strapaze geworden. Mich zu besuchen interessiert weder den einen noch den anderen. Sie haben ihr eigenes Leben. Sie haben ihre Vergnügungen, ihre Freuden, vielleicht ihre Enttäuschungen, von denen ich ferngehalten werde.

Eine gewisse Melancholie? Ich weiß es nicht. Vielleicht muß es einfach so sein.

Als wir vorhin die Straße nach Glion entlanggegangen sind, wie wir das jeden Morgen machen, seitdem wir in Valmont sind, bin ich stehengeblieben, um die Augen von T. anzusehen. Das ist für mich die beste Art, meine Zärtlichkeit auszudrücken und die ihrige zu fühlen.

Plötzlich wurde mir bewußt, daß ich mein ganzes Leben von Augen fasziniert gewesen bin. Als Kind betrachtete ich nachdenklich die Hunde, die vor den Haustüren saßen, und ich versuchte zu verstehen, was hinter ihren Augen vor sich ging. Denn da geht zwangsläufig etwas vor sich. Was? Ich weiß es nicht, aber ich weigere mich zu glauben, daß es hinter jenen Augen nicht eine Art Intelligenz geben soll, die meiner sehr ähnlich ist.

Die Welt enthält Milliarden Einzelwesen, einige Milliarden Augen. Diese Augen sind wie die von uns allen dem Leben zugewandt. Was spiegeln sie wider?

Ich erinnere mich an die Straßenbahnen meiner Kindheit, besonders abends, wenn die kleinen gelblichen Lampen brannten und ihrer Umgebung ein irreales Aussehen verliehen. Die Leute in der Bahn saßen unbeweglich, schaukelten im Rhythmus der Wagenbewegungen und fuhren dabei manchmal plötzlich hoch.

Manche schauten ins Leere, andere auf die Leute gegenüber, schauten ihnen gedankenlos in die Augen.

Ich fragte mich:

»Suchen sie einen Weg der Verständigung?«

Denn jeder dieser Schauenden brütet über Gedanken, die wir nie kennenlernen werden. Auch sie versuchen, Blicke zu verstehen, die ihnen leer vorkommen und die es doch nicht sind.

Die Augen von Menschen, die Augen von Tieren, sogar von sogenannten niederen Tieren, faszinieren mich.

Eines Tages waren wir mit Johnny im Zoo von Barcelona, als es plötzlich anfing, in Strömen zu regnen. Wir gingen in ein kleines Gebäude, wo hinter den Gitterstäben drei Affen saßen, drei riesige Gorillas, Vater, Mutter und ihr Kleines.

Ich bin mehr als eine Stunde dort geblieben und habe sie beobachtet. Auch sie beobachteten mich, nicht aus Neugier, denn sie sind daran gewöhnt, Menschen vorbeigehen zu sehen, sondern, wie mir schien, weil sie mir eine Botschaft übermitteln wollten.

Natürlich konnten sie das nicht. Auch ich nicht. Ich stand da hilflos vor ihnen, und mit so etwas wie Beschämung bin ich schließlich gegangen. Die Augen von T., das ist Zärtlichkeit, eine fröhliche, glückliche Zärtlichkeit, ohne Melancholie, und gleichzeitig lese ich mühelos die Botschaft, denn ich weiß, daß jeder von uns das gleiche denkt.

Ich habe von Straßenbahnen gesprochen. In der Reihenfolge meiner Erinnerungen bin ich dabei angekommen, wie ich Paris entdeckt habe, und dies war eine Entdeckung, die ich ganz und gar vom Autobus aus machte.

Heute, wo die Busse große, hermetisch abgeschlossene Kästen sind, wäre das gar nicht mehr möglich. 1923 gab es nur Busse mit Plattform, und auf dieser Plattform hielt ich mich auf. Ich hatte die Illusion, ein Teil meiner Umgebung, ein Teil des Gedränges auf den Bürgersteigen zu sein, und ich fuhr nicht unbedingt mit dem Bus, um von einem Punkt zum anderen zu gelangen, sondern wegen des Vergnügens, neue Straßen zu entdecken.

Vor allem die schmalen Straßen mit den vielen kleinen Läden, den vielen Frauen, die mit der Einkaufstasche am Arm von einem Laden zum anderen gingen.

Jahrelang ist das ein großes Vergnügen für mich gewesen, die Belohnung, die ich mir zugestand, wenn ich von morgens sechs Uhr an gearbeitet hatte. Das, was man damals die großen Boulevards nannte, waren in etwa, wenn auch belebter, was die Champs-Elysées heute sind. Ich stieg an der Madeleine in den Bus ein, machte es mir in einer Ecke der Plattform bequem, rauchte meine Pfeife und schaute voller Entzücken um mich.

Außer den Taxis sah man noch Fiaker, man sah ein paar Kutschen, oft Damen in großer Toilette und abends Männer mit Zylindern.

Die Terrassen der Cafés waren voll, und jedes der großen Cafés, sei es das Napolitain, das Café d'Angleterre, das Madrid, hatte eine ganz spezielle Kundschaft.

Gerade eben frisch aus der Provinz gekommen, sog ich mit geblähten Nüstern und glänzenden Augen diese Bilder in mich ein. Das war das Leben. Ein vielfältiges Leben, das alle hundert Meter wechselte.

Da war gar kein Vergleich zwischen einer hübschen Frau vom Boulevard de la Madeleine und einer hübschen Frau vom Boulevard des Capucines.

Ebenso war es mit den Geschäften. An der Madeleine großer Luxus, dann wurden sie bis hin zum Boulevard Saint-Martin nach und nach immer volkstümlicher.

Das ist eine Wegstrecke, die ich Hunderte von Malen zurückgelegt hatte, nicht, um von einem Punkt zum anderen zu gelangen, sondern rein aus Vergnügen. Ich bedauere es nicht.

Ich wünschte, alle Städte böten noch die Möglichkeit, ganz in sie einzudringen, mit ihnen zu verschmelzen, ihre Gerüche zu schnuppern, ihre Bewohner in ihrer Freizeit oder bei ihren Geschäften zu beobachten.

Im Grunde bin ich von damals bis heute von der Suche nach Kontakten zu anderen besessen gewesen. Vielleicht kommt mir dieser Kontakt deshalb immer schwieriger vor, weil ich ein gewisses Alter erreicht habe.

Ich habe einen seltsamen Traum gehabt. Genauer gesagt war das gar kein richtiger Traum. Ich befand mich noch in einem behaglichen Halbschlaf, und ich betrachtete neugierig einen Mann, den ich nur von hinten sah. Er war größer, breitschultriger und korpulenter als ich. Obwohl ich ihn nur von hinten sah, fühlte ich in ihm eine Ruhe, um die ich ihn beneidete.

Er trug eine blaue Leinenhose, eine Gärtnerschürze und einen verbeulten Strohhut.

Er befand sich in einem Garten. Entlang einem Mäuerchen, das diesen vom Nachbargarten trennte, standen viele Gewürzkräuter, und er war damit beschäftigt, den Boden um sie herum aufzuhacken.

In meinem Halbschlaf brauchte ich eine gewisse Zeit, um mir darüber klarzuwerden, daß es sich nicht um eine Gestalt aus der Wirklichkeit handelte, sondern um eine Gestalt, die meiner Phantasie entsprungen war.

Es war Maigret in seinem Garten in Meung-sur-Loire, ein Maigret, der ebenfalls pensioniert, aber einige Jahre jünger war als ich.

Es kam mir vor, als würde ich die kleinsten Ecken und Winkel des Hauses mit dem roten Steinfußboden kennen, wo Madame Maigret vor ihrem Ofen herumhantierte. Es schien mir auch, als sähe ich Maigret nachmittags friedlich in sein Stammcafé gehen, wo er mit seinen Freunden eine Partie Belote spielte.

Er fischte nicht mehr. Er behauptete, die Gewässer seien zu verschmutzt.

Er langweilte sich nicht. Er hatte immer etwas zu tun, und manchmal machte er Arm in Arm mit seiner Frau lange Fußmärsche.

Dann bin ich entweder ganz eingeschlafen oder aufgewacht. Diese Bilder wurden undeutlich. Ich behalte sie in meinem Kopf, und das bleibt für mich Maigrets Pensionierung.

Ein Hafen an der Atlantikküste von Gabun um 1932. Eigentlich, was heißt Hafen, da ist gar kein richtiger Hafen, denn die Dünung ist so stark, daß die Passagiere in einer Art Korb, der da an einem Tau hängt, an Bord der Dampfer gehievt werden müssen.

Es ist auch gar kein richtiger Dampfer, den ich hier beschreibe, sondern ein Frachter, der einer großen französchen Reedersfamilie gehört. Er lädt Okoumé-Holz und Mahagoni, um es nach Europa zu transportieren.

Der Frachter liegt vor Anker. Über seine ganze Breitseite hat man Strickleitern gehängt, und in Booten bringt man unaufhörlich fast völlig nackte Neger und Negerinnen, manche Frauen mit einem Säugling, den sie auf dem Rücken festgebunden haben. Das Schiff stampft in der Dünung. All diese kleinen Gestalten, die aus der Ferne wie Insekten aussehen, klammern sich an die Strickleitern und hieven sich hinauf, dabei versuchen sie, sich durch das Schlingern nicht abwerfen zu lassen.

Als sie endlich auf Deck ankommen, sind ihre Gesichter vor Angst aschfahl. Es müssen zweihundert oder dreihundert sein. Ihre Marter ist noch nicht zu Ende. Sie müssen jetzt noch eine Leiter bis in den untersten Schiffsraum hinuntersteigen.

Auf diese Weise werden sie, auf dem bloßen Metall liegend, den Ort erreichen, wo sie arbeiten müssen.

Ich bemerke eine kleine Negerin, fast noch ein Kind, deren Augen vor Angst weit aufgerissen sind. Der Hauptmaschinist, der bei diesem Verladen dabei ist, bemerkt sie auch.

Morgens, als das Schiff unterwegs ist, sehe ich diesen kleinen Körper, dies Gesicht mit den großen Augen, an Deck; ein junger Schwarzer begleitet sie.

Sie spricht aufgeregt. Sie gestikuliert. Sie will den Kapitän sprechen. Dieser hört sie schließlich an.

Der Hauptmaschinist ist in der Nacht in die Laderäume hinabgestiegen. Er ist direkt zu ihr gegangen und hat trotz der Gegenwart ihres Mannes mit ihr geschlafen, nachdem er ihr fünf Francs versprochen hatte.

Jene fünf Francs nun hat er ihr nicht bezahlt, und als er verschwand, hat er sie auch noch beschimpft. Der Kommandant ruft den Hauptmaschinisten. Dieser gesteht ohne die geringste Hemmung. Als der Kommandant ihm sagt, er solle die fünf Francs bezahlen, zuckt er die Schultern und erwidert:

»Ich habe noch nie etwas bezahlt, um mit einer Schwarzen zu schlafen.«

Er hat nicht bezahlt. Der Kommandant konnte da gar nichts machen. Ich sehe das Mädchen und ihren jungen Ehemann noch vor mir, wie sie wieder in ihren Laderaum zurückkehren.

Diese ganze Herde wird an einer Flußmündung Mahagoni laden.

Sie sind nicht aus freien Stücken gekommen. Der Häuptling ihres eigenen Stammes hat sie verkauft.

Was wird später aus ihnen werden? Das interessiert niemanden. Sie werden vielleicht bei einem feindlichen

Stamm bleiben. Oder aber ein anderes Schiff derselben Reederei bringt sie woanders hin, so wie sie hierhergebracht worden sind.

Dafür, so schrieb ich 1932, werden wir bezahlen, wir, unsere Kinder oder unsere Kindeskinder.

Heute, jetzt, da ich diktiere, große Erleichterung. Ein Züricher Antiquitätenhändler holt die mehr oder weniger wertvollen alten Möbel aus Épalinges ab.

Ich empfinde dabei dasselbe Vergnügen wie damals, als ich den Rolls und die anderen Autos wegfahren sah. Ich habe das undeutliche Gefühl, daß ich dem eigentlichen Menschen immer näherkomme.

Warum dieses Monument Épalinges? Warum diese Möbel, die nacheinander ausgesucht wurden und von denen die meisten den Namenszug eines berühmten Tischlermeisters aus einer vergangenen Zeit tragen? Warum dies ganze Personal?

Das paßt eigentlich ganz und gar nicht zu mir. Im Grunde tat ich es für D. Und ein paar Wochen später ist D. für immer weggefahren, so daß sie überhaupt niemals in dieser Umgebung gelebt hat.

Ich befreie mich von alledem mit einer fast sadistischen Freude. Die ganze Künstlichkeit, die zehn Jahre lang zu meinem Leben gehörte, fährt nun mit diesem Lastwagen weg. Gewiß, ich liebe Dinge, die zueinander passen, eine ansprechende Umgebung, ein angenehmes Leben.

Aber das alles, alles, was jetzt abfährt, hatte einen aggressiven Zug an sich, der nicht zu mir paßt.

Kurioserweise sind gerade meine Kinder, die doch

sonst ein natürliches Leben anstreben, mir ein wenig böse, weil jetzt das verschwindet, was eigentlich ihr Zuhause war. Für sie wäre es logisch gewesen, daß ich Épalinges behalte, nicht für mich, sondern für sie, damit sie dort von Zeit zu Zeit ihre Ferien verbringen können.

Ich fühle mich immer freier, entferne mich immer mehr von diesem falschen Schein, komme dem Mann von der Straße immer näher.

Ich glaube nicht, daß das eine Frage des Alters ist. Ich glaube im Gegenteil, daß ich jünger werde und nach und nach zu meiner wahren Persönlichkeit zurückfinde.

Hier in Valmont lebe ich seit einigen Tagen unter der strengen Aufsicht von zwei wundervoll aussehenden Soldaten in weißer Tunika, mit einer Menge Goldverzierungen überall und zwei Pistolen im Gürtel.

Ich bin es nicht, den sie bewachen. Aber wenn sie sitzen, und eine Tür geht auf, und jemand läßt nur seine Nasenspitze sehen, springen sie auf mit der Maschinenpistole in der Hand.

In der Tat haben wir als Gast hier einen Monsieur Bhutto, Präsident von Pakistan. Meine Wohnung ist an dem einen Ende des Ganges, seine am anderen Ende. Abends kommen Männer im Leopardenfell zur Ablösung. Er tut keinen Schritt im Hotel ohne seine Soldaten.

Es ist nicht das erste Mal, daß ich so etwas erlebe. In anderen Hotels, in Paris und Lausanne, war ich auch schon mit orientalischen Potentaten auf einer Etage. Immer war da die Garde, das Mißtrauen.

Früher muß es in den westlichen Ländern an den Höfen ebenso gewesen sein. Die Offiziere aus der Zeit vor dem 14er Krieg trugen bombastische Schulterstücke.

Wenn das, was wir die Dritte Welt nennen, sich der übrigen Welt angeglichen hat, werden sich auch diese Sitten nach und nach ändern, nehme ich an.

Wie dem auch sei, es stört mich nicht. Es ist sogar ganz malerisch. Aber es bringt einen doch zum Nachdenken.

Was uns anbelangt, T. und mich, so leben wir in unserem Eckchen und machen morgens und nachmittags ziemlich lange Spaziergänge, die von der Tour de France verkürzt werden, wenn wir sie uns im Fernsehen anschauen.

Ich lebe in Frieden, mit ihr, mit mir selbst und kümmere mich nicht mehr um den Rest der Welt. Das muß wohl mit dem Alter zusammenhängen.

Ich genieße, selbst wenn ich gesundheitlich einmal nicht so ganz in Ordnung bin, weiterhin die kleinsten Momente meines Lebens. Man gewöhnt sich an die kleinen Schmerzen, die kleinen Beschwerden. Trotzdem meckert und stöhnt man manchmal.

Für T. möchte ich in einem Zustand vollkommenen Gleichgewichts sein.

Es überkommt mich die Lust zu diktieren, und ich denke plötzlich, daß ich vielleicht von Porquerolles erzählen könnte. Ich glaube, das habe ich ja schon getan.

Wenn man sich der Insel nähert, ist es wie eine großartige bunte Ansichtskarte. Das Wasser im Hafen ist klar, die Fischerboote, wenn es noch welche gibt, liegen nebeneinander, und es sind auch immer eine oder zwei große Yachten auf der Durchreise da.

Ja, aber man darf nicht vergessen: Ich habe Porquerolles seit 1939 nicht mehr gesehen, und es scheint sich dort alles verändert zu haben. Sieben Jahre lang habe ich mehrere Monate im Jahr und manchmal den ganzen Winter dort verbracht. Ich hatte ein ulkiges kleines Haus hinten am Hafen direkt am Wasser. Neben dem Haus stand ein viereckiger Turm, den man da nicht erwartet hätte, und der wurde von einem Minarett gekrönt, das man noch weniger erwartet hätte.

Der Garten war ein Wirrwarr aus Tamarisken. Ich hatte eine Mole bauen lassen, an der mein »Spitzboot«, das heißt, ein typisches Fischerboot aus der Gegend dort, und noch zwei kleinere Boote festgemacht waren.

Mein Arbeitszimmer befand sich im ersten Stock des Turms, und wegen der Hitze mußte ich in den Sommermonaten dort schon um vier Uhr morgens arbeiten. Manchmal saß ich am Ende eines Kapitels nackt vor meiner Schreibmaschine.

Ein Paradies auf Erden, sagt man oft von Porquerolles. Das ist wahr. Alles dort ist schön. Die niedrigen Häuser um den Platz sind rosa oder hellblau.

Oft fragte ich Boule um sechs Uhr nachmittags, ob sie nicht eine Fischsuppe kochen wolle. Ich sprang in mein Boot. Ich zog ein kleines Grundschleppnetz eine halbe Stunde hinter mir her und kam mit zwei oder drei Kilo herrlich frischer Fische zurück.

Ich hatte einen Matrosen, Tado, der als bester Fischer der Insel galt.

Abends gingen wir beide an Bord und fischten zuerst die kleinen Fische, die wir dann auf einige Hundert Angelhaken spießten. Wir hatten auch Netze. Draußen auf dem Meer fischten wir Langusten.

Ist das nicht das Leben, das man sich erträumt? War

ich glücklich? Oder fühlte ich mich wenigstens wirklich zufrieden?

Nachmittags spielten wir mit den Fischern auf dem Platz Boule. Abends tanzten wir bei Maurice mit den Touristen.

Ich versuche jedoch vergeblich, richtige Sonne dort hineinzulegen. In meiner Erinnerung ist Porquerolles leer, leer wie eine Postkarte, ja, genau so.

Ich weiß nicht, warum. Ich werde es vielleicht nie wissen. Es gibt Dörfer ohne malerische Atmosphäre, ohne Tamarisken, ohne Eukalyptusbäume, ohne blaues Meer, an die ich viel erquicklichere Erinnerungen habe.

Gestern morgen habe ich von Porquerolles gesprochen (ohne es zu wissen zum zweiten Mal, aber das ist ohne Bedeutung).

Gestern nachmittag habe ich nun in der Zeitung gelesen, daß die Insel vom Staat zurückgekauft worden ist. Ich glaubte, dies sei geschehen, um sie vor den Geschäftemachern zu schützen. Ganz und gar nicht.

Wie es scheint, will man dort dreißig große Gebäude mit Ferienwohnungen direkt am Wasser errichten.

Vor ein paar Tagen hat mich mein Sohn nach einer Reiseroute gefragt, auf der er seiner amerikanischen Freundin Frankreich zeigen könne. Ich habe ihm geantwortet, daß ich dazu nicht fähig sei. Das Frankreich, das ich kannte, war das Frankreich von 1922 bis 1939. Ich ginge ja sonst das Risiko ein, mir vorwerfen zu lassen, meinen Sohn und seine Gefährtin an Orte zu schicken, die sich vollkommen verändert haben.

Jeden Nachmittag verfolge ich am Fernsehschirm die Tour de France. Ich interessiere mich weniger für die Fahrer als für die Landschaften, die Dörfer und die Städte.

Ich habe das alles sehr gut gekannt. Ich erkenne es nicht mehr wieder.

Sagte mein Großvater nicht das gleiche, als er sah, wie die Pferdeomnibusse durch die Straßenbahnen verdrängt wurden, und mit größerer Berechtigung noch, als die Autos durch die Städte fuhren!

Ein Zeichen des Alters, ganz einfach.

Ich hatte gerade Besuch von meinem besten Freund, zu dem ich am meisten Vertrauen habe und der extra aus Paris gekommen ist, um mich zu besuchen. Ich hatte ihn gebeten, um vier Uhr hier zu sein. Er war pünktlich zur Stelle.

Wir sind zusammen für mich wichtige Fragen, komplizierte auch, durchgegangen. Ich hatte einen vollkommen klaren Kopf.

Dann, nach einer Stunde etwa, vielleicht nach ein und einer viertel Stunde, ging das Gespräch weiter, aber es war für meine Ohren wie nicht mehr aktuell.

Ich kann keine langen Gespräche mehr mit den Leuten führen, selbst mit meinen Kindern nicht; sie müssen enttäuscht sein, wenn sie mich besuchen möchten. Ich kann es gar nicht erwarten, meine gewohnte Umgebung wiederzufinden, den friedvollen Pulsschlag meiner Wohnung zu spüren und wieder das Recht zu haben, meine Gedanken selbst bestimmen zu dürfen.

Wie ich gestern abend schon hier an meinem Mikrofon gesagt habe, war ich gezwungen, nachmittags von vier Uhr bis Viertel nach fünf über Verlagsgeschäfte, Verträge usw. zu reden. Es gab keine Diskussionen, weil mein Partner einig mit mir war. Dennoch habe ich um Viertel nach fünf darum gebeten, mich damit zu verschonen. Diese Dinge da interessieren mich nicht mehr. Ich stehe dem Schicksal meiner Bücher fast gleichgültig gegenüber. Und wenn ich fast sage, dann ist dieses Wort vielleicht überflüssig.

Mit dem Erfolg, daß ich heute morgen zögere, mich vor mein Tonbandgerät zu setzen und mich ernsthaft frage, ob ich diese Plaudereien, bei denen ich vom Hundertsten ins Tausendste komme und die mich in den letzten Monaten so bezaubert haben, fortsetzen soll. In der Tat kam plötzlich eine Erleuchtung über mich, und ich sagte mir, daß diese Plaudereien doch uninteressant sind und ich besser daran täte, sie nicht zurückzulassen.

Es sind keine Memoiren. Ich erwähne wenig Tatsachen. Ich gebe gewissermaßen keinerlei Meinung ab. Schließlich ist es nicht meine Aufgabe, mich um das Image der Dichter zu kümmern.

Was bleibt also? Ich werde darüber nachdenken. Ich gestehe von vornherein, daß ich diese Gewohnheit, allein zu plaudern nur mit Wehmut im Herzen aufgeben würde. In der Tat habe ich dabei manches Mal den Eindruck, daß ich eine angenehme oder auch unangenehme Episode aus meinem Leben nacherlebe, daß ich hierbei aber erst ihren eigentlichen Wert erkenne. Daß ich, mit anderen Worten, bis vor ein paar Monaten verkehrt herum gelebt habe. Dies Leben von früher betrachte ich mit immer schonungsloseren Blicken. Aus Gewissenhaftigkeit vermeide ich sogar, von den Menschen zu sprechen, die ich gekannt habe.

Was bleibt? Ich weiß es nicht. Morgen oder übermorgen werde ich wissen, ob ich weitermache oder dieses wahrscheinlich mißlungene Experiment aufgebe.

Was bin ich doch für ein alter Dummkopf! Seitdem ich mir überlegt habe, ob ich weiter mit meinem Spielzeug umgehen soll oder nicht, hatte ich gerade Zeit, *La Tribune* zu lesen, zu Mittag zu essen und ein kurzes Mittagsschläfchen zu machen. In ein paar Minuten fängt mein Nachmittagsspaziergang an.

Egal, ob ich Blödsinn daherrede. Egal, ob es steriles, unzusammenhängendes Geschwätz ist. Wie ich schon gesagt habe, das ist mein Spielzeug, und ich brauche es.

Sehr intelligente, mit wissenschaftlichen Ehren überhäufte Persönlichkeiten raten uns, unser Gedächtnis zu trainieren.

Ich persönlich, aber ich bin da kein Spezialist, glaube, daß man vor allem vermeiden muß, sein Gedächtnis zu trainieren. In der Volksschule, dann auf dem Gymnasium habe ich bemerkt, daß Schüler mit außergewöhnlichem Gedächtnis Faulpelze geworden sind. Außerdem besteht die Gefahr, daß das Gedächtnis unsere wahre Persönlichkeit verfälscht.

Es ist ein sehr feiner Filter, der für das Für und Wider unserer Eindrücke verantwortlich ist, der behält, was ihm gefällt und alles übrige ausmustert. Das nun, was ihm gefällt, das ist unser eigentliches Ich.

Zu Beginn dieses Jahrhunderts schrieb Charles Nicolle, der unter anderem den Impfstoff gegen den Typhus entdeckt hat und einer der Lieblingsschüler Pasteurs war, daß keine wissenschaftliche Entdeckung allein mit Hilfe unserer Intelligenz gemacht worden sei, sondern auch mit Hilfe unserer Intuition, anders ausgedrückt, unseres Unterbewußtseins. Über diese Theorie hat er ein Buch geschrieben.

Die Intelligenz kommt erst später, um zu ordnen, zu klären, praktische Konsequenzen zu ziehen usw.

Das Gedächtnis, so wie manche es uns ans Herz legen, ist eine mechanische Anhäufung verschiedener Kenntnisse.

Ich bin glücklich, solche nicht zu haben. Das erlaubt mir, nur die wesentlichen Bilder wiederzufinden, während der Rest in einer Art Nebel, vielleicht sogar im Nichts, verschwunden ist.

Vorhin beim Einschlafen habe ich noch einmal an die jugendlichen Banden gedacht, die in den Straßen von Brooklyn rivalisierende Cliquen bilden. Man hat oft über ihre Taten berichtet, denn es sind manche darunter, die schon seit ihrem zwölften Lebensjahr Verbrechen begehen.

Aus den Zeitungen habe ich erfahren, daß die gleiche Entwicklung in den Pariser Vororten und den Schlafstädten einsetzt.

Als ich neun oder zehn war, wohnte ich in der Pfarrgemeinde Saint-Nicolas. Die benachbarte Pfarrgemeinde hieß Saint-Pholien.

Ich war nicht etwa ein kleiner Strolch, der sich selbst überlassen gewesen wäre. Sicher, wir spielten auf der

Straße, weil man woanders nicht spielen konnte. Aber wir waren, was man damals »artige« kleine Jungen nannte. Trotzdem bildeten auch wir rivalisierende Banden. Kein Junge aus Saint-Nicolas wagte sich allein in das Quartier Saint-Pholien. Umgekehrt war es ebenso.

Manchmal wurden Steinschleuderschlachten organisiert, und wenn sich das Mitglied einer Bande von der feindlichen Bande fangen ließ, bekam es eine gehörige Tracht Prügel. Das war vor 1914, eine ganze Weile, bevor man über die Grausamkeit der Kinder und ihr gewalttätiges Verhalten sprach.

Jeden Morgen gingen wir zur Messe und jeden Sonntag zur Kommunion.

Es ist Sonntag. Vorhin sagte ich zu T., daß ich mich unwohl fühlte und mehr Schwindel hätte als gewöhnlich. Sie erklärte mir, daß dies seit drei Tagen so sei. Ich selbst bin vergeßlich. Ein paar Stunden nach einem Schwindelanfall könnte ich schwören, daß es ihn nie gegeben hat. Drei Tage, das bringt uns auf den Freitag.

Ich habe schon von der Unterredung erzählt, die ich an jenem Tag hatte, und von der Eineinviertelstunde, die über dieser geschäftlichen Besprechung dahinging. In der Tat mußte ich nach einer und einer Viertelstunde das Gesprächsthema wechseln, ich glaube, das habe ich schon gesagt.

Jetzt, nach dem, was T. mir gesagt hat, habe ich nachgedacht und herausgefunden, daß ich am Freitag eine Art Entdeckung gemacht habe. Daß ich nämlich in zehn Jahren, wenn einige meiner jetzigen Verträge ausgelaufen sind, wahrscheinlich nicht mehr da sein werde, um die Entscheidungen zu treffen, die dann getroffen werden müssen.

Ich will nicht, daß eines meiner Kinder sich um meine Angelegenheiten kümmert, obwohl Johnny dann seinen *master degree* in Wirtschaftswissenschaft und Business der Harvard-Universität haben wird.

Wenn eins meiner Kinder die Aufgabe hätte, sich um meine Verträge zu kümmern, käme unausweichlich der

Tag, wo die jetzt unter ihnen herrschende Eintracht in Mißtrauen oder Bitterkeit umschlagen würde.

Ich habe noch keine einzige Familie getroffen, wo das nicht so gewesen wäre.

Alles in allem erlebe ich seit Freitag, ohne es selbst zu bemerken und in dem Glauben, an etwas ganz anderes zu denken, meinen eigenen Abgang.

Traurig macht mich das eigentlich nicht. Sagen wir mal, es ruft eine gewisse Melancholie hervor.

Und der kleinste Wechsel meiner Laune macht sich bei mir durch leichte organische Beschwerden bemerkbar, wie den Schwindel.

Immer noch Sonntag. Seit gestern regnet es wie in meiner Kindheit, Sturzbäche, wie man in Lüttich sagt, mit kristallklaren Tropfen, die bis zu zehn Zentimeter hochsprühen. Das faszinierte mich. Ich preßte mein Gesicht gegen die Scheibe, an der das Wasser herabrann.

Warum denke ich, wenn es gießt, ausgerechnet an diesen Regen von vor mehr als sechzig Jahren? Ich habe mir diese Frage auch in bezug auf andere Eindrücke gestellt. Ich habe den endlosen Regen von Buenaventura in Kolumbien an der Pazifikküste erlebt. Ich habe auch die tropischen Regengüsse am Ubangi erlebt, wo man sogar in seinen am dichtesten schließenden Koffern Wasser fand.

Nein. Es ist dieser alte Regen, der mir wieder einfällt, als sei er der einzig wirklich heftige Regen gewesen.

Heftig für mich, na ja sicher. Ich war fünf oder sechs Jahre alt.

Dies hier könnte ein Postskriptum sein zu dem, was ich eben diktiert habe. T., die mir beim Aufnehmen zugehört hat, öffnete mir wieder einmal die Augen über gewisse Seiten meines Selbst. Es ist wahr, sie ist vierundzwanzig Jahre jünger als ich und beobachtet mich die ganze Zeit.

Ich habe ihr gesagt, daß es doch ziemlich seltsam sei, was hier im Augenblick mit mir geschieht, nämlich von einer Idee verfolgt zu werden, wo ich doch die ganze Zeit guten Glaubens bin, eben nicht an sie zu denken.

Sie antwortete mir:

»Sie sind schon immer so gewesen. Der einzige Unterschied ist, daß Sie früher einen Roman geschrieben haben, wenn Ihnen ein Problem auf der Seele lag.«

Das stimmt. Jetzt bleibt mir nur mein kleines Spielzeug. Hat es dieselbe Wirkung? Später wird man es wissen.

Letzte Nacht habe ich mit bald offenen, bald geschlossenen Augen von neun Uhr abends bis zwei Uhr morgens hellwach im Bett gelegen. Ich lag vollkommen unbeweglich und dachte an nichts oder vielmehr, ich ließ wie einen alten Film einen Nebel aus Erinnerungen an mir vorüberziehen.

T., die mich doch gut kennt und die neben mir lag, glaubte, ich schliefe. Ich war ohne Ungeduld, ohne Angstgefühle.

Das erinnert mich an ein Geschehnis bei der »Caque«, dieser kleinen Gruppe, die von langhaarigen Malern und Dichtern gegründet worden war.

Eines Tages hatte jemand einen Guru kennengelernt, den wir dann den Fakir nannten und der ich weiß nicht aus welchem Land Asiens kam, immer bis oben hin voll mit Morphium. Er war imstande, die meisten von uns zu hypnotisieren, und er versetzte einen der jüngsten und schwächsten der Maler in einen Zustand der Katalepsie. Es war keinerlei Trick dabei. Wir legten unseren Freund K. mit dem Kopf auf den einen Stuhl und mit den Fersen auf einen anderen, und der ganze Körper blieb in der Mitte so steif, daß man sich daraufsetzen konnte.

Ich brachte es nicht so weit, aber es gelang mir doch, so abwesend zu sein, daß ich völlig bewegungslos wurde und den Eindruck vermittelte, als läge ich in tiefem Schlaf.

Zum Schluß hat uns dieser Guru oder Fakir schließlich doch noch Angst gemacht, vor allem, als er versuchte, uns zu Drogen zu überreden, und ich war es, der seine Gegenwart bei unseren Zusammenkünften verbot.

Im Grunde ist es diese praktisch kataleptische Unbeweglichkeit, die ich heute nacht fast fünf Stunden lang erlebt habe.

Ich dachte, diese Erinnerung sei völlig aus meinem Gedächtnis ausgelöscht, und heute morgen erst ist sie mir so plötzlich und mit so präzisen Einzelheiten wieder eingefallen, als ob ich sie noch einmal erlebte.

Die Aristokratie, genauer gesagt, die Macht des Geldes, das heißt, die Macht, in den Kulissen der Ministerien und der großen Verwaltungen wirklich zu regieren, wird morgen nicht, nicht mehr den Politikern oder

Staatsmännern gehören. Sie wird gehören und gehört heute schon immer mehr den Immobilienmaklern.

Für sie übertritt man sehr strenge Gesetze und Erlasse, und selbst wenn sie zufällig einmal nicht die Genehmigung zum Bauen oder zum Roden eines Waldes bekommen, lassen sie sich nicht zurückhalten, und kein Minister wagt es, ihnen Knüppel zwischen die Beine zu werfen.

Die Zeit des Barons Haussmann aus der zweiten Hälfte des vergangenen Jahrhunderts beginnt wieder von neuem. Ein paar Männer unter der Führung von Haussmann haben fast das gesamte Viertel um die Champs-Elysées, den Faubourg Saint-Honoré usw. erbaut. Als Makler oder Bauunternehmer haben sie so viel Geld gemacht, daß sie die wichtigsten Pariser Zeitungen kaufen konnten, was ihnen dann erlaubte, die öffentliche Meinung zu manipulieren und auch Druck auf die sogenannten Männer an der Macht auszuüben.

Einer von ihnen erzählte gern, er brauche nur einmal zu telefonieren, um einen Minister zu stürzen.

An diesem Punkt sind wir fast wieder angelangt. Das wird schon noch kommen. Dasselbe Phänomen vollzieht sich jedesmal, wenn man eine Stadt wieder aufbaut. Diesmal nun ist es ganz Frankreich, das man wieder aufzubauen versucht, und außerdem gibt es da noch, was zu Haussmanns Zeiten nicht existierte, den großen Kuchen der Autobahnen.

Aristokratie für Aristokratie . . .

Es ist mir eingefallen, daß man die Art und Weise, mit der ich gewisse Erinnerungen wieder heraufbeschwöre, durch eine Art Niedergeschlagenheit erklären könnte oder als Ergebnis einer gewissen Gefühllosigkeit.

Es sieht in der Tat so aus, als plünderte ich aus reinem Vergnügen einen Teil meiner Vergangenheit.

Das stimmt aber nicht. Ich versuche nur zu sehen, was ich ohne mein Zutun, ohne mein Wissen behalten habe, das heißt, das, was wirklich wichtig ist. Es sind oft nicht jene Ereignisse, die uns im eigentlichen Moment des Erlebens beeindruckt haben.

Ich bin das ganze Gegenteil eines Pessimisten, besonders jetzt, da ich glücklich bin. Ich koste jede Minute aus. Ich koste auch diese Bilder aus, die mir, ich weiß nicht wieso, von irgendwoher zuströmen und die sich mir ohne erkennbaren Grund eingeprägt haben.

Hierfür gebe ich ein ganz kleines Beispiel.

Er hieß Albert. Er war genauso alt wie ich, etwa acht Jahre. Er wohnte in der Rue Pasteur, der Nachbarstraße von uns. Die Rue Pasteur war bourgeoiser; normalerweise eine Familie pro Haus, und, das versteht sich von selbst, keine Pensionsgäste wie bei uns.

Es war damals eine verlassene Straße. Es fuhren dort keine Fiaker durch und auch keines der wenigen Autos, die es in der Stadt gab. Das einzige Geräusch waren morgens die Pferdekarren für den Müll und die Rufe der Gemüsehändler, die ihre kleinen Wagen schoben.

Das war die Straße, die wir uns als Treffpunkt ausgesucht hatten, in einer Zeit, als man noch auf der Straße spielen konnte. Die Mütter waren nicht weit und schoben manchmal die Vorhänge zur Seite, um nachzuschauen, wo wir waren und was wir so trieben.

Albert war hübscher als die anderen. Ich bewunderte sein rotblondes Haar, die kleinen Sommersprossen unter seinen Augen und eine natürliche Eleganz, eine Ungezwungenheit der Haltung, die zu besitzen ich selbst weit entfernt war. An manchen Tagen waren wir die einzigen, die sich da trafen, und wir spielten Murmeln auf dem Bürgersteig.

Er wohnte in dem hübschesten Haus der Straße, das mit den niedlichsten Vorhängen, mit weißgestrichenen Fenstern und einer weißgestrichenen Tür.

Seine Mutter ist mir in Erinnerung geblieben als eine der attraktivsten, der wirklich weiblichsten Frauen, die ich jemals gekannt habe.

Viele Bewohner des Quartiers vermieden es, sie zu grüßen.

Sie war in der Tat, was man damals eine ausgehaltene Frau nannte. Von Zeit zu Zeit bekam sie Besuch von einem der größten Industriellen der Stadt. Schon morgens trug sie nicht eine Küchenschürze, sondern ein raffiniertes Negligé.

Teilweise vielleicht wegen der Anziehungskraft der Sünde, die sie wie ein Heiligenschein umgab, empfand ich für sie eine grenzenlose Bewunderung, und ich beneidete Albert darum, eine solche Mutter zu besitzen.

Ich weiß nicht, wie sie beide aus meinem Leben verschwunden sind. Vielleicht haben sie das Quartier gewechselt. Später habe ich Albert wiedergetroffen. Er war Student, trug jetzt den Namen des Besuchers der Rue Pasteur und lebte in dem großen Haus des Geschäftsmannes. War der Witwer geworden? Ich weiß es nicht. Ich glaube nicht, daß er sich hat scheiden lassen. Ich weiß nicht, ob das zu jener Zeit vom Gesetz her möglich war.

Wie dem auch sei, der leicht rothaarige kleine Junge hat nach einer Reihe von Jahren die Geschäftsleitung übernommen und ist ein sehr wichtiger Mann geworden.

Warum gerade diese Erinnerung und keine andere? Warum machte Albert Eindruck auf mich? Warum brauche ich nur an ihn zu denken, um die beiden Bengel, die wir waren, wieder vor mir auf dem Bürgersteig Murmeln spielen zu sehen?

Ich hatte andere Freunde, andere Spielkameraden, manche, die auch in der Rue Pasteur wohnten. An sie erinnere ich mich kaum. Mein Gedächtnis hat eine Auswahl getroffen, und wie durch Zufall ist es eine leuchtende Auswahl, und wenn ich an Albert und seine Mutter denke, steigt die Zärtlichkeit für diesen Teil meiner Kindheit wie eine Wolke in mir auf.

Bei fast allen Erinnerungen, die ich hier zufällig wieder zum Leben erwecke, geht es mir ebenso. Es sind Bilder, die mir ohne mein Zutun einfallen und die fast alle eine unbeschwerte Lebensfreude atmen, eine Art Unschuld, selbst wenn es sich um Erinnerungen aus der Zeit handelt, als ich in den Dreißigern oder Vierzigern war.

Ich kann nichts dafür, wenn die anderen Bilder, die scheinbar heller leuchteten, nach und nach verblaßt sind oder in meinem Mund einen bitteren Nachgeschmack hinterlassen.

Vielleicht kommt es gerade daher, durch diese mechanische Auswahl, daß ich im Alter von siebzig Jahren noch ein heiterer Mensch bin, der in vollem Einklang lebt mit dem, was er ohne zu wollen von seiner Vergangenheit behalten hat.

Anruf von Johnny. Er verläßt Marc in ein oder zwei Tagen, um eine Freundin in Stockholm zu treffen; anschließend kehrt er wieder nach Frankreich zurück, wo er einen Teil der Ferien mit einer anderen Freundin verbringen wird, einer Amerikanerin, derjenigen, die er in Kalifornien kennengelernt hat.

In der Zwischenzeit schließt Marc die Vorarbeiten zu seinem nächsten Film ab. Marie-Jo macht in Brest etwas für das Fernsehen und übernimmt dann eine kleine Rolle in dem neuesten Film von Chabrol. Dann kommt noch Pierre heute nachmittag, denn er fährt am Sonntag mit einem Freund auf die Balearen. Diese Zersplitterung, die ist wirklich gelungen. Zum Glück ist da wenigstens einer – ich – mit einer festen Adresse.

In den Zeitungen, den Illustrierten, im Fernsehen, an den Universitäten spricht man viel über den Menschen von morgen. Man hat eine neue Wissenschaft gegründet, die nichts mit der Astrologie zu tun hat: die Futurologie.

Die einen bemühen sich darzulegen, wie das Leben und die Persönlichkeit des Menschen im Jahre 2000 aussehen werden, wie hoch die Geschwindigkeit seiner Transportmittel und wie hoch die, das ist ja ganz klar, größere Zahl derer sein wird, die sich umbringen werden.

Manche greifen der Zeit noch weiter vor, denken an die kommenden Mutationen, denn wenn wir zu dem geworden sind, was wir sind, und wir uns provisorisch Menschen nennen, so ist das die Folge einer gewissen Anzahl von Mutationen.

Aber ich habe nie jemanden fragen hören:

»Wo werden diese Mutationen denn vor sich gehen?«

Will sagen, auf welchem Kontinent, bei welcher ethnischen Gruppe, bei Menschen mit welcher Vergangenheit, welcher genetischen Erbstruktur?

Nichts beweist, daß es in Europa, bei dem weißen Mann, oder in den Vereinigten Staaten sein wird. Es gibt noch andere große Völkergruppen auf der Welt.

So daß die nächsten Mutationen vielleicht einen ganz andersgearteten Menschen hervorbringen werden, verschieden von dem, wie wir selbst uns sehen, und der uns in nichts mehr verpflichtet ist.

Meine Geschichten von heute werden von den vorausgegangenen sehr verschieden sein. Jene sprudelten ganz von selbst aus meinem Unterbewußtsein hervor, fast ohne daß ich davon wußte, ganz frisch, als ob sie noch atmeten mit ihren Licht- und Schattenseiten, ihren Farben und ihren Gerüchen.

Die von heute setze ich fast künstlich zusammen, denn nie fallen sie mir ganz von selbst ein. Vielleicht, weil mein Geist sich gegen sie auflehnt.

1936 wohnte ich im Château de la Cour-Dieu im Wald von Orléans, einer ehemaligen Zisterzienserabtei, neben der sich eine verfallene Kirche erhob. Ich pachtete ein Jagdrevier von zehntausend Quadratkilometern. Ich hatte meine Pferde kommen lassen. Ich ritt fast jeden Tag aus. Es regnete unter den Tannen, und ich langweilte mich sehr.

Damals beschloß ich, vor allem wegen Tigy, die sich beklagte, eine Wohnung in Paris zu nehmen.

Warum war ich auf einmal so ein Angeber geworden? Ich nahm eine große Wohnung am Boulevard Richard-Wallace, gegenüber Bagatelle und dem Bois de Boulogne, und ließ sie von einem Innenarchitekten mit erlesenen Möbeln einrichten.

Ich kaufte meine Garderobe beim besten englischen Schneider auf den Champs-Elysées, so englisch, wie es irgend ging. Ich trug einen blauen, sehr langen und taillierten Überzieher und auf dem Kopf einen perlgrauen Homburger, das Ganze noch verbrämt mit weißen Handschuhen.

Ich mußte erst einige Photos aus dieser Zeit wiedersehen, um zu glauben, daß ich diese Karikatur war. Ich hatte ein blaßgrünes Delage-Cabrio, mit dem ich jeden Tag um fünf bei Fouquet's vorfuhr.

Ich war ein Snob geworden.

Zu allem Überfluß hatten sich mein Gesicht und mein Körper verändert. Da ich fast jeden Tag »in der Stadt« zu Mittag und Abend aß, wie die elegante Welt, die das das ganze Jahr über macht, hatte ich zugenommen, und mein Gesicht war zu einem dicken Babygesicht geworden. Ich bemerkte das aber gar nicht.

Ich ging zu allen Premieren, zu allen mondänen Abendgesellschaften, und fast jeden Abend stieg ich in meinen Frack und setzte meinen Chapeau claque auf.

Es fehlte nur noch das Cape!

Dennoch schrieb ich Romane, die diesen Wahnsinn nicht widerspiegelten.

Nachmittags, wenn ich mich langweilte, ging ich über die Brücke und war wieder in Puteaux, bei seinen kleinen Leuten, seinen Läden und Bars, seinen Gören auf den Straßen, und ich machte dort lange Spaziergänge.

Das dauerte etwa zwei Jahre. Dann, eines schönen Tages, muß ich wohl gefühlt haben, daß diese Gestalt da nicht ich war. Ich fuhr mit dem Auto nach Nordholland, und auf dem Rückweg fuhr ich langsam an der Küste entlang in der Hoffnung, das Haus zu finden, von dem ich träumte. Überall standen entweder zu viele Villen, oder aber es gab keinen direkten Zugang zum Meer.

Ich erinnere mich an den Morgen, als ich in einer Straßenbiegung den Himmel von La Rochelle entdeckte, den ich so gut kannte, und das weite, flache Land, das bis zum Meer reichte.

Zum Mittagessen ging ich zu meinem Freund B., und ich fragte ihn, ob er nicht ein Haus wüßte, das zu verkaufen sei.

»Was denn für ein Haus?« fragte er.

»Ein kleines, gemütliches Großmutterhäuschen.«

Das sollte heißen, ein Haus, in dem man als Kind gern seine Ferien mit seiner Großmutter verbracht hätte.

Das Erstaunlichste war, daß ich es in Nieul-sur-Mer gefunden habe, hundert Meter von den Austernbänken, weniger als einen Kilometer Luftlinie von jener Richardière entfernt, wo ich mehrere Jahre gelebt hatte.

Ich bestellte den Maurer des Ortes. Gemeinsam untersuchten wir die Mauern, um die ehemaligen und inzwischen zugemauerten Fenster wiederzufinden. Wir entdeckten ein wunderbares Portal. Ich arbeitete fast soviel wie der Maurer, in einem regelrechten Fieber, und nach und nach merkte ich, daß ich wie durch ein Wunder eine ehemalige Probstei gekauft hatte.

Ich bewirtschaftete den Garten, bestellte beim Hufschmied geschmiedete Eisengitter.

Kurzum, nach einem Jahr der Begeisterung war das Haus fertig. Die Möbel aus Paris konnten in die neue Umgebung nicht hineinpassen. Bis ins Elsaß habe ich die Antiquitätengeschäfte abgegrast. Ich fing wieder an, mich normal anzuziehen, ohne den englischen Gentleman zu spielen, und wenn ich nach Paris fuhr, vergaß ich oft den Fünfuhr-Nachmittagstreff bei Fouquet's.

Der Krieg erlaubte mir nicht, länger als knapp zwei

Jahre in diesem Haus zu leben, das so ganz meinem Ideal entsprach.

Später mußte ich es Tigy geben, die immer noch dort wohnt.

Da sind wirklich Enkel, die dort ihre Großmutter besuchen. Die beiden Kinder von Marc.

Ich selbst habe nie wieder meinen Fuß dorthin gesetzt.

Dies alles, ich wiederhole, ist Rekonstruktion. Es sprudelt nicht mehr aus mir hervor. Da sind vielmehr so etwas wie Postkarten, die mir als Anhaltspunkte dienen. Ich bin nichtsdestoweniger der Mann des Boulevard Richard-Wallace, des englischen Schneiders, der weißen Handschuhe, des Delage und von Fouquet's gewesen. Meine tolle Garderobe hat mich die ganzen Jahre über begleitet, ohne daß ich sie gebraucht hätte, außer in Amerika, wo ich mehrere Male einen Smoking und einen Frack tragen mußte.

Anläßlich meines siebzigsten Geburtstages habe ich mir das Vergnügen gegönnt, diese ganzen Klamotten, einschließlich Cut und Angströhre, einer Schauspielschule in der Nähe von Lausanne zu schicken.

Ich habe keinen Smoking mehr.

Eine Erinnerung aus einer anderen Kategorie, eine von denen, die man von Kindheit an in seinem tiefsten Inneren vergraben möchte: Das, was ich Erinnerungen nenne, deren man sich schämen muß. Und da ich bei Mönchen und dann bei Jesuitenpatern erzogen wurde, war das Wort »sich schämen« an der Tagesordnung.

Ich war ungefähr sieben. Ich hatte eben meinen Marineanzug mit dem großen weißgesteiften Kragen eingetauscht gegen das, was man einen Jägeranzug nannte, der versehen war mit einem weißen Kragen und einer Halsbinde. Die Hose sollte theoretisch bis unter die Knie gehen. Jedenfalls war das eine Theorie meiner Mutter, und wenn meine Mutter eine Theorie hatte, dann war die aus ihrem Kopf nicht mehr herauszukriegen.

Einige meiner Kameraden, wie Albert zum Beispiel, trugen viel kürzere Hosen, rundweg *über* den Knien. Und so zog ich die ganze Zeit an meiner Hose herum, auch wenn ich dabei im Schritt ganz wund wurde.

Die Haare waren auch wichtig. Meine waren zu der Zeit blond, beinahe weißblond. Ich mußte sie sehr kurz tragen, und jedesmal flehte ich meinen Frisör an:

»Einen Zentimeter mehr, Raoul, bitte, bitte.«

Raoul tat, was er konnte, aber es kam vor, daß meine Mutter mich zu ihm zurückschickte, damit er mich von der Überlänge befreie.

Schließlich geschah es dann. Ich war von Natur aus ziemlich blaß. Darüber war ich ganz unglücklich. Mein Vater benutzte, um seinen Schnurrbart in Form zu bringen, eine Pomade, die schön rot und transparent war und die ich immer noch vor mir sehe. Eines Tages, während ich meine Mutter in der Küche herumwirtschaften hörte, bemächtigte ich mich heimlich dieser Pomade, machte sie feucht und rieb mir etwas davon auf die Wangen.

Das fiel gar nicht sofort auf. Eine Stunde später waren meine Wangen knallrot und glänzend wie Franzäpfel. Ich wusch mich mit Strömen von Wasser, seifte mich ein, aber es war nichts zu machen gegen diesen Glanz, der nichts Natürliches an sich hatte.

Als meine Mutter mich sah, betrachtete sie mich besorgt:

»Was hast du denn?«

»Nichts.«

Der Gebrauch des Thermometers war im Haus so ziemlich unbekannt, außer, wenn der Arzt es uns in den Mund steckte. Sie befühlte mich, fand, daß meine Wangen ganz heiß seien und schickte mich gegenüber zu Bruder Felix, der für sie die personifizierte Wissenschaft war. Bruder Felix untersuchte meine Wangen, und seine Augen schauten auf einmal ganz vergnügt.

»Was hast du auf deine Wangen geschmiert?«

Und ich, besiegt:

»Schnurrbartpomade von meinem Vater.«

»Hol sie mir mal.«

Ich rannte los. Auch ich fing an, unruhig zu werden. Bruder Felix feuchtete seinen Finger heldenhaft mit

Spucke an, rieb ihn auf der Pomade und fuhr damit über seine Zunge.

»Gut. Du brauchst dich nur ein paarmal mit recht kaltem Wasser zu waschen.«

Ein paarmal? Es dauerte zwei Tage. Meine Mutter erfuhr alles und wurde böse. Auch mein Vater erfuhr alles und konnte sich ein Lächeln nicht verkneifen.

Und ich, ich lernte, was es heißt, sich zu schämen. So sehr, daß ich mich richtig anstrengen muß, diese beschämende Erinnerung wieder heraufzuholen aus den Urtiefen meiner selbst, wo freiwillig herumzuwühlen mein Gedächtnis sich immer weigert.

Ich habe gerade das Buch beendet, das Nancy Milford Scott Fitzgerald und seiner Frau Zelda unter dem Titel *Zelda* gewidmet hat. Scott Fitzgerald war mir vertraut durch seine Werke und durch das, was ich schon über ihn wußte. Ich wußte aber fast nichts über Zelda.

Aus persönlichen Gründen war das eine ziemlich unerfreuliche Lektüre, und ich möchte sie lieber vergessen.

Wenn ich meinen Auszug aus Épalinges und meinen Einzug in die Wohnung in der Avenue de Cour in Lausanne mitrechne, habe ich also einunddreißigmal die Wohnung gewechselt.

Die ersten drei Male könnten auch weggelassen werden, weil es da meine Eltern waren, die umgezogen sind, und ich ja nur mit ihnen ging. Trotzdem haben auch diese Umzüge ihre Bedeutung gehabt, denn sie versetzten mich in verschiedene Umgebungen, in das Leben verschiedener Stadtviertel.

Dieses ganze Hin und Her hat manche veranlaßt, von Unbeständigkeit zu sprechen. Dem ist aber nicht so.

Der Vorgang war jedesmal gleich. Ich fing an, um mich herum ein Gefühl der Leere zu empfinden. Die Umgebung, die Möbel, die Gesichter, die ich draußen erblickte, hatten aufgehört, einen Sinn für mich zu haben. Es war fast, als gäbe es nur noch eine erstarrte Welt.

Heißt das, eine Welt, deren Substanz ich aufgebraucht hatte? Es wäre anmaßend, dies zu behaupten.

Jedenfalls floh ich. Denn all meine Umzüge sind Fluchten gewesen. Ich floh aus einer Welt, die nicht mehr die meine war, die aufgehört hatte, zu mir zu gehören, ein Teil meiner selbst zu sein und mir, ob mir das nun bewußt war oder nicht, den Stoff zu einigen Romanen geliefert hatte. Manche Orte gaben mehr her als andere. Manche Situationen ebenfalls.

Ich habe nie den Reiz des Fremdartigen gesucht. Ich habe auch in meinen Büchern nicht darauf zurückgegriffen. Für mich waren Menschen überall Menschen, und ob es nun halbnackte Schwarze oder mit Blumen geschmückte Tahitianer im Pareo waren, ich suchte nie die Unterschiedlichkeit, sondern im Gegenteil die Gleichartigkeit.

Das gleiche gilt für die Leute, die ich kennengelernt habe. Aber ich habe mir ja vorgenommen, keine Namen zu nennen. Manche haben Eindruck auf mich gemacht, und voller Erstaunen bemerkte ich dann beim Schreiben meiner Romane, daß ich ihnen dort wiederbegegnete.

Heute morgen spielte der Arzt auf eine Familienkrise an, die ich vor etwa zehn Jahren über mich ergehen lassen mußte und die noch nicht bereinigt ist, und er fragte mich, ob ich niedergeschlagen oder bereichert daraus hervorgegangen sei.

Zuerst sicherlich niedergeschlagen. Und dieses Wort ist noch viel zu schwach. Sie hat mich buchstäblich fast zugrunde gerichtet.

Die Jahre sind vergangen, und seltsamerweise ist es gerade dieser Streit, der mir nach seinem Höhepunkt, bei dem es um Leben und Tod ging, meine gegenwärtige Heiterkeit geschenkt hat.

Das ist erst wenige Jahre her. Zweifellos ist das der Grund, warum ich diese ganz neue Heiterkeit auskoste, nach der ich mich, wie mir scheint, mein Leben lang gesehnt habe.

Eine der Fragen, die mir der Doktor auch noch gestellt hat, nicht als Arzt, sondern als Freund – wenn das auch nicht ganz sicher ist – war: »Was für ein Mechanismus läuft denn da bei Ihnen ab, wenn Sie einen Roman planen?«

Diese Frage hat man mir in fünfzig Jahren schon tausend-, zehntausendmal gestellt. Ich habe jedesmal versucht zu antworten, so gut es ging. Möglicherweise waren meine Antworten etwas unterschiedlich, denn das ist ungeheuer komplex, und es ist jedenfalls sicher, daß diese Antworten oft unzutreffend wiedergegeben worden sind.

Zu meinem eigenen Vergnügen werde ich versuchen, die Planung und den Mechanismus eines meiner Romane ausführlich darzulegen, des ersten Maigret, nicht weil ich ihn für wichtig halte, sondern weil ich mich an ihn am besten erinnere.

Ich war mit einem Boot, der »Ostrogoth«, die ich in Fećamp hatte bauen lassen, in Delfzijl angekommen.

In einer durch vier Luken erhellten Kabine schrieb ich jeden Morgen mein Romankapitel.

Eines Tages bemerkte der Tischler, daß mein Boot Wasser durchließ und es neu kalfatert werden mußte. Da ich mir geschworen hatte, während meiner ganzen Reise nicht an Land zu schlafen, habe ich ebenso wie Tigy und Boule weiter an Bord geschlafen, obwohl das Boot im Trockendock lag.

Dort zu schreiben war ganz undenkbar, denn die Kalfaterer klopften mit kräftigen Schlägen auf den Schiffsrumpf, die innen dröhnten wie unter einer Glocke. Da entdeckte ich eine alte, halb abgesoffene Barke. Auf ihr habe ich im Wasser eine große Kiste als Tisch für meine Schreibmaschine aufgestellt, eine kleinere Kiste für mein Hinterteil und zwei noch kleinere Kisten für meine Füße.

Dort schrieb ich eine der Serien von Kriminalgeschichten: *Les 13 mystères, Les 13 énigmes, Les 13 coupables.*

Dann, eines Morgens, ging ich in das kleine Café, wo ich immer hinging und das ich sehr mochte. Es war ziemlich dunkel, strahlte aber eine außergewöhnliche Sauberkeit aus. Der Billardtisch, der von unten durch glühende Kohlen geheizt wurde, damit das Holz nicht arbeiten sollte, zeigte nicht einen einzigen Kreidefleck.

Die Tische waren die glattesten, die ich je gesehen habe.

Ich erinnere mich, daß ich den Wirt fragte, welchen Lack oder welches Wachs er benutzte. In seinen Augen lag fast ein Ausdruck der Entrüstung.

»Kein Wachs und vor allen Dingen keinen Lack. Jeden Morgen reibe ich sie lange mit ein paar Tropfen Öl ein, und das seit vierzig Jahren.«

Ich bestellte einen Genever mit einem Tropfen Zitronensirup und trank ihn in aller Ruhe, wobei ich mein Pfeifchen rauchte, dann trank ich noch einen, und ich möchte nicht beschwören, daß ich nicht noch einen dritten bestellte. Die Genevergläser in Holland sind aber auch wirklich sehr klein.

Trotzdem war mein Kopf etwas schwer geworden, als ich mich aufmachte, mit den Händen in den Taschen am Meer entlangzulaufen. Hier jetzt kamen mir Bilder in den Sinn. Zuerst die Straßen von Paris, die ich vor mehr als einem Jahr verlassen hatte, dann die Gestalten der Penner, die ich in den Häfen getroffen hatte. Sie sind ein bißchen wie der Abschaum des Meeres oder die Clochards der Häfen. Niemand weiß, woher sie kommen. Niemand kennt ihre Nationalität. Wenn man sie aus einem Gebäude verjagt, findet man sie in einem anderen Lagerhaus wieder. Sie verstoßen manchmal gegen das Gesetz, sind aber auch immer bereit, Gefälligkeiten zu erweisen, so daß man sie in Ruhe läßt.

Sie sind nicht alt wie die Clochards der Städte. Die meisten sind noch ziemlich jung. Sie beeindruckten mich, wie mich die beeindruckt hatten, die in Paris unter den Brücken schlafen.

Dies alles vermischte sich in meinem umnebelten Hirn,

und bald beschloß ich, einen Roman zu schreiben, dessen Ausgangspunkt die Hafenpenner sein sollten.

Der Nachmittag ging ohne besondere Vorkommnisse hin. Die neue Stimmung drang in mich ein, ich blieb gefangen in ihr, in einem Milieu, das sich um mich herum verdichtete.

Morgens um sechs Uhr stieg ich auf meinen überschwemmten Kahn, setzte mich auf meine Kiste, stellte die Füße auf die beiden anderen und fing an, das erste Kapitel von *Maigret und Pietr, der Lette* herunterzutippen.

Um elf Uhr war das erste Kapitel fertig. Ich hatte kein Konzept, keinen Plan. Ich hatte mich damit begnügt, auf einem alten gelben Umschlag, den ich in einer Schublade der »Ostrogoth« gefunden hatte, einige Namen, einige Straßennamen aufzuschreiben, das war alles. Acht Tage später war der Roman fertig, der erste aus der Reihe der Maigrets.

Am Anfang hatte ich keine Ahnung, wie die Geschichte sich entwickeln würde. Ich schrieb immer so von einem Tag auf den anderen und folgte meiner Hauptfigur. Maigret war für mich in jenem Augenblick nur ein Komparse, und ich zeichnete ihn nur in groben Umrissen. Ich wußte noch nicht, daß ich ihn in noch fast achtzig weiteren Romanen benutzen würde, daß er nicht nur in allen Ländern bekannt werden, sondern daß man aus ihm auch Radio-, Filmserien und Fernsehsendungen machen würde.

Auf den Schluß des Buches kam ich am letzten Tag.

Ebenso ist es im folgenden mit all meinen Romanen gewesen, Maigret oder nicht.

Wodurch wurde das alles in Gang gesetzt? Durch drei Gläschen in der ruhigen und harmonischen Atmosphäre meines kleinen Cafés? Durch die Penner, die ich in allen Häfen getroffen hatte? Ich bin unfähig, darauf zu antworten. Den Mechanismus kenne ich im Grunde nicht. Es ist nie der feste Wille da, ein Buch zu schreiben. Es beginnt eher mit einer Art Unbehagen. Vielleicht das Bedürfnis, meiner unmittelbaren Realität zu entfliehen? Ich bin dessen nicht sicher, aber es ist eine Erklärung. Sobald eine Figur geboren ist, nimmt sie Form an, und ich möchte schwören, daß sie dann aus sich selbst heraus weiterlebt.

Dies gilt ebenso für *Les anneaux de Bicêtre (Die Glocken von Bicêtre)*, oder für *Trois chambres à Manhattan (Drei Zimmer in Manhattan)* wie für *Maigret und Pietr, der Lette*. Es gilt für alle meine Bücher. Seltsamerweise, obwohl meine Mitwirkung da irgendwie zweitrangig ist, ist es doch eine aufreibende Arbeit.

Seit 1929 habe ich zweihundertvier Romane geschrieben. Da ich versuchte, sie immer lebendiger und gleichzeitig dichter zu gestalten, wurde die Arbeit immer strapaziöser. Deshalb schrieb ich übrigens auch immer weniger. Zwölf pro Jahr am Anfang, vier oder sogar drei zum Schluß.

Beim zweihundertfünften saß ich eine Stunde allein vor meinem gelben Umschlag. Ich notierte Namen, Adressen, Telephonnummern. Alles war fertig. Am nächsten Morgen bin ich aber nicht um sechs Uhr in mein Arbeitszimmer hinuntergegangen, um das erste Kapitel zu schreiben. Ich hatte keine Kraft dazu.

Damals habe ich beschlossen aufzuhören. Das war vor einem Jahr, so um meinen siebzigsten Geburtstag herum.

Seit der Zeit begnüge ich mich damit, vor meinem Tonbandgerät zu plaudern. Ich habe mir das einfachste, billigste ausgesucht, weil es kein Arbeitsinstrument sein sollte, sondern ein Spielzeug. Außerdem, damit das, was ich da erzähle – andere würden sagen, das, was ich da zusammenfasele – nicht so wichtig und feierlich klingt.

Seit einigen Jahren erhebt sich eine Bronzestatue von Maigret an der Stelle, wo *Maigret und Pietr, der Lette* geschrieben wurde, das heißt, da, wo Maigret das Licht der Welt erblickte. Das kommt mir ganz unwirklich vor, wie mir jetzt auch Maigret unwirklich vorkommt und alles andere auch, was ich geschrieben habe.

Wie andere Romanciers auch, nehme ich an, erhalte ich bis heute immer noch eine große Zahl von Briefen. Sie kommen aus den verschiedensten Ländern, den verschiedensten Milieus auch, Ärzte, Psychologen, Psychiater, Professoren, dann noch die große Masse Menschen, die keine intellektuellen Berufe haben.

Die meisten dieser Briefe, von wem sie auch kommen, stellen mir nun dieselbe Frage:

»Wie läuft der Mechanismus Ihres Schaffens ab?«

Oder:

»Wie schreiben Sie einen Roman?«

Gerade das ist die Frage, die ich einfach nicht beantworten kann.

Gestern habe ich versucht, ein Beispiel zu geben, das meines ersten Maigrets; das war auch der erste Roman, den ich unter meinem eigenen Namen erscheinen ließ. Ich versuche immer noch herauszufinden, was das auslösende Moment ist. In Delfzijl geschah es in dem kleinen Café mit den so schön polierten Tischen und beim Geruch des Genevers.

Aber die anderen? Ich glaube, daß eine Winzigkeit ausreicht, ein bestimmtes Licht, eine bestimmte Art von Regen, der Geruch eines Fliederbusches oder eines Misthaufens.

So wird in mir ein Bild ausgelöst, das ich mir selbst

nicht ausgesucht habe und das manchmal keinerlei Beziehung hat zu der Empfindung ganz am Anfang: Das Bild eines Kais in Lüttich, Antwerpen oder in Gabun. Ein wimmelndes Durcheinander von Gesichtern.

Lange Zeit gehörten diese Bilder fast ausschließlich zu meiner Kinder- und Jugendzeit. Wir waren eine sehr große Familie. Mein Vater hatte zwölf Geschwister, meine Mutter auch zwölf, und das ging von der Nonne bis zum Clochard, vom Selbstmörder bis zum Großgrundbesitzer, von der Pächterin eines Bistros für Seeleute bis zu Patienten geschlossener Abteilungen in Nervenheilanstalten. Den Rest schenke ich mir! Wenn ich die Romane noch einmal lesen würde, die ich bis zum Alter von etwa vierzig Jahren geschrieben habe, würde ich wahrscheinlich Ähnlichkeiten zwischen meinen Gestalten und Gestalten aus der Wirklichkeit wiederfinden. Keine genauen Porträts. Nichts Präzises. Ohne es zu wissen, hatten sie mich in eine Stimmung versetzt, und auch ich selbst hatte davon keine Ahnung.

Als ich mir dessen bewußt wurde, habe ich *Pedigree* geschrieben, um mich von meiner Kindheit zu befreien, um ein für alle Male meine Familie, so wie sie war, zu verarbeiten und nicht länger das unangenehme Gefühl zu haben, ihr in meinen Büchern wiederzubegegnen.

Ich hatte überall auf der Welt schon viel erlebt. Ich hatte Tausende von Männern und Frauen jeglichen Standes gekannt. Ich hatte sie beileibe nicht in eine Schublade meines Gehirns gesperrt, damit sie mir eines Tages von Nutzen wären. Ebensowenig habe ich Postkarten aufgehoben, um aus ihnen die Inspiration zu meinen Landschaften zu schöpfen.

Es klingt komisch, wenn ich sage, daß alles automatisch vor sich ging. Ersetzen wir automatisch durch unbewußt oder unterbewußt, und ich glaube, daß wir dann der Wahrheit näherkommen.

Als Ausgangspunkt immer ein flüchtiger Eindruck, ein Geruch, eine bestimmte Farbe des Himmels oder sogar ein Geräusch. Das Geräusch gedämpfter Schritte auf einem Fußboden zum Beispiel.

Ein paar Stunden oder Tage später bildete sich die Stimmung des Romans, Figuren, die ich nicht kannte und von denen ich auch nicht wußte, woher sie kamen, gingen mir im Kopf herum.

Wenn ich dann mit dem Schreiben anfing, erwachten jene Gestalten, die noch am Abend vorher formlos gewesen waren und lediglich aus einem Namen, einer Adresse, einem Beruf bestanden hatten, zu einem so intensiven Eigenleben, daß mein eigenes Leben völlig dahinter zurücktrat.

Beim dritten Kapitel ging ich wie sie, sprach wie sie, fühlte wie sie.

Deshalb habe ich nie einen Plan erstellen können. Ich war es ja nicht, der die Handlung lenkte: Es waren meine Figuren.

Das klingt so einfach. Das Schwierigste ist erst einmal, das zu erlangen, was ich den Zustand der Gnade nenne, das heißt, eine vollkommene Abwesenheit seiner selbst, denn man muß ja der Gestalt Platz machen.

Dann, während des ganzen Romans, diese Gestalt zu sein, sie zu bleiben, ohne sich durch sich selbst oder jemand anderes ablenken zu lassen.

Das ist es, was ich auf die Frage antworten kann, die

mir so viele Menschen stellen, und die auch ich mir stelle. Ich bin mir darüber im klaren, daß das sehr simpel klingt. Ich finde aber nichts anderes, was der Wahrheit näherkäme.

Mein ganzes Leben hindurch bin ich ein Schlafwandler gewesen. Als Kind hatte ich ein Gitter am Fenster.

Vielleicht habe ich meine Romane alles in allem halb im Zustand des Schlafwandelns geschrieben.

Übrigens ist das ganz unwichtig.

Fast jedesmal, wenn ich in mein Mikrofon geplaudert habe, fühle ich Verlegenheit. Es scheint mir in der Tat, daß ich wieder einmal unnützerweise von mir gesprochen und nur ganz unwichtige Dinge erzählt habe.

Trotzdem antworte ich ja nur auf Tausende von Fragen, einschließlich derjenigen, die mir von Spezialisten des menschlichen Daseins gestellt wurden.

Bin ich denn anders als die anderen? Schon allein die Frage macht mich nervös. Ich habe nicht die geringste Lust, anders zu sein. Das versetzt mich im Gegenteil in eine Art Panik. Wenn in den Zeitungen dickgedruckt das Wort »Phänomen« steht, bin ich ganz niedergeschlagen.

Ein Phänomen, das ist eine Zirkusnummer, die dickste Frau der Welt, der Riese, der alle Rekorde bricht, oder der Zwerg, der sie in umgekehrter Richtung bricht, die Frau mit Bart, die Schlangenfrau ...

Also werde ich mich selbst ausfragen. Worin bin ich anders als die anderen? Ich habe über zweihundert Romane geschrieben, gewiß, weil ich hart gearbeitet und mir dabei eine strenge Disziplin auferlegt habe, die nur wenige Menschen akzeptieren würden.

Ich habe die Vorstellung, die ich mir selbst einmal von

einem Romancier gemacht habe, ad acta gelegt: wie er friedlich an seinem Schreibtisch sitzt, sein Pfeifchen raucht, ein paar Zeilen schreibt und dann träumerisch vor sich hinblickt, bevor er wieder ein paar Zeilen schreibt oder sich noch ein Pfeifchen stopft.

Denn genau das war mein Traum, als ich fünfzehn oder sechzehn war. Und dabei durch das offene Fenster das bunte Gewimmel der einfachen Leute zu betrachten und den Lärm einer Geschäftsstraße zu hören.

In Wirklichkeit hatte ich gar keine Wahl. Sobald ich mit dem Schreiben anfing, ergriff mich eine Art Fieber, das mich mitriß und mir meinen eigenen Willen nahm.

Ich habe weitergemacht. Nicht, weil ich wollte, nicht einmal, weil ich wild darauf war, Geld zu verdienen, sondern weil ich mich wie ein Drogensüchtiger, der plötzlich keinen Nachschub mehr bekommt, wie in einem leeren Raum fühlte, wenn zuviel Zeit zwischen zwei Romanen verstrichen war.

Ist es das, was ich nicht an mir mag, dies Bedürfnis, diese »Leere«, wenn ich einmal nicht geschrieben habe? Und, andererseits, diese Abwesenheit meiner selbst, sobald ich ans Schreiben ging?

Ich weiß, es ist idiotisch, sich selbst so auszufragen, aber ich kann mich davon einfach nicht abbringen. Wenn es mir für ein paar Tage oder ein paar Stunden dennoch gelingt, ist da immer jemand, sogar jemand, den ich nicht kenne, den ich noch nie gesehen habe und der mich dann auf der Straße anspricht und mir ewig dieselbe Frage stellt:

»Monsieur Simenon, wie machen Sie es, wenn Sie Ihre Romane schreiben?«

Wie ich das fünfzig Jahre lang gemacht habe? Mit Schreiben, verdammt noch mal! Beim ersten Mal auf einer Kiste. Die anderen Male etwas bequemer auf einem Stuhl vor meiner Schreibmaschine.

Niemals in der Pose des Romanciers an einem Schreibtisch mit dem Federkiel in der Hand, der Pfeife im Mund und bei offenem Fenster.

Ich habe mir dabei nach und nach auch ein paar Marotten angewöhnt, denen ich mich dann unterwerfen mußte. Am Abend vor dem Beginn eines Romans ging ich in mein Arbeitszimmer hinunter, nachdem ich in der Bibliothek einen kleinen Rolltisch geholt hatte. Ich stellte ihn an seine richtige Stelle, dann holte ich aus der Küche eine Kochplatte, und ich mußte mich bücken, um sie an die Steckdose anzuschließen. Dann, nach längerer Suche, eine sehr große Tasse, damit ich sie nicht so oft nachzufüllen brauchte.

Überprüfung meiner Maschine. Reinigung der Typen. Rechts den gelben Briefumschlag, den man meinen Plan nennt, zu Unrecht, weil von der Handlung kein einziges Wort darauf steht. Links zwei Aktendeckel aus dickem Karton für die beiden Kopien, denn ich habe immer mit Durchschlag geschrieben.

Auf einem anderen kleinen Tisch ein riesiger holzgeschnitzter Aschenbecher und sechs Pfeifen, die ich sorgfältig auswählte. Streichhölzer.

Ein letzter Blick auf das Ganze.

Ich kam mir vor wie der Akrobat im Zirkus, der im hautengen Trikot vor seiner Nummer noch einmal die Spannung der Halteseile und die richtige Einstellung der Halterungen überprüft.

Ist das alles nicht bekloppt? Manche schreiben Meisterwerke auf einem Caféhaustisch, ohne sich um das Getöse um sie herum zu kümmern. Die meisten schreiben, wenn sie dazu Lust oder sich dazu entschlossen haben. Manche Schriftsteller schreiben ihre hundert Zeilen pro Tag, so daß sie nach einem Jahr einen Roman abgeben können.

Ich bin ganz bestürzt darüber, ein Phänomen zu sein oder mich als solches behandelt zu fühlen. Für diejenigen, die mich kennen, bin ich ein Mensch wie jeder andere, mit einem ganz normalen Leben ohne große Sensationen und Ungereimtheiten.

Ich hatte noch einen anderen Tick, den nämlich, an jede Tür ein *Do not disturb* zu hängen, das ich aus dem Hotel Plazza in New York mitgebracht hatte. Dann noch einen weiteren Tick: zu verbieten, daß irgend jemand im Haus vor mir aufstand. Ich wollte nach meinem Schlaf durch nichts gestört werden. Das Blatt mußte ganz leer sein.

Eine Zeitlang wollte ich das Joch abschütteln und anders schreiben. Ich kaufte Dutzende von Bleistiften, die ich mit einer kleinen elektrischen Maschine sehr fein anspitzte, und dann habe ich mich endlich auch einmal an meinen Schreibtisch gesetzt. Ich hatte eine ganz kleine Schrift, die mich zwang, die Bleistifte immer wieder neu anzuspitzen. Nachmittags tippte ich auf meiner Maschine den Text, den ich morgens geschrieben hatte.

Ich war gezwungen, vieles zu ändern. Die Schreibmaschine erlaubt kaum Schnörkel, Korrekturen, flüssig geschriebene Sätze, die ich nicht mag.

Ich habe diese Methode wieder verworfen. Ich spürte, daß ich mehr und mehr dazu neigte, Literatur zu machen.

Ich habe also meine alte Maschine wieder hervorgenommen.

Während so vieler Jahre habe ich nicht einmal die Freiheit gehabt, mir meine Art des Schreibens selbst auszusuchen!

Das ärgert mich. Das beunruhigt mich auch. Na ja, ich habe mein möglichstes getan.

Jetzt, wo ich kein Romancier mehr bin, brauche ich mir deshalb keine Sorgen mehr zu machen.

Wie schön wäre es doch, wenn man als Memoiren Anekdoten über seine Freunde erzählen könnte und über die Leute, die man gekannt hat. Ich habe den Kopf voll davon. Aber ich bin der Meinung, daß ihre Taten und Handlungen ihnen gehören und daß es mir nicht zusteht, sie zu enthüllen, noch weniger, ein Urteil darüber zu fällen.

Also bleibt mir für meine Plaudereien vor meinem Spielzeug eigentlich nur meine eigene junge oder alte Person mit meinem kleinen Bilderbuch, dessen Bilder dann, wenn ich es am wenigsten erwarte, in mir aufsteigen. Nicht einmal diese Bilder suche ich mir aus.

Es war 1933 oder 1934. Die Maigrets gingen weg wie warme Semmeln, wie man so sagt, und die Rechte waren schon in mehrere Länder verkauft worden. Ich hatte auch zweimal Filmrechte verkauft, einmal für *La Nuit du carrefour* mit Jean Renoir als Regisseur und seinem Bruder Pierre in der Rolle Maigrets; das andere Mal für *La tête d'un homme,* in der Regie von Julien Duvivier mit Harry Baur. Ich war reich!

Wie man es nimmt. Ich war reich im Vergleich zu dem, was ich vorher gewesen war. Vorher war ich nun aber sehr arm gewesen. Ich war nie ein wirklich reicher Mann, und ich wünsche es auch gar nicht.

Eines Abends fuhr ich mit dem Zug über die Schweiz nach Innsbruck in Österreich. Ich stieg in meinen Schlafwagen und sah, daß ich mein Abteil mit einem Herrn im besten Mannesalter teilte. Es war ein sehr eleganter, sehr nervöser, sehr gutaussehender Mann in den Fünfzigern mit leicht ergrautem Haar, und er rutschte die ganze Zeit unruhig hin und her und lehnte sich aus sämtlichen Wagenfenstern.

Ich las eine Zeitung. Ich beschloß, mich früh hinzulegen. Ich hatte ein Taschenfläschchen Kognak bei mir, ich machte es auf und trank daraus einen Schluck.

Mein Gegenüber betrachtete dieses Taschenfläschchen

Schnaps mit gierigen Augen, und schließlich streckte er zitternd seine Hand aus:

»Kann ich auch ein bißchen davon haben?«

Ich reichte ihm das Fläschchen, das er fast vollständig leerte, nicht wie ein Trunkenbold, sondern wie jemand, der es wirklich nötig hat.

»Entschuldigen Sie«, sagte er. »Ich fühle mich nicht wohl. Würde es Ihnen etwas ausmachen, sich ein wenig mit mir zu unterhalten, bevor Sie einschlafen?«

Diese Unterhaltung dauerte fast drei Stunden. Jedesmal, wenn ich mich hinlegen wollte, brachte mein Gesprächspartner ein anderes Thema aufs Tapet. Er klammerte sich förmlich an mich oder vielmehr an die Tatsache, nicht allein zu sein. Er zitterte immer noch. Wenn ich ein zweites oder sogar ein drittes Taschenfläschchen gehabt hätte, wären die auch noch draufgegangen.

Endlich passierten wir die schweizerische Grenze. Jetzt erst entspannte er sich, wurde ein anderer Mensch, selbstsicher, mit sehr würdevoller Haltung. Er fragte mich ohne Umschweife:

»Haben Sie ein Bankkonto?«

Ich antwortete, daß ich eins hätte, aber nicht in der Schweiz. Ich führe ganz einfach nach Innsbruck, um Ski zu laufen.

»Tun Sie, was ich Ihnen sage, und Sie werden sehr viel Geld verdienen. Sobald Sie angekommen sind, telegraphieren Sie Ihrer Bank, bestimmte Aktien zu kaufen (es waren welche der Nordafrikanischen Bergbaugesellschaft), die stehen jetzt bei etwa hundertfünfzig Francs. Möglicherweise werden sie fallen. Voraussichtlich fallen sie sehr tief. Verkaufen Sie sie nicht. Hören Sie gut zu: Verkaufen Sie auf gar keinen Fall, und eines Tages werden Sie sehen, welchen Preis Sie bekommen werden.«

Ich hatte noch nie Aktien gekauft. Ich hatte noch nie spekuliert. Das entspricht nicht meinem Charakter. Aber als ich in Innsbruck ankam, erfuhr ich, daß mein Gefährte aus dem Schlafwagen kein anderer war als der berühmte Bankier Oustrick, der aus Frankreich floh, wo nach einem spektakulären Börsenkrach nach ihm gefahndet wurde.

Ich ging schließlich in eine österreichische Bank. Ich ließ meiner Bank die Order übermitteln, einhundert der Aktien, die mir genannt worden waren, zu kaufen. Dann dachte ich nicht mehr daran. Das Skilaufen nahm mich ganz in Beschlag. Dann, als ich wieder in Paris war, meine Romane. Zwei Jahre später teilte mir meine Bank mit, daß die Aktien auf fünfundzwanzig oder sechsundzwanzig Centimes standen. Getreu Oustricks Rat antwortete ich:

»Nicht verkaufen.«

Noch einmal vergingen Jahre, ohne daß ich an den Bankier und seine Aktien dachte. Erst als sie schließlich auf weniger als zehn Centimes standen, beschloß ich, sie zu verkaufen. Immerhin etwas, denn sie sind dann auch nie wieder gestiegen.

So sah mein erster Kontakt mit der Finanzwelt aus. Er ist der einzige geblieben. Geld interessiert mich nicht. Sicher, ich mag meinen Komfort, ich mag eine gewisse Anzahl von Vergnügungen, die es ermöglicht. Aber ich lehne es ab, damit zu spielen, wenn ich so sagen darf. Mit den Häusern war es ebenso. Ich habe eine gewisse

Anzahl davon im Laufe der letzten fünfzig Jahre gekauft. Ich hatte aber nicht nur Schwierigkeiten, sie wieder zu verkaufen, sondern ich habe auch mit Verlust verkauft. Eine einzige Ausnahme: meine Besitzung in Lakeville, in Connecticut, die ich genau zu dem Preis verkaufte, den ich bezahlt hatte.

Ich will von meinen Romanen leben, nur von meinen Romanen, und nur sie gelingen mir.

Der Rest interessiert mich nicht.

Es ist Samstagnachmittag. Endlich scheint nach mehreren Regentagen wieder die Sonne. Wir sind auf unserem Spaziergang vorhin allerlei Wege entlanggegangen, und jetzt habe ich gar nichts zu erzählen.

Ich habe einen Roman auf Tahiti geschrieben, nicht über Tahiti übrigens, sondern über ich weiß nicht mehr welche Stadt in Frankreich oder welches Quartier von Paris. Ich habe auch einen in Panama geschrieben. In Guyaquil habe ich es versucht, aber die Schwüle war wirklich zu drückend, und riesige Heimchen regneten buchstäblich herab und drangen in alles ein, auch in meine Maschine.

Diese Schreibmaschine habe ich überall mit mir herumgeschleppt, quer durch die ganze Welt, ob Istanbul, Khartum, Bombay, Australien oder Neuseeland.

Ich entdeckte Länder, die neu für mich waren. Ich versuchte sehr intensiv, dort das wirkliche Leben kennenzulernen. Aber ich schrieb nie ein Wort über diese gewissermaßen täglichen Entdeckungen.

Nein. Vor meiner Maschine sitzend, erzählte ich von der Rue Lepic, von Bourges oder La Rochelle.

Ich hatte keinen zwingenden Grund zu schreiben. Ich hätte sechs Monate, ein Jahr leben können, ohne es zu tun.

Was drängte mich also?

Ich stelle mir diese Frage nicht zum ersten Mal. Aber sie kommt mir immer öfter in den Sinn, seitdem ich zu schreiben aufgehört habe.

Und wie konnte ich mich vor fast einem Jahr von einem Tag auf den anderen dazu entschließen, keine Romane mehr zu schreiben?

Was so notwendig, dringend war, was mich wie einen Hampelmann zappeln ließ, hatte von einem Tag auf den anderen keine Bedeutung und keinen Reiz mehr. Heute denke ich gar nicht mehr an meine alten Romane. Ich vergesse sie, und es ist mühsam für mich, jeden Morgen telefonisch meine Post zu beantworten, besonders, wenn es um Übersetzungen, Bearbeitungen meiner Bücher für Radio, Fernsehen oder Kino geht.

Es hat da einen richtigen Bruch gegeben. Die Idee, noch einmal etwas zu erschaffen, käme mir nicht mehr in den Sinn.

Jetzt frage ich mich, woher dies Bedürfnis kam, Romanfiguren zum Leben zu erwecken. Man könnte dasselbe einen Maler, einen Komponisten, einen Bildhauer fragen. Ich wäre neugierig zu erfahren, was die wohl antworten würden.

Wahrscheinlich wären sie wie ich unfähig zu antworten.

Die einzige, etwas vage Antwort, die mir in den Sinn kommt, ist, daß ich mich selbst langweile, vielleicht, daß mich die anderen auch langweilen, so daß ich von Zeit zu Zeit das Bedürfnis verspüre, in einer mir zugehörigen Welt zu leben und in ihr aufzugehen.

Sacha Guitry sagte mir eines Tages:

»Es gibt einen Moment am Tag, dem ich immer mit

Ungeduld entgegensehe: neun Uhr, die Stunde, wo der Vorhang sich hebt.

Ich komme auf die Bühne. Ich fühle mich wie zu Hause, denn ich habe meine eigenen Möbel, meine eigenen Bilder und persönliche Dinge von mir auf der Bühne stehen. Die Personen, die mit mir reden, sind meine Personen, und sie dürfen nur das sagen, was ich ihnen diktiert habe.«

Das hört sich an wie ein Witz. So habe ich diese Worte auch aufgefaßt, als sie ausgesprochen wurden. Und doch ... Wenn ich einen Roman schreibe oder besser gesagt, einen Roman schrieb, war auch ich bei mir zu Hause, nicht einmal in der Dekoration meines Arbeitszimmers, sondern in einer Dekoration, die ich erschaffen hatte, mit Wesen, die nach und nach Gestalt annahmen und die neun oder zehn Tage richtige Gefährten für mich waren. Richtiger gesagt, ich war es, der sie wurde und sie ertragen mußte.

Diese Erklärungen befriedigen mich nicht. Ich weiß, daß ich gegen meinen Willen weiterhin darüber nachdenken werde, denn das macht schließlich fünfzig Jahre meines Lebens aus. Wird mir doch noch einmal eine Erleuchtung kommen?

Jedenfalls bin ich sehr glücklich, von jener Krankheit geheilt zu sein.

Es ist Sonntag. In zwei Stunden fliegt Pierre, mein jüngster Sohn, auf die Balearen, wo er mit einem seiner Freunde drei Wochen bleiben wird. Ich bin eine Stunde im Sonnenschein spazierengegangen, ohne an etwas zu denken, genauer gesagt, ich habe dabei träumerisch die Landschaft betrachtet: den See, die Alpen, die Abhänge des Wallis.

Vor einem Jahr noch hätte ich davon nichts gesehen. Beim Gehen hätte ich an Gott weiß was für eine Figur gedacht, die mir nichts bedeutet und die nicht existiert.

Jetzt werde ich, ohne daß eine Romanfigur mich stört, meine Zeitung lesen.

Sonntagnachmittag. Ich habe wie jeden Tag ein köstliches Mittagsschläfchen gemacht. Ich ging spazieren, diesmal im Wald. Das war der Nachmittagsspaziergang. Ich sitze wieder vor meinem Spielzeug und verspüre das Bedürfnis, mein Gespräch, wenn ich so sagen darf, da wiederaufzunehmen, wo ich heute morgen aufgehört habe. Das heißt, mich noch einmal zu fragen:

Warum? Warum habe ich mein Leben lang eine Schreibmaschine mit mir herumgeschleppt und nicht etwa einen Spitz? Warum habe ich nach einem Gefühl der Beschwernis fast regelmäßig die mich umgebende

Welt verlassen, um sie durch eine völlig erfundene Welt zu ersetzen?

Ich will versuchen, per Frage und Antwort vorzugehen:

Geld

Sicher nicht. Ich bin am Geld nicht interessiert. In den fünfzehn Jahren, die ich jetzt in der Schweiz wohne, bin ich noch nicht viermal zur Bank gegangen. Wenn ich am Anfang in Paris, als ich arm war, mal etwas Geld bekam, gab ich es aus für irgendwas, einfach, um es auszugeben, selbst auf die Gefahr hin, daß ich mich anschließend eine Woche lang mit Camembert begnügen mußte. Außerdem hätte ich sicher mehr Geld verdient, wenn ich mir einen anderen Beruf ausgesucht hätte, in der Wirtschaft oder der Industrie, dann hätte ich dieses Grauen, das ich bei jedem Roman durchgemacht habe, nicht durchzumachen brauchen.

Ruhm

Ich bin nicht hinter dem Ruhm her. Der posthume Ruhm interessiert mich gar nicht, weil ich nichts mehr davon habe, wenn er eintrifft. Was den Ruhm zu meinen Lebzeiten anbelangt, so kümmere ich mich nicht um ihn. Ich zeige mich weder auf offiziellen noch auf gesellschaftlichen Empfängen. Ich gehe zu keiner Generalprobe und zu keiner Galavorstellung. Ich habe, außer in zwei Ausnahmejahren, von denen ich schon erzählt habe, immer zurückgezogen gelebt, und das war meistens auf dem Land, wo mein einziges Vergnügen darin bestand, auszureiten oder in den Dorfbistros mit den Bauern des Ortes Karten zu spielen.

Ehrungen

Sie sind mir so gleichgültig, daß ich keinen einzigen meiner Orden mehr habe. Meine Kinder haben damit gespielt. Ich habe sie nie getragen und könnte kaum eine genaue Aufstellung davon geben. Ich habe nie in offiziellen Kreisen verkehrt. Ich gehöre keiner Jury an. Ich bin bei keiner Gesellschaft Präsident, nicht einmal bei einer Dorfkapelle.

Freiheit des Lebens

Ich habe in der Tat die Freiheit gehabt, da zu leben, wo es mir paßte, zu reisen, wann ich Lust dazu hatte, aber ich habe teuer dafür bezahlt, denn ich hatte ja immer meine Schreibmaschine hinter mir. So daß gegen meinen Wunsch meine Reisen durch meine Arbeit beeinträchtigt wurden.

Was noch? Ich sehe keinen plausiblen Grund, warum ich mir diesen Beruf ausgesucht habe. Oder vielmehr, einen sehe ich, der auf mehrere Romanciers aus Vergangenheit und Gegenwart zutreffen könnte: Ich konnte nichts anderes.

Im Grunde, wenn ich nicht Schriftsteller geworden wäre, wäre ich mehr als wahrscheinlich ein Versager geworden. Das ist aus fast all meinen Freunden von der Gruppe »La Caque« geworden, die alle ihren verrückten Träumen nachhingen. Sie haben ein böses Ende genommen. Einer hat sich aufgehängt. Andere haben angefangen zu trinken. Niemand hat das gehabt, was man einen normalen Werdegang nennt.

Vielleicht wegen dieser Erfahrungen mit der »Caque«

habe ich immer einen Versagerkomplex gehabt. Sogar als ich meine Groschenromane schrieb, um meinen Lebensunterhalt zu verdienen und gleichzeitig auch, um die Technik des Romans zu erlernen, brach mir der kalte Schweiß aus bei dem Gedanken, daß ich mit sechzig oder siebzig Jahren immer noch die gleichen Romane schreiben würde.

Ich weiß nicht, ob ich endlich die richtige Erklärung gefunden habe. Ich bedauere nichts. Ich habe mein Leben gelebt. Vielleicht habe ich mich schneller verbraucht, als ich das in einem anderen Beruf getan hätte, aber jetzt, wo ich keine Romanfiguren mehr zu erschaffen und mich nicht mehr in ihre Lage hineinzuversetzen brauche, lebe ich in Frieden mit mir selbst.

Innerhalb von vierzig oder fünfundvierzig Jahren habe ich Zehntausende von Interviews gegeben. Ich habe den Reporter einer kleinen Provinzzeitung ebenso herzlich empfangen wie den Korrespondenten einer großen Zeitschrift aus Paris, London oder New York.

Ich habe sehr viele Interviews für Radio und Fernsehen gegeben. Die fürs Fernsehen waren am anstrengendsten, denn sie dauerten normalerweise eine Woche, und im Haus lagen überall Kabel und allerlei Apparate herum und versperrten den Weg.

Viele glaubten, daß ich das aus Gründen der Publicity getan habe. Ich kann aufrichtig erklären, daß das nicht stimmt. Mit sechzehn war ich Reporter. Man schickte mich aus, um durchreisende Prominente zu interviewen, ob das nun Poincaré war oder der Marschall Foch oder Lloyd George, die Pawlowa oder Rubinstein.

Ich erinnere mich an meinen Ärger, wenn ich meinem Chefredakteur eine Niederlage melden mußte, denn manche dieser Prominenten schlugen den Journalisten die Tür vor der Nase zu.

Diesen Ärger habe ich nie jemand anderem bereiten wollen, als ich nicht mehr der Interviewer, sondern der Interviewte war.

Ich betrachte den Schriftsteller als eine Art Mann der Öffentlichkeit, da er ja auch für die Öffentlichkeit schreibt. Diese Öffentlichkeit hat Anspruch auf eine gewisse Neugier. Es ist ganz natürlich, daß die Leute den gern besser kennenlernen möchten, mit dessen Büchern sie sich abends die Zeit vertreiben. Und ein Romancier kann sich dieser Öffentlichkeit ja nur durch Presse, Radio und Fernsehen mehr oder weniger verständlich machen.

Ich sage mehr oder weniger, und ich betone das. In der Tat kann der Interviewte, ob gegenüber einem Journalisten oder im Fernsehen, nur auf die Fragen antworten, die man ihm stellt. Und es ist sehr selten, daß man ihm die Fragen stellt, die er gern hören möchte.

Daraus entstehen Irrtümer, Mißverständnisse. Ich bin davon überzeugt, daß zum Beispiel im Fernsehen bestimmte Autoren ihr Publikum durch ihre Ungeschicklichkeit enttäuscht haben.

Jeder Mensch hat mehr oder weniger Lust, sich mitzuteilen. Ich frage mich, ob das nicht die eigentliche Grundlage jeder Freundschaft ist. Aber diese Mitteilungen richten sich ja nur an wenige Menschen.

Bei einem Mann der Öffentlichkeit ist das anders, und die Erfindungen eines Journalisten, der seinen Artikel nicht pikant genug findet, können einen Schriftsteller sein ganzes Leben lang verfolgen.

Als ich mich entschloß, mit der Romanschreiberei aufzuhören, bat ich einen Journalisten aus Lausanne, der mich zweimal absolut anständig interviewt hatte, zu mir. Ihm habe ich die Neuigkeit verkündet, die mit meinem siebzigsten Geburtstag mehr oder weniger zusammenfiel.

Sein Artikel wurde in der ganzen Welt nachgedruckt. Obwohl es sich doch nur um ein Lokalblatt handelte. Es kamen jede Menge Telegramme, Telephonanrufe. Fernsehtrupps machten sich zur Abfahrt bereit. Ich war unnachgiebig. Ich hatte meinem Journalisten gesagt, das sei mein letztes Interview, da ich ja aufhörte, Romancier, also ein Mann der Öffentlichkeit, zu sein. Ich habe Wort gehalten. Zweifellos habe ich Kollegen, die vor meiner verschlossenen Tür standen, Ärger und Kummer bereitet. Aber wenn sie nachdenken, müssen sie mich verstehen.

Von einem Tag zum anderen bin ich wieder ein freier Mensch geworden, ein Mensch wie alle anderen, und man interviewt weder den Mann von der Straße noch den Rentner, der da auf seiner Bank sitzt.

Wer *Als ich alt war* gelesen hat, mag vielleicht einige Widersprüche bemerkt haben, einige Passagen, die nachträglich hinzugefügt sein könnten.

Das ist wahr. Eines Tages, nicht heute, nicht morgen, aber später, denn ich habe jetzt nicht den Mut dazu, werde ich über dieses Thema die Wahrheit sagen müssen. Das wird unerfreulich sein für mich, denn ich hasse es, andere Personen hier mit einzubeziehen. Ich bin der Meinung, daß ihr Leben ihnen gehört und ich nicht das Recht habe, das zu enthüllen, was ich darüber habe in Erfahrung bringen können.

Es gibt allerdings Fälle, wo diese Diskretion unangebracht ist. Eines Tages werden wir sehen. Und ich werde bei diesem Unternehmen so vorsichtig wie möglich zu Werke gehen.

Ich glaube, Roussin war es, der ein Stück mit dem Titel *Les glorieuses* über die Witwen von berühmten Männern geschrieben hat, die ohne diesen Ruhm nicht mehr leben können.

Es gibt aber nicht nur unmäßige Witwen. Es gibt auch unmäßige Frauen, die nicht den Tod ihres Mannes abwarten, um sich ihren Teil des Ruhms zu sichern.

Das erinnert mich an eine Anekdote. Eines Abends

waren Tigy und ich bei einem Festessen, das einige Rancher in Arizona für uns gaben. Im Laufe der Unterhaltung fragte einer von ihnen Tigy:

»Ich nehme doch an, daß Ihr Mann Ihnen allerhand verdankt, was seine Werke angeht?«

Worauf Tigy ganz geheimnisvoll antwortete:

»Das ist eine Frage, auf die ich niemals antworte.«

Überflüssig zu erwähnen, daß sie niemals auch nur im geringsten an der Ausarbeitung und der Niederschrift eines meiner Bücher beteiligt war.

Was ich zu erzählen habe, was ich andauernd auf später verschiebe, ist schwerwiegender.

Die ganze Familie ist in den Ferien, überall verstreut. Johnny ist nach Stockholm gefahren, um eine Freundin zu treffen, Marc fängt in den Cevennen einen Film an, Marie-Jo hat in Brest einen Kurzfilm gedreht und will sich erholen, bevor sie eine kleine Rolle in einem anderen Film spielt, und Iole schließlich ist bei sich zu Hause in Italien. Pierre schließlich ist in Palma de Mallorca mit einem Freund.

Was T. und mich betrifft, so verbringen wir unsere Ferien im zweiten Jahr an einem eher unerwarteten Ort: Valmont. Es ist schwierig, Valmont zu beschreiben. Es ist ein großes Gebäude, das über Montreux in einem Wald liegt. Es ist weder ein richtiges Hotel noch eine richtige Klinik. Es hat etwas von beidem. Drei Ärzte und einige Krankenschwestern sind hier beschäftigt. Man ist nicht verpflichtet, ihre Dienste in Anspruch zu nehmen. Man kann hier wie in einem ganz normalen, sehr guten und sogar wie in einem luxuriösen Hotel wohnen. Man kann auch Abmagerungskuren machen. Andere hingegen kommen, um zuzunehmen.

Dadurch sind die Gäste sehr verschieden, oft recht auffallend. Ich habe Mädchen mit mehr als einhundert Kilogramm gesehen, auch Frauen mit einhundertundfünfzig, Männer, die sicher in keinem Geschäft einen Gürtel finden.

Im Souterrain, das ich kaum kenne, kann man elektrische Bäder bekommen, Massage, Bestrahlungen, man kann auf einem feststehenden Fahrrad fahren, Streckübungen machen, was weiß ich.

Besonders morgens gehen die Patienten im Morgenmantel dort hinunter, und wenn sie wieder heraufkommen, sind sie ganz erschöpft von ihren Übungen.

Was uns betrifft, so gehen wir nur spazieren, mal auf der Straße, mal im Wald. Es herrscht völlige Ruhe. Keinerlei Geruch nach Krankenhaus oder Klinik. Im vergangenen Jahr habe ich alle möglichen und denkbaren Untersuchungen mitgemacht, um die Ursache meiner Schwindelanfälle herauszufinden. Dies Jahr habe ich keine Schwindelanfälle, und bis jetzt habe ich mich noch nicht untersuchen lassen.

Dies ist alles recht uninteressant. Weniger uninteressant ist diese totale Zersplitterung der Familie. Meine Kinder schreiben schrecklich ungern; wo sie auch gerade sind, sie führen lieber Ferngespräche, R-Gespräche natürlich, und da sie keine Geduld haben, telefonieren sie zum doppelten Tarif.

Die Wände sind mit Blümchentapeten beklebt. Alles ist hell. Überall Fenster und gemütliche Ecken wie die, die ich mir fürs Diktieren ausgesucht habe. Ich vermeide das Wort Arbeitszimmer, denn das ist aus meinem Wortschatz verbannt.

Ich habe eben meinen ersten Spaziergang im Sonnenschein gemacht. Ich werde jetzt meine Zeitung lesen. Dies ist nicht so wie das Leben in Saint-Tropez oder Deauville. Du lieber Gott, was sollte ich bloß in Saint-Tropez oder Deauville?

Ich bin über mein Diktat heute morgen gar nicht froh. Ich hätte es nicht machen sollen. Ich hatte nichts zu sagen. Mit einem Wort, ich tue es aus Pflichtgefühl, aus Schrulligkeit, und so weit will ich es eigentlich nicht kommen lassen.

Wenn ich den Dingen etwas mehr auf den Grund gehe, so hatte ich nicht den Mut, ein Thema anzuschneiden, das mir seit einigen Tagen auf der Seele liegt und das anzuschneiden ich immer noch zögere. Wird es morgen soweit sein? Wahrscheinlich. Ich habe übrigens schon vage darauf angespielt. Mal sehen, in was für einer Stimmung ich morgen bin.

Heute nachmittag habe ich einen wunderbaren Spaziergang gemacht, zu dem ich mich vor acht Tagen noch außerstande gefühlt hätte. Auf regelrechten Gemsenpfaden bin ich ziemlich weit in den Wald hinaufgeklettert und habe einen langen Bogen beschrieben, bevor ich wieder auf eine asphaltierte Straße gelangte. Nicht eine Menschenseele haben wir getroffen. Wir waren allein mit den Vögeln und den Schmetterlingen, und es gab viele wilde Erdbeeren. Das Licht, das durch die Bäume drang, war wie aus einem Märchen. Schade, daß man sich so oft ducken mußte, damit man sah, wo man hintrat.

Vor ein paar Tagen erinnerte ich mich an das Stück von Roussin, *Les glorieuses,* über die Witwen berühmter Männer, vor allem von Schriftstellern, Malern, Musikern usw.

Ich glaube hinzugefügt zu haben, daß nicht nur Witwen unmäßig sein können und daß viele Frauen nicht den Tod ihrer Männer abwarten.

Ich habe gerade, und nicht ohne Betroffenheit, ein dickes Buch von Nancy Milford gelesen. Das ist eine amerikanische Journalistin, selber Romanschriftstellerin, wenn ich mich nicht irre, die sechs Jahre damit verbracht hat, Dokumente und Zeugenaussagen über das Leben der Fitzgeralds zu durchforschen.

Sie hat ihr Buch *Zelda* genannt, ich weiß nicht, warum, denn das Leben von Fitzgerald, so wie sie es beschreibt, ist mindestens ebenso erschütternd!

Während der zwanziger Jahre waren die Fitzgeralds die Könige von New York und anderen Hauptstädten. Man erlaubte ihnen alle Verrücktheiten. Man erwartete sie sogar von ihnen. Man war enttäuscht, wenn sie zufällig mal vierundzwanzig Stunden lang brav blieben.

Zelda kam aus dem Süden, aus einer sehr mittelmäßigen Familie. Sie war hübsch, geistreich, voller Temperament, ein bißchen zu sehr. Als sie erst einmal in New York war, stürzte sie sich Hals über Kopf in ein Leben hinein, von dem sie vorher nur träumen konnte. Sie trank. Sie war praktisch immer betrunken, und es kam vor, daß sie drei Tage und drei Nächte nicht in ihr Hotel zurückkam, ohne daß sie später hätte sagen können, wo sie während dieser Zeit gewesen war.

Fitzgerald gelang es trotzdem noch zu schreiben. Seine Bücher waren Bestseller. Die Illustrierten waren voll von ihren Heldentaten.

Nach ein paar Jahren setzte es sich Zelda in den Kopf, ihrerseits auch berühmt zu werden, als Tänzerin.

Sie war achtundzwanzig. Es war viel zu spät. Sie ließ trotzdem zwei oder drei Jahre nicht locker, nahm Stunde um Stunde und zwang ihren Mann dabei, sich nach ihr zu richten.

Das Geld zerrann ihnen zwischen den Fingern. Es gab Zeiten des Luxus und Zeiten, wo sie alle Welt anpumpten. Zelda legte nichtsdestoweniger Wert auf einen Lebensstil, der ihr durch den Ruhm ihres Mannes erst ermöglicht worden war.

Als sie das Tanzen entmutigt aufgab, fing sie an zu malen, stellte zwei- oder dreimal in New York aus. Ihre Malerei war völlig wertlos, und bis auf zwei Kritiker aus ihrem Freundeskreis schrieben die anderen das auch ohne jede Beschönigung.

Noch ein Versuch blieb ihr: schreiben. Nicht auf ihre eigene Art zu schreiben. Nicht zu ihrem eigenen Vergnügen zu schreiben. Zu schreiben wie Fitzgerald und denselben Erfolg zu haben wie er.

Während dieser Zeit tat sie durch ihr anspruchsvolles Wesen alles, um ihren Mann von seinem Werk abzulenken.

Ein erstes Mal ist sie in Valmont behandelt worden, wo ich diese Zeilen diktiere, denn Valmont hatte zu jener Zeit noch eine psychiatrische Abteilung, die heute nicht mehr existiert. Dann wurde sie nach Prangins überwiesen. Schließlich in eine große Anstalt in der Nähe von New York.

Ich will das Buch von Nancy Milford nicht nacherzählen. Was ich erschütternd finde, ist, wie diese Frau darum kämpfte, ihren Mann zu zerstören. Sie kam auf tausend Listen und machte sich alles zunutze, was ihr bei diesem Ziel helfen konnte. Gleichzeitig sprach sie aber dauernd voller Rührung von ihrer Liebe zu ihrem Mann.

Wenn er sie besuchte, spielten sich so heftige Szenen ab, daß man sie überwachen mußte und am Ende der Direktor der Anstalt den Ehemann bat, seine Besuche einzustellen.

Sie schrieb die ganze Zeit. Sie schickte ihre Texte an Zeitungen, Zeitschriften, Verleger. Da es ihr nicht einmal entfernt gelang, ihren Mann zu überflügeln oder ihn einzuholen, hielt sie ihn sowohl durch den Zeitaufwand als auch durch die Stimmungsschwankungen, die in ihren Briefen zum Ausdruck kamen, von der Arbeit ab.

Ich glaube, dies kann als ein typischer Fall, ein extremer Fall betrachtet werden. Ihren Mann zugrunde zu richten, das ist ihr gelungen, denn er ist mit zweiundvierzig gestorben. Damals war sie immer noch in einer Klinik, und ihr Zustand hatte sich verschlimmert. Die wenigen Versuche, durch die man ihr wieder ein normales Leben ermöglichen wollte, schlugen fehl.

Ihre Schizophrenie wurde immer ausgeprägter. 1948, wenn ich mich nicht irre, kam sie bei einem Brand der Privatklinik um.

Während der ganzen Lektüre dieses dicken Buches habe ich ein Unbehagen gespürt. Ich glaube, andere Leser werden es auch spüren.

Die folgenden Zeilen werden wie ein Scherz klingen. Als ich heute morgen mein erstes Glas Coca Cola trank, hat mich mein Arzt besucht.

»Schon? Sie trinken so früh morgens?«

Ich antwortete ihm, daß ich vorher schon zwei große Tassen Kaffee getrunken hätte und daß ich nach dieser Coca Cola noch eine trinken würde, ganz abgesehen von dem bißchen Mineralwasser als Aperitif.

»Und nachmittags?«

»Nachmittags zuerst eine Coca Cola, dann zwei große Gläser Eistee, die etwa einen Liter ausmachen. Allerdings trinke ich beim Essen nichts.«

Er war sehr erstaunt. Aber auch sehr interessiert.

»Nachdem Sie morgens getrunken haben, wann müssen Sie da Wasser lassen?«

»Eine halbe Stunde später.«

»Und das geht so weiter?«

»Ziemlich den ganzen Tag. Auf diese Weise kenne ich zum Beispiel in Lausanne alle öffentlichen Toiletten, und auf meinen Spaziergängen gehe ich von einer zur anderen.«

»In diesem Fall haben Sie weder etwas am Herzen noch an den Nieren.«

Ich will es glauben. Er ist ein guter Arzt, und er hat auf diesem Gebiet viel Erfahrung.

»Nehmen Sie das, was wir gerade gesagt haben, in eins Ihrer Diktate auf«, empfahl er mir. »Dies ist sehr wichtig, damit man Sie versteht.«

Ist schon geschehen. Es wird also nicht meine Schuld sein, wenn man sich über mich lustig macht. Ich bin immer ein folgsamer kleiner Junge gewesen und bin es auch geblieben.

Ich bin eben umherspaziert. Ich könnte diesen Satz jeden Morgen und jeden Nachmittag wiederholen. Ich hätte ihn schreiben können, seit ich fünf oder sechs Jahre alt war. Ich gehe nicht aus Gründen der Gesundheit oder um abzunehmen spazieren. Ich gehe, weil mir das Gehen Vergnügen bereitet; denn es ist für mich ein richtiges Vergnügen und ist manchmal sogar ein wenig aufregend.

Als wir in Épalinges wohnten, fragte ich manchmal eines meiner Kinder:

»Drehst du mit mir eine Runde?«

»Was für eine Runde?«

Ihre Augen wurden mißtrauisch.

Ich zählte die Bauernhöfe auf, an denen wir vorbeigehen würden, und fast immer seufzten sie:

»Mit dem Rad, ja. Zu Fuß habe ich keine Lust dazu.«

Ich habe sie nur dann zu Fuß gehen sehen, wenn es wirklich unumgänglich war. Übrigens begegnen mir hier auf der Straße nur sehr wenige Spaziergänger.

Ich glaube trotzdem, daß der griechische Philosoph recht hatte: »Das Gehen fördert die Arbeit des Geistes.«

Alle meine Romane sind mir beim Gehen eingefallen.

Und wenn ich in meinem Arbeitszimmer, das nur Geschäften vorbehalten ist, ein wichtiges Gespräch führe, muß man mich für einen Besessenen halten, weil ich ununterbrochen aufstehe, manchmal ein paarmal im Zimmer herumlaufe, mich wieder hinsetze, von neuem aufstehe. Niemals bin ich bei einer Unterhaltung auch nur eine Viertelstunde ruhig in meinem Sessel sitzen geblieben.

Ist auch das etwas, was langsam ausstirbt? Wird eine Zeit kommen, wo die Menschen überhaupt nicht mehr gehen werden? In den Vereinigten Staaten ist es fast schon so. Nicht, daß die Menschen dort irgend etwas gegen das Gehen hätten, aber der Verkehr ist so stark, daß man schon sehr weit laufen muß, um noch Wege für Fußgänger zu finden.

Na, jedenfalls profitiere ich von dem, was bei uns noch möglich ist.

Was ich vor ein paar Minuten über das Thema Gehen gesagt habe, erinnert mich an eine Anekdote, die mich jetzt noch amüsiert. Ich hatte einen Gesprächspartner in meinem Arbeitszimmer, zu der Zeit, als ich noch ein Arbeitszimmer besaß, und wir hatten sehr wichtige und ernste Dinge zu besprechen. Wenn ich mich recht erinnere, war mein Gegenüber ein ziemlich schüchterner Engländer, wie man sie oft findet.

Nach ein paar Minuten stehe ich auf und gehe mit großen Schritten in meinem Arbeitszimmer hin und her. Wie von einer Feder angetrieben, steht er seinerseits auf und folgt mir quer durchs Zimmer. Etwa zehn Minuten später bekomme ich Mitleid mit ihm und setze mich wieder hin, während auch er sich mit einem Seufzer der

Erleichterung wieder hinsetzt. Es sind noch keine zehn Minuten vergangen, da bin ich schon wieder auf den Beinen und renne von einer Ecke in die andere und ... er immer hinter mir her.

Ich habe ihm erklärt, daß ich keine Unterhaltung im Sitzen führen könne, und habe mich dafür entschuldigt.

»Macht nichts. Macht nichts ...«, hat er da geantwortet.

Er ist trotzdem weiter aufgestanden, als ob jeder Schritt von meinem Sessel weg ein Signal wäre, und so ging der Nachmittag vorüber. Das hat doch sicher wie ein Ballett ausgesehen.

Eine Erinnerung steigt aus den Tiefen meines Gedächtnisses hoch. Seltsam, daß es mir nicht schon früher eingefallen ist, denn es ist nicht ganz unbedeutend.

Als ich fünfzehn oder sechzehn war, war ich davon überzeugt, daß ich als Humorist Karriere machen würde. Mein erster Roman, *Au pont des arches,* den ich mit sechzehn geschrieben habe, war ein Roman, der humoristisch sein sollte. Er spielte zu einem großen Teil in einer Apotheke, die auf Abführtabletten für Tauben spezialisiert war. Diese Apotheke existierte wirklich. Und bei meiner letzten Reise nach Lüttich vor zwei Jahren war sie immer noch da und führte immer noch dieselben Spezialitäten.

Im darauffolgenden Jahr überredete mich mein Freund M., der Journalist bei einer Konkurrenzzeitung war, mit ihm einen Roman zu schreiben, der eine Satire auf Kriminalromane sein sollte. Warum ausgerechnet Kriminalromane? Ich habe keine Ahnung, wo diese Idee herkam. Ich las doch gar keine. Vielleicht mal einen oder zwei von Maurice Leblanc und einen von Gaston Leroux.

Hingegen verschlang ich Gogol, den ich für den größten russischen Romancier vor Dostojewski, Tschechow, Gorki usw. hielt und immer noch halte.

Wir haben uns nun also wirklich an einen sogenannten komischen oder zumindest ironischen Kriminalroman herangemacht. Das war *Le bouton de col.*

Vor ein paar Jahren hat M. das Manuskript wiedergefunden und mir netterweise zugeschickt. Ich habe versucht, es noch einmal zu lesen. Ich bin nicht einmal bis zum Ende der vierten Seite gekommen. Wenn bei den Manuskripten, die ich zugeschickt bekomme, ein derart schlechtes wäre, dann müßte ich, glaube ich, dem Autor empfehlen, irgendeinen anderen Beruf zu ergreifen, und sei es Straßenkehrer, auf keinen Fall aber Literatur zu machen, nicht einmal humoristische.

Meine Anfänge prädestinierten mich nicht für Romane, die man »Krimis« nennen könnte, wenn dieser Begriff heutzutage nicht eine ganz spezielle Ware bezeichnen würde. Dennoch haben eine ganze Menge englischer und ein paar amerikanische Kritiker festgestellt, daß es in meinen Büchern Humor gibt. In Frankreich ist man darauf nicht gekommen. Ich selbst bin auch nie darauf gekommen.

Ich habe ja eigentlich noch einen dritten Roman während meiner Journalistenzeit geschrieben, das heißt, als ich etwa achtzehn war. Er hieß *Jehan Pinaguet*, und es ging um einen großen mehr oder weniger lächerlichen jungen Mann mit einer aufgeworfenen Nase, der die

Gerüche der Straßen und Läden erschnupperte, sich über die Gesichter der Leute lustig machte, durch die Schaufenster der Konditoreien gaffte, hinter denen riesige Torten ausgestellt waren. Auf diese Weise wollte ich das alte Lüttich darstellen. Ich las viel Rabelais. Ich hatte auch *La rôtisserie de la reine Pédauque* gelesen.

Anders ausgedrückt, das alles war kein bißchen originell. Trotzdem war das schon in mir, denn auch ich habe mein ganzes Leben lang Gerüche eingesogen, Licht und Lichtreflexe, Schatten und Flecke von Sonnenlicht, beschränkte, dumme oder schmerzverzogene Gesichter beobachtet.

Später in Paris sollte ich dann an den mageren Tagen wie Pinaguet durch die Scheiben der Speiselokale starren, nicht um große, saftige Torten zu bestaunen, sondern um voller Gier die Pasteten, die Aspikgerichte und die Saint-Jacques-Muscheln zu betrachten, kurzum, diese ganzen Delikatessen, die ich nicht kannte.

Jehan Pinaguet wäre fast veröffentlicht worden. Eine ältere Frau mit einer Druckerei hatte Interesse an mir gefunden und bot mir an, ihn auf ihre Kosten zu veröffentlichen. Glücklicherweise war ich vorsichtig genug, den Roman von meinem Direktor lesen zu lassen. Und dieser erklärte mir:

»Wenn Sie ihn veröffentlichen, können Sie nicht mehr bei der *Gazette de Liège* mitarbeiten.«

Wegen der Gestalt eines alten Pfarrers, der den Wein und die Mädchen zu sehr liebte. Bei einer katholischen Zeitung gibt es so was nicht.

Ich habe mich soeben gefragt, was ich machen würde, wenn ich heute neunzehn wäre und im heutigen Paris ankäme. Die Groschenromane, die mich fast vier Jahre ernährt haben, gibt es nicht mehr. Sie sind einesteils durch die Comics und die Bildergeschichten ersetzt worden, andererseits durch die Romane, die unter bekannten Namen veröffentlicht werden, die aber trotz eines etwas besseren Stils nicht mehr Wert haben als die alten Groschenromane.

Die Feuilletons im Radio oder im Fernsehen? Sie sind so hoffnungslos, daß ich mich schon darauf gefaßt mache, *Vierge et martyre* auf der Mattscheibe zu sehen.

Was also würde ich tun? Ich habe keinerlei Fachausbildung, kein Diplom, keinerlei Qualifikation für irgendeinen Beruf.

Ich habe oft von Versagern gesprochen.

Also, mit der Entwicklung, die seit den zwanziger Jahren vor sich gegangen ist, wäre ich wahrscheinlich ein Versager.

Als ich mich triumphierend wie mit einem Schrei der Befreiung in meinen Sessel gesetzt und vor diesem Tonbandgerät mit dem Diktieren angefangen habe, hatte ich mir geschworen, daß es nur für mich sein sollte, daß dies eine gesprochene Träumerei sein sollte.

Nach und nach, ich weiß nicht wie, habe ich mir die Frage gestellt, was die Leute wohl beim Lesen dieser Texte denken würden. Dann ...

Aber ja. Ich bin versucht, mir zu sagen, daß ich sie eines Tages vielleicht veröffentlichen werde oder daß andere sie für mich veröffentlichen werden. Ich werde bis zum Schluß Widerstand leisten. Ich muß vor diesem

Mikrofon unbedingt dieselbe Aufrichtigkeit beibehalten, ohne mich um die anderen zu kümmern.

Ich schwöre es!

Als ich vor vierunddreißig Jahren dem Rechtsanwalt Maurice Garçon schrieb, daß ich soeben einen Sohn bekommen hätte, hat er mir einen Brief geschrieben, der wie alle seine Briefe äußerst geistreich, aber dennoch realistisch war.

»Sie treten also in die große Bruderschaft ein. Ihre persönlichen Sorgen werden für eine gewisse Zeit zurücktreten. Sie werden sich um die Farbe des Aa kümmern, darum, wie oft das Baby aufwacht« usw.

Sein Text war sehr viel besser als der hier, aber ich habe ihn nicht bei der Hand. Ich habe neulich an ihn gedacht. Es ist ja wahr, daß die Geburt eines Sprößlings für alle Eltern jeden Tag ebensoviele Freuden wie Sorgen mit sich bringt. Wenn er größer wird, hat man Angst vor Pocken, Scharlach, Keuchhusten, was weiß ich? Ist er zu blaß, denkt man er ist blutarm. Ist er zu rosig, denkt man, er ist zu sanguinisch.

Wenn die Gymnasialzeit kommt, achtet man auf seine Noten, man fragt sich, ob er versetzt wird, ob er auch im folgenden Jahr versetzt werden, ob er schließlich sein Abitur bestehen wird.

Neuerliches Bangen: Welchen Beruf soll er ergreifen? Ist es ein sicherer Beruf? Aber gibt es überhaupt noch sichere Berufe?

Und wen hat er sich zum Heiraten in den Kopf gesetzt? Man sieht das Mädchen zum ersten Mal, und man versucht, sie mit einem etwas verlegenen Blick wie ein Psychiater zu analysieren. Wird sie eine gute Ehefrau sein und nicht zu verschwenderisch? Wird sie ihrem Mann in schlechten Zeiten etwas zur Seite stehen?

Da ist sie schon schwanger. Wird bei der Entbindung alles glattgehen? Man wagt nicht, direkte Fragen zu stellen und wartet mit einer gewissen Angst, bis das Kind auf der Welt ist.

Da ist man selbst schon über vierzig. Die Wehwehchen, die zur menschlichen Natur gehören, bekommen mehr Gewicht. Was mit zwanzig nur eine Erkältung ist, wird eine Bronchitis. Der Arzt rät einem, sich zweimal pro Jahr untersuchen zu lassen.

Das gleiche für Ihre Frau.

Das geht sehr schnell. Man hat kaum Zeit gehabt, sich das Leben um sich herum anzuschauen, da kommt man schon in das sogenannte dritte Alter. Das Pensionsalter. Die kleinen Gebrechen, die zu großen werden können. Die Sorgen des Alters.

Man nimmt an allen Freuden und Sorgen der Familie regen Anteil. Die Zeitungen beruhigen einen auch nicht gerade. In einem Artikel, der von einem Arzt verfaßt wurde, lesen Sie, daß ein kleines Knötchen der Anfang von Krebs sein kann. Man liest auch Statistiken, die einem mehr oder weniger direkt für das Alter von siebenundsechzig Jahren den Tod ankündigen.

Und andauernd schreiben die Zeitungen lange Artikel über die »Bettlägerigen«. Im Bett zu liegen. Die Decke anzustarren und dabei auf mehr oder weniger schmerzhafte Betreuung zu warten; der Schwester läuten zu müssen, wenn man Pipi machen will.

Ein Dozent der Medizin gesteht, daß, wenn er zwei Kranke vor sich habe, einen alten und einen jungen, die beide eine Wiederbelebungsbehandlung brauchen, er wohl oder übel gezwungen sei, den alten zu opfern.

Man hatte den Kletterbaum erfunden. Man dachte schon, er sei verschwunden. Er ist immer noch da, und man muß beweisen, daß man noch fähig ist, auf ihn hinaufzuklettern, damit man am Leben gelassen wird.

Wie jeder Mensch meines Alters habe ich Tausende von Menschen jeder Art, jeder Hautfarbe und aus allen Berufen getroffen. In jeder Stadt, in der ich gelebt habe, schloß ich mich einer kleinen Gruppe von Medizinern an, obwohl ich nichts von Medizin verstehe.

Ich habe mich gefragt, warum. Ich glaube, die Antwort gefunden zu haben: Die meisten Ärzte grübeln über die Natur des Menschen nach.

Außerdem habe ich bei ihnen die meisten Freunde getroffen, die vielleicht nicht unbedingt uneigennützig sind, die sich aber doch ganz ihrer Arbeit verschrieben haben.

Sie leben mit den Kranken, den Sterbenden, den Toten. Natürlich verleiht ihnen diese Gewohnheit, die ihnen schon auf der Universität beigebracht wird, ich möchte nicht sagen Gleichgültigkeit, aber doch eine Sensibilität, die geringer ist als die der Leser von Groschenromanen oder junger Mädchen, die Delly lesen.

Es ist unerläßlich für sie, den Tatsachen ins Auge zu sehen, sie zu untersuchen, sie abzuwägen, und das ist oft nicht einfach.

Ich habe welche in den Vereinigten Staaten gekannt, in England, Belgien, in Frankreich, der Schweiz. Ich erinnere mich nur an drei, die wirklich zynisch waren und für Geld und ihre Stellung in der Gesellschaft arbeiteten.

Ich habe auch viele große Chefärzte gekannt. Vielleicht kann man ihnen eine gewisse Neigung zur Selbstgefälligkeit vorwerfen, aber wieviele eingebildete Menschen gibt es, die nicht ihre Arbeiten und ihre Werke hinter sich haben?

Welcher Minister oder Staatssekretär ist nicht eingebildeter als die Männer, die eine Krankheit aus der Menschheitsgeschichte verbannt haben?

Es gibt in den Vereinigten Staaten ein kleines Krankenhaus in einer ganz kleinen Stadt. Fast jedes Jahr bekommt es den Preis für das beste kleine Krankenhaus des Landes. Jeder Arzt nun, der hier arbeitet, stammt aus einer sehr, sehr reichen Familie. Sie könnten die Geschäfte ihrer Väter weiterführen oder Playboys werden.

Der Mensch, sein Leiden, seine Ängste interessieren sie jedoch zu sehr dafür.

Ich spreche nicht von all denen, die über Afrika, Asien und Südamerika verstreut sind und versuchen, ein wenig Gesundheit und Ausgeglichenheit dorthin zu bringen.

Ist dies der Grund, warum ich überall nur Ärzte zu Freunden gehabt habe? Ich weiß es nicht. Ich war angezogen von ihnen, und in ihrer Zunft fand ich ein Klima, in dem ich atmen konnte.

Ich habe oft von den kleinen Freuden erzählt, die uns umsonst gegeben werden und die zusammengenommen ausreichen, ein Leben mit Glück zu füllen. Ich erinnere mich an eine solche Freude. Ich war in der ersten Volksschulklasse bei den Mönchen. Ich hatte meine Schiefertafel vor mir, und ein schräger, sehr schmaler Sonnenstrahl, nicht breiter als ein Pinsel, schien auf einmal auf die Schiefertafel. Einen Moment später setzte sich eine Fliege dorthin, und an ihren Bewegungen konnte man sehen, daß sie sich putzte.

Ich beobachtete sie mit regelrechter Leidenschaft und fragte mich, ob sie ihrerseits nicht auch mich beobachtete. Ich hielt meinen Atem an. Ich wagte nicht, mich zu rühren, aus Angst, sie zu erschrecken. Dauerte das drei, vier oder fünf Minuten? Ich weiß es nicht, aber dies Bild ist mir über die Jahre im Gedächtnis geblieben.

Ich habe gestern eine Freude derselben Art erlebt. Wir gehen viel spazieren, morgens und nachmittags, auf fast immer denselben Wegen. Gestern waren wir gegen drei Uhr auf einem jener Wege, als ich etwa vierzig Meter unter uns einen anderen entdeckte, der mir verlockend erschien.

»Der muß nach Montreux führen«, sagte ich. »Gehen wir?«

Wir schlagen also diesen unbekannten Weg ein, und er führt uns wenig später auf eine steil abfallende Landstraße, denn Montreux liegt am Fuße eines fast senkrecht emporsteigenden Berges.

Am Abend zuvor hätte ich niemals gewagt, einen sechs Kilometer langen Marsch zu unternehmen. Nun, ich habe ihn gemacht, als liefe ich auf Luftkissen. Den Bauch nach vorn gestreckt, um mein Gleichgewicht zu halten, ging ich und habe mich dabei unterhalten, und so sind wir in der Stadt angekommen.

Für mich war das ein Sieg. Kein Schwindel. Keine Müdigkeit. Es war ein seltsames Gefühl, in ein Luxushotel, das erste auf unserem Wege, einzukehren, um dort etwas zu trinken. Schon zwei Jahre war ich nicht mehr an einem solchen Ort gewesen, und ich schaute mich neugierig um, als sei alles etwas komisch.

Wir sind mit dem Taxi wieder nach Valmont hinaufgefahren. Das ist alles. Ich weiß, daß dieser Weg hinab zum See, zur Stadt eine Erinnerung ist, die mir im Gedächtnis bleiben wird.

Ich sehe mich wieder mit zwölf Jahren allein in der Kapelle bei den Jesuiten, wo ich in die Oberschule eingetreten war. Ich kniete auf den Fliesen vor einer Gipsstatue der Heiligen Jungfrau; sie war von Papierrosen umgeben, und mein Gesicht war in Tränen gebadet.

Als ich aus der Kapelle herauskam, legte ich mich flach an den Rand eines Blumenbeetes, mit der Nase in den Nelken, an deren Duft ich mich berauschte.

Dieser Mystizismus hielt nicht lange an. Noch lange nachher habe ich allerdings dem Wort Jungfrau, diesmal im profanen Sinn, eine außerordentliche Bedeutung beigemessen.

Wenn ich davon spreche und mich vielleicht auch wiederhole, dann deshalb, weil ich hier eine gewisse Erklärung für die Sensibilität finde, die mich mein Leben lang begleitet hat.

Im Grunde habe ich immer Hunger nach Zärtlichkeit gehabt, ich wollte welche geben und welche empfangen. Meine Mutter war nicht, was man liebevoll nennt, und zwischen uns gab es keine überströmende Herzlichkeit. Mit meinem Vater sprach ich wie von Mann zu Mann, sogar als ich noch sehr jung war.

Jede Frau war für mich ein Gegenstand unerreichbarer Zärtlichkeit, sogar wenn sie mir einfach auf der Straße über den Weg lief. Später habe ich diese Zärtlichkeit für die leichten Mädchen empfunden, mit denen ich nur ein paar Minuten oder eine Stunde verbrachte. Ich habe ein erstes Mal geheiratet. Es ist besser, wenn ich unsere Beziehung mit dem Wort Freundschaft charakterisiere. Und in den zweiundzwanzig Jahren mit Tigy habe ich nie Zärtlichkeit von ihr erhalten.

Ich habe ein zweites Mal geheiratet. Da war sehr viel Leidenschaft, sehr viel mehr oder weniger dramatische Heftigkeit in unserer Beziehung, aber ich habe die ganze Zeit auf etwas Zärtlichkeit für mich gewartet.

Ich mußte erst sechzig werden, um endlich auf ganz zwanglose Art welche zu geben und zu bekommen, so als sei dies die Grundlage aller zwischenmenschlichen Beziehungen.

Ich verwende nicht das zu verschwommene und abgegriffene Wort Liebe, aus dem man gerade noch Chansons machen kann.

Zärtlichkeit bedeutet für mich die Ergriffenheit eines Menschen vor einem anderen Menschen. Wenn sie geteilt wird, dann heißt das: wirklich zusammen leben, weil man dann jeden Herzschlag teilt.

Ich habe gewartet und beklage mich nicht. In der Tat, wenn ich die Paare um mich herum beobachte, bemerke ich, daß nur wenige von ihnen diese Zärtlichkeit kennen.

Ich frage mich, ob ich meine Romangestalten mit soviel Zärtlichkeit hätte betrachten können, wie ich es getan habe, wenn mir mit zwanzig die Zärtlichkeit begegnet wäre, die ich erst so sehr viel später gefunden habe.

Was mich auf der Straße oder irgendwo anders am meisten bewegt, ist die Begegnung mit der Einsamkeit. Die Zahl der einsamen Menschen scheint immer größer zu werden. Ich erkenne sie an ihrem Gang. Man fühlt, daß niemand sie erwartet, daß sie mit ebensoviel Berechtigung woanders sein könnten. Manchmal bleiben sie vor Schaufenstern stehen, wo es ganz offensichtlich nichts gibt, was sie interessiert.

Vielleicht schämen sie sich, schämen sich, allein zu sein. Es geht Männern wie auch Frauen so, besonders, wenn sie ein gewisses Alter überschritten haben.

Jahrelang bin ich allein auf dem Land spazierengegangen, und ich hatte keine Lust, im Dorfgasthaus einzukehren. Dann wieder lief ich kreuz und quer durch Lausanne, jedesmal auf der Suche nach Straßen, die ich noch nicht kannte.

Als ich fünfzehn war, wußte ich sonntags auch nicht wohin mit meinem langen mageren Körper, und mit den Händen in den Taschen irrte ich durch die Straßen; manchmal zündete ich mir eine Zigarette an, mit einer gewissen Verlegenheit, denn ich fürchtete mich vor den kritischen Blicken der Passanten.

Der Einsame ist verletzlich. Er hat immer den Eindruck, daß man ihn beobachtet, daß man Mitleid mit ihm hat.

Besonders wenn er arm ist oder zu der großen Masse der Menschen gehört, die nicht ganz arm sind, aber auch nicht die finanziellen Mittel haben, manchmal ins Café zu gehen.

Vielleicht gibt es etwas Schlimmeres als die Einsamkeit: die Einsamkeit zu zweit, wenn man schlecht zusammenpaßt. Dann muß man entweder den fortwährenden Kampf akzeptieren oder resignieren.

Alles in allem ist die Resignation besser.

T., die mir gewöhnlich beim Diktieren zuhört, sagte mir gestern nachmittag, daß ich das, was ich gerade diktierte, schon ein- oder zweimal diktiert habe, seitdem ich mit meinem Tonbandgerät herumspiele.

Zuerst fragte ich mich, ob ich wohl das Gedächtnis verliere. Es wird tatsächlich schwächer, was Eigennamen betrifft, aber die habe ich sowieso nie behalten. Was diese Wiederholungen anbelangt, so werde ich davon nichts streichen, glaube ich, wenn ich die getippte Fassung noch einmal durchsehe, die Aitken, sie ist seit fünfzehn Jahren meine Sekretärin, davon anfertigt. Tatsächlich sind diese Wiederholungen ein Zeichen von Authentizität.

Wir alle haben eine gewisse Anzahl von Ideen, Empfindungen, Gefühlsregungen, die wir mehr oder weniger regelmäßig wiedererleben. Macht nicht gerade das unsere Persönlichkeit aus?

Warum also dann unsere Aussagen wegstreichen, ausradieren, abschwächen?

Ich werde nichts wegstreichen, außer ich habe bis dahin meine Meinung geändert.

Ich lernte in Paris einen Arzt kennen, oder vielmehr, ich hatte ihn in Indien kennengelernt, bevor ich ihn in Paris wiedertraf, der im Alter von etwa achtundvierzig Jahren eine halbseitige Lähmung erlitt. Er hatte außerdem einen Diabetes.

Er blieb trotzdem der fröhlichste Mensch der Welt; er aß sehr gern und liebte gute Weine, die er bei Auktionen einkaufte.

Ich sehe ihn wieder vor mir, als man ihm seinen ersten Rollstuhl geliefert hatte; wie er ihn untersuchte, so wie ein Kind sein erstes Fahrrad untersucht, wie er ihn dann in seiner Wohnung ausprobierte, kreuz und quer herumfuhr und triumphierte, wenn er eine Tür ohne zu zögern und ohne an den Türrahmen anzustoßen durchfahren hatte.

Er lebte noch etwa acht Jahre, und während dieser acht Jahre leitete er weiter eine große Abteilung eines Krankenhauses in der Nähe von Paris und behandelte weiter seine Patienten.

Er hatte immer ein Fläschchen Kognak in der Tasche und behauptete, das sei in Krisensituationen das beste Mittel. Nachts las er Gedichte, da er nur wenig schlief, und er schrieb auch welche, die gar nicht schlecht waren.

Das alles war lange vor dem Krieg. Unter den Ärzten, die sich sonntags zum Bridgespielen trafen, war ein Professor der Neurologie, der sehr viel Humor hatte. Eines seiner Spiele, das uns alle belustigte, war, einen von uns hinter den Röntgenschirm zu stellen und die Bewegungen seines Zwerchfells zu studieren. Auf diese Weise bestimmte er dann nach und nach den Charakter des freiwilligen Patienten.

Heute würde er das nicht mehr tun, weil man die Gefahren des Röntgens entdeckt hat. Glücklicherweise ist niemand daran gestorben. Und er hat uns sehr amüsiert, um so mehr, als seine Haltung immer sehr feierlich war. Ein Bild führt zum nächsten. Ich habe eben von Ärzten erzählt. Ich fahre mit einer Ärztegeschichte fort.

Ich besaß ein kleines Haus in einem Dorf einige Kilometer von einer Unterpräfektur entfernt. Im Speisezimmer saßen ein Chirurg und seine Frau, der Arzt des Dorfes und noch einige andere Personen bei Tisch.

Ich erinnere mich noch an diesen Teil eines Gesprächs:

Der Chirurg: »Sag mal, Charles, wann schickst du mir denn wieder Patienten? Ich habe fünf freie Betten in meiner Klinik.«

Charles: »Ich kann nichts dafür, wenn ich keine Fälle für einen Chirurgen habe.«

Der Chirurg: »Wenn man keine hat, muß man eben welche machen. Bei deinen reichen Bauern wird es doch Mädchen von vierzehn bis sechzehn geben, die Bauchweh haben.«

Charles: »Du weißt doch genau, daß das nichts mit dem Blinddarm zu tun hat.«

Der Chirurg: »Das ist mir egal. Dann mache ich eben Blinddarme daraus. Wenn du mich weiterhin im Stich läßt, hole ich mir einen jungen Arzt frisch von der Universität, und den setze ich dir dann vor die Nase.«

Das ist alles. Glücklicherweise ist das ziemlich selten. Glücklicherweise hat Dr. C. auch niemanden zu seinem Kollegen geschickt.

Ich habe mich vorhin sehr deutlich wieder an den kleinen Mahagonitisch erinnert, auf dem ich meinen ersten Roman geschrieben habe: *Au pont de arches.* Dieses Möbelstück bezauberte mich. Ich haßte alle anderen Möbel im Haus, weil sie serienmäßig hergestellt worden und mit plumpen Henri-III-Schnitzereien geschmückt waren.

Ich frage mich, durch welches Wunder dieses entzükkende Tischchen ins Haus gekommen ist. Es ist niemand mehr da, der mir eine Antwort geben könnte. Der Tisch war wundervoll poliert, und ich streichelte ihn, wie ich auch die Haut einer Frau gestreichelt hätte.

Meine Gedanken sind weiter umhergeschweift, und ich habe mich gefragt, ob dieser Tisch nicht daran schuld ist, daß ich zeitweise doch eine Vorliebe für einen gewissen Luxus hatte.

Ich liebe manche Materialien. Holz, zum Beispiel, und seinen Geruch. Auf meinem Weg in die Oberschule machte ich manchmal einen Umweg, um kurz bei einem Onkel hereinzuschauen; der war Tischler, und ich atmete tief den gesunden und lebendigen Geruch ein, der dort herrschte.

Leder liebe ich ebenso. Schönes weiches Leder mit feiner und regelmäßiger Körnung begeistert mich. Es gab, als ich in Paris wohnte, in der Rue du Faubourg Saint-Honoré einen Luxusstiefelmacher. Im Schaufenster sah man nur einen einzigen, perfekt gearbeiteten Stiefel, und man wäre geritten – wenn man die Mittel dazu gehabt hätte –, nur um solche Stiefel zu tragen.

Eine andere Leidenschaft von mir ist Eisen, nicht Aluminium oder Nickel, keines dieser falschen und glänzenden Materialien. Das in der Schmiede gehämmerte Eisen, ein Hufeisen, das Balkongitter für ein altes Haus oder das Gitter eines Schlosses.

Später, in La Richardière, kaufte ich mir wahrhaftig eine Dorfschmiede. Ich will nicht behaupten, daß ich großen Gebrauch davon gemacht hätte. Ich schuf nichts, was des Aufhebens wert gewesen wäre. Aber ich brachte wunderbare Stunden damit zu, auf dem Amboß herumzuhämmern. Auf eben dieser Richardière war der Wald völlig vernachlässigt worden, und so fällte ich dann auch Bäume und lernte dabei langsam, den Stamm an der richtigen Stelle zu treffen und einen glatten Schnitt zu legen.

Kupfer läßt mich gleichgültig, Messing ebenfalls. Silber mag ich auch nicht besonders. Ich habe eine Schwäche für Gold, nicht wegen seines Wertes, sondern weil es Vergnügen macht, wenn man es mit den Blicken oder der Hand streichelt. Es bleibt endlich noch das Material übrig, das ich allen anderen vorziehe: eine schöne, weiche und noch nach Schaf riechende Wolle.

Während meiner Kindheit trug ich Sachen, die aus Hundewolle waren, wie ich das nannte, einer Wolle, die sich rauh anfühlte und kein bißchen weich war oder glänzte.

Keine Seide.

Leider ist all das, was so von Hand hergestellt wird, sehr teuer und gehört deshalb schon in den Bereich des Luxus.

Es gibt sehr viele Familien, die genug zum Essen und zum Anziehen haben. Unter einer Bedingung allerdings: daß sie einfache Sachen essen, bestimmte Lebensmittel wie Kaviar oder sogar Hummer nicht anrühren, weil die ihren Haushaltsplan durcheinanderbringen würden. Hier sind keine Grenzen gesetzt. Wenn man nichts anderes will, als seine Bedürfnisse zu befriedigen, kommt der Moment, wo man darüber hinaus nichts begehrt.

In der anderen Richtung gibt es keine Beschränkung mehr, denn etwas Schöneres gibt es immer.

Ich habe mich zwei- oder dreimal in Versuchung führen lassen. Nicht, um mich selbst zu bestätigen oder um dem Volk etwas zum Gaffen zu geben, wie man so sagt. Es war aus Liebhaberei, und daran ist vielleicht das Mahagonitischchen schuld.

Heute finde ich diese Haltung ungeheuerlich und peinlich, vielleicht schäme ich mich sogar deswegen. Der Gedanke an den kleinen Simenon, der sich von einem livrierten Chauffeur in einem Rolls-Royce durch die Straßen von Lausanne kutschieren läßt, finde ich unheimlich lächerlich.

Bin ich ein anderer Mensch geworden? Ich glaube eigentlich schon. Jedenfalls habe ich keinerlei Nachsicht für den, der ich einmal gewesen bin.

Eine der seltsamsten Städte auf der Welt ist Nogales im Süden von Arizona am Rande der Wüste. Die Stadt wird durch ein hohes Gitter in zwei Teile geteilt. Auf der einen Seite liegen die Vereinigten Staaten, eine hübsche, saubere, wohlhabende Stadt, so wie man sie im ganzen Land findet. Auf der anderen Seite liegt das mexikanische Nogales, wo einem hinter dem Gitter Bettler die Hand hinstrecken und auf dem Marktplatz grüne Fliegen auf den Fleischstücken sitzen.

Um durch das Gitter gelassen zu werden, brauchen die Mexikaner einen Paß und eine Arbeitserlaubnis, beides fast unmöglich zu bekommen.

Die amerikanischen Autos aber passieren das Gitter, ohne auch nur anzuhalten.

Nicht nur in Nogales liegen Reichtum und Armut dicht beieinander. So wie hier ist es in ganz Mexiko, wo ich aus diesem Grund auch nicht leben könnte.

Da ich achtzehn Kilometer von der Grenze entfernt wohnte, bin ich oft dort hingefahren. Ich hatte erfahren, daß ich gerade da wohnte, wo die heimlichen Emigranten auf ihrem Weg in die Baumwoll- und Zuckerrohrplantagen vorbeizogen.

Wenn ich bei mir zu Hause war, kamen manchmal einige von ihnen ganz vorsichtig näher und baten mich um einen Kanten Brot, etwas zu trinken, denn sie mußten bei einer Temperatur von ungefähr vierzig bis fünfundvierzig Grad eine lange Wegstrecke durch die Wüste zurücklegen.

Unser Kühlschrank stand auf der Veranda, die nicht abgeschlossen war. Ich gewöhnte mir an, immer vier oder fünf Büchsen Sardinen, ebensoviele Flaschen Bier und ein großes Stück Brot dort zu lassen.

So wußte ich, wenn ich nach Hause kam, ob ich Besucher gehabt hatte, die auf ihrem Weg weiterzogen, dorthin, wo für sie das Paradies lag.

In Belgisch-Kongo traf ich in einer der am dünnsten besiedelten Gegenden auf einen Verwaltungsposten. Ich weiß nicht, ob das die richtige Bezeichnung ist. Es war ein blonder junger Mann mit einer recht hübschen Frau und einem Mobiliar, das er sicher auch gehabt hätte, wenn er in Gent oder Lüttich gelebt hätte.

Er trug eine schwarze Hose, ein untadeliges weißes Hemd und eine Krawatte. Abends stellte er mir seinen Stellvertreter vor, der jünger war als er, genau den gleichen Dress anhatte und ebenfalls verheiratet war.

Die Bungalows der beiden Paare waren etwa hundert Meter voneinander entfernt.

»Sie haben Glück, Gesellschaft zu haben«, sagte ich.

Worauf mein Verwalter antwortete:

»Ich kann doch trotzdem nicht der Freund meines Untergebenen werden, nicht wahr? Außer Dienst haben wir keinen Kontakt miteinander.«

»Und Ihre Frauen?«

»Sie kennen sich praktisch nur vom Sehen.«

Demselben Verwalter sagte ich, daß der große Garten vor seinem Haus wunderbar gepflegt sei.

»Das sind die Gefangenen«, sagte er mir.

»Und wenn Sie keine Gefangenen haben?«

»Machen wir welche. Wir treiben die kräftigsten Männer zusammen und stecken sie ins Loch. Tagsüber machen sie Gartenarbeit.«

Wir waren mindestens zweihundert Kilometer von jedem anderen Weißen entfernt.

Ich hätte fast gesagt, das war im vorigen Jahrhundert. War es aber nicht, es war 1929.

Später wurde ich in Ecuador vom Präsidenten der Republik empfangen. Während unserer Unterhaltung sagte er plötzlich:

»Ich weiß, daß man Ihnen erzählt hat, ich sei ein korrupter Mensch und daß ich keine Gunst ohne Schmiergelder gewähre.«

Ich war sprachlos. Der Mann sah gut aus, war im mittleren Alter, mit silbergrauen Schläfen, und er trug einen tadellosen weißen Seidenanzug. Er fuhr in scherzhaftem Ton fort:

»Sie werden das vielleicht nicht verstehen, es ist aber trotzdem ganz einfach. Ich habe dreißig Jahre gebraucht, um den Posten zu erlangen, den ich jetzt innehabe. Ich habe zuerst Abgeordneter sein müssen, dann Mitglied mehr oder weniger wichtiger Kommissionen, dann Minister und dann schließlich Präsident.

Ein Student, der nach ein paar Jahren ein Diplom bekommt, macht es sofort zu Geld, und dann lebt er sein ganzes Leben von der Anstrengung seiner paar Studienjahre.

Warum soll das für einen Politiker nicht ebenso gelten? Die Anstrengungen, die ich früher auf mich genommen habe, meine Geduld, meine Geschicklichkeit haben mich dahin gebracht, wo ich jetzt bin. In sechs Monaten oder in drei Jahren schickt mich eine Revolution in mein trautes Heim zurück. Drei Jahre ist so der Durchschnitt. Also gut! In drei Jahren muß ich meine ganze frühere Arbeit also wieder hereingeholt haben.

Alle Gunstbezeigungen werden also nach festem Tarif vergeben, und ich schäme mich dessen nicht.«

Ich war etwas verlegen, als er mir einen prächtigen Panamastrohhut überreichte, denn die Panamahüte werden in Ecuador gemacht.

Wenn ich diese Anekdoten so durcheinander erzähle, dann, um zu zeigen, daß wir den sogenannten unterentwickelten Ländern in nichts nachstehen.

Vielleicht ist man bei uns diskreter? Und wenn schon! Man braucht doch nur die Zeitungen aufzuschlagen.

Das erklärt, warum ich in manchen gesellschaftlichen Kreisen Ekel verspüre und mich aus einer Welt zurückgezogen habe, in der man bei jedem Cocktail, beim Abendessen schmutzige Hände schütteln muß, was meiner Ansicht nach eine stillschweigende Mittäterschaft darstellt.

Vor zwei Jahren mußte ich ganz überstürzt nach Lüttich fahren, wo meine Mutter im Sterben lag. Sie war zweiundneunzig. Sie lag in einem Zimmer des Hôpital de Bavière, wo ich während meiner Kindheit bei der Sechsuhrmesse ministriert hatte.

Ihr Zimmer war voll. Neben ihr saß eine Schwester, und es schien, als könne nichts sie von dort wegbewegen. Ich erkannte undeutlich einen Neffen, den ich nicht mehr gesehen hatte, seitdem er zwei Jahre alt gewesen war. Da waren auch noch andere Leute, Nachbarn, entfernte Verwandte. Ich mußte mich zwischen ihnen hindurchschlängeln, um ans Bett meiner Mutter zu gelangen und ihr einen Kuß auf die Stirn geben zu können. Sie lächelte mir zu, mit ihrem Lächeln, das ich so gut kannte, einem Lächeln, das gleichzeitig ein wenig ironisch, ungläubig war und unwandelbares Vertrauen in ihr eigenes Urteilsvermögen ausdrückte.

»Warum bist du gekommen, Sohn?«

Sie wußte, daß ihr nicht mehr zu helfen war. Der Arzt hatte es ihr nicht verheimlicht. Übrigens ist es immer schwierig gewesen, meiner Mutter etwas zu verheimlichen.

Wenn ich ihr als Kind oder junger Mann irgend etwas erzählte, zuckte sie mit den Schultern und sagte:

»Du weißt sehr genau, daß das nicht die Wahrheit ist, Georges.«

Obwohl es meistens aber doch die Wahrheit war.

Eine Woche lang bin ich morgens und nachmittags in dieses Krankenzimmer gegangen. Nur zwei- oder dreimal war ich allein mit meiner Mutter und der Schwester, die ihre statuenhafte Unbeweglichkeit bewahrte.

»Hast du Schmerzen?«

»Nein, weißt du.«

Es stimmte. Sie hatte keine Schmerzen. Sie lag da, ausgestreckt auf dem Rücken, geduldig. Ab und zu schloß sie die Augen, und ihr Lächeln wurde heiterer, beinahe jung. Ich bin davon überzeugt, daß sie in sich selbst zurückkehrte, daß ihr Bilder aus ihrem Leben wiederbegegneten.

Wenn sich nach einigen Minuten ihre Augen wieder öffneten, betrachtete sie uns nacheinander mißtrauisch. Ihr Gesichtsausdruck sagte ganz klar:

»Was wollt Ihr hier? Was erwartet Ihr von mir?«

Sie hatte ein sehr schweres Leben gehabt und gelernt, niemandem zu vertrauen. Alle lauerten auf ihre Ersparnisse. Wenn sie das auch nicht sagte, so war doch ihr Blick so beredt, daß man es verstand.

Eines Spätnachmittags schloß sie ihre Augen. Ihr Lächeln erlosch, und sie ging friedlich in den Tod hinüber.

Es kommt oft vor, daß ich aus mehr oder weniger fernen Ländern, Polen, Bulgarien, Rußland vor allem, eine ausgefallene Pfeife erhalte. Es kommt auch vor, daß die Menschen mir schreiben und um eine Pfeife aus meiner »Sammlung« bitten.

Ich habe Pfeifen nie gesammelt. Mit vierzehn, als ich anfing zu rauchen, nahm ich kleine und leichte Pfeifen, so wie mein Vater sie mochte. Später nahm ich Pfeifen größeren Kalibers, und ich entdeckte die beiden wichtigsten englischen Marken, die exzellente Pfeifen herstellen.

In meinem Leben bin ich oft vor den Schaufenstern von Tabakgeschäften stehengeblieben, um mir eine schöne, gleichmäßig genarbte Pfeife anzuschauen und sie zu kaufen.

Es ist klar, daß nach so vielen Jahren eine ganz schöne Anzahl von Pfeifen zusammengekommen ist, dreihundert ungefähr. Das ist es, was man meine Sammlung nennt.

Lange Zeit lagen immer etwa zwanzig auf meinem Schreibtisch herum, da sind die nicht mitgezählt, die in einem dreistöckigen Pfeifenständer standen, und sobald eine Pfeife heiß wurde, nahm ich eine andere.

Aber wenn man von ihrer Größe absieht, ähneln sich alle diese Pfeifen. In meiner Kindheit waren sie lang und dünn, dann waren sie eine ganze Reihe von Jahren schwerer, massiver. Jetzt, seit zwei oder drei Jahren, nehme ich wieder leichte Pfeifen mit nur kleinem Kopf.

Es ist seltsam, daß ich wieder, oder doch beinah, zu den Pfeifen meiner Kindheit zurückgekehrt bin. Es liegen nur noch etwa zehn auf meinem Schreibtisch. Die anderen sind im Keller in einem Reisekoffer.

Ist das nicht so, als ob ein Teil meines Lebens nicht mehr zählte? Ich glaube schon. Mit Vergnügen betrachte ich jetzt die kleinen Pfeifen, die so leicht im Munde liegen.

T. erinnert mich daran, wie das geschehen ist. Als ich Épalinges verließ, habe ich zu ihr gesagt:

»Schaffen Sie mir doch diese ganzen Pfeifen vom Hals.«

Und in dem Haus, das vollstand von Gepäck und Kisten, hat sie eines Nachts, um vier Uhr morgens, jede einzelne Pfeife in Seidenpapier gewickelt und in einem Koffer verstaut.

Sie merkte, daß ich sie nicht mehr sehen wollte.

Ich glaube, ich habe schon gesagt, daß ich mich, je mehr die Zeit vergeht, immer mehr meiner Kinder- und Jugendzeit nähere. Erst heute entdecke ich, daß das sogar für die Pfeifen gilt.

Ich muß etwa fünfeinhalb Jahre alt gewesen sein. Es ist schwierig, den Zeitpunkt einer Kindheitserinnerung genau festzulegen, sofern sie sich nicht mit genauen Fakten in Verbindung bringen läßt, wie dem Beginn oder dem Ende eines Krieges, dem ersten Flug über den Ärmelkanal oder den Atlantik.

Bei diesem Vorfall ist es damit nichts. Wir, mein Bruder und ich, schliefen in der Mansarde, die von einer kleinen Öllampe erhellt wurde, so wie die, die man vor den Tabernakeln flackern sieht. Wir schliefen im selben Bett. Eines Nachts bemerkte ich im Halbschlaf, daß mein Geschlechtsteil den Schenkel meines Bruders berührte und ich es absichtlich hin- und herbewegte. Mein Bruder wiederum, erstaunt über die Berührung, umschloß es für einige Sekunden mit der Hand.

Ich muß zugeben, daß ich dabei Lust empfand. Das dauerte keine fünf Minuten, wahrscheinlich nicht einmal drei. Trotzdem sollte dies in meiner Kindheit ein Einschnitt sein und ihr die Unschuld nehmen. Ich wurde sehr christlich erzogen. Die Ordensbrüder, das heißt, die Mönche, bei denen ich in die Volksschule ging, spielten natürlich auf sexuelle Dinge an, und das in Worten, die Abscheu und Ekel hervorriefen.

Ich habe meinem Beichtvater nichts gesagt. Meinen

Eltern ebenfalls nicht. Dies ist nach fünfundsechzig Jahren das erste Mal, daß ich davon spreche.

Die Wunde hat lange gebraucht, um zu heilen, und wenn ich an manchen Tagen trüben Gedanken nachhing, war ich nicht weit davon entfernt, mich als verlorenes Wesen zu betrachten.

Voriges Jahr war ich neunundsechzig, und am gleichen Tag wie heute hielt ich mich in dieser Klinik in Valmont auf, wo ich auch jetzt wieder bin. Ich war wegen eines routinemäßigen Check-up gekommen und wollte außerdem angenehme Ferien im Grünen machen.

Ich war nicht krank. Ich fürchtete auch nicht, es zu sein. Warum ließ mich dann eine Art Vorahnung daran denken, daß ich meinen siebzigsten Geburtstag im Februar nicht erleben würde?

Als ich wieder in Épalinges war, hat mich das nicht daran gehindert, mir eine Wohnung in der Stadt zu suchen, mich dort fröhlich einzurichten und dabei die Läden abzuklappern wie ein Jungverheirateter.

Der Februar kam, und es war nichts anderes passiert, als daß ich eine böse Bronchitis durchgemacht hatte. Ich fand jeden Tag mehr Freude daran, in einer Wohnung zu leben, in den Straßen und Parks, die ich nicht kannte, auf Abenteuer auszugehen.

Mindestens zwei Journalisten haben angedeutet, daß ich deshalb keine Romane mehr schreiben wollte, weil ich irgendwie ausgebrannt sei und mir von nun an nichts mehr einfallen würde.

Das ist unrichtig wie das meiste, was man in der Zeitung liest.

Vor siebzehn Jahren hatte ich das, was man nach dem

Arzt, der diese Krankheit in der Mitte des vorigen Jahrhunderts entdeckt hat, die Meniersche Krankheit nennt. Das ist ein Gehörleiden, das Schwindelzustände hervorruft.

Diese dauern nicht ununterbrochen an, im Gegenteil. Sie überkommen einen dann, wenn man sie am wenigsten erwartet.

Die Krankheit nun kam wieder, nachdem sie mich fünfzehn Jahre im Ruhe gelassen hatte. Sie hinderte und hindert mich immer noch daran, allein auszugehen.

Ich könnte mehrere Stunden im Auto oder in der Eisenbahn nur schlecht ertragen, und Fliegen kommt noch viel weniger in Frage.

Abgesehen hiervon führe ich ein ganz normales Leben, und ich habe meine Romane durch dieses kleine Tonbandgerät ersetzt, das ich mein Spielzeug nenne und vor dem ich bisweilen ein paar Minuten plaudere.

Ich habe also trotz meiner Vorahnung das Kap meiner siebzig Jahre umschifft. Jetzt bin ich schlauer und setze mir kein neues Ziel mehr; und wenn ich es dennoch täte, würde ich eher die Zahl Achtzig oder die Neunzig wählen.

Ich habe aufmerksam beobachtet, wie ich älter geworden bin, und nach und nach zur Kenntnis genommen, auf welche Freuden ich würde verzichten müssen. Das fing an mit dem Golfspielen, dann kam das Autofahren usw.

Trotzdem bin ich der Meinung, daß das dritte Alter, wie man heute sagt, das angenehmste, das köstlichste ist. Man gibt keine der kleinen Freuden des Lebens auf. Man genießt sie in Ruhe, ohne sich zu beeilen, ohne Pläne für das Morgen oder Übermorgen zu machen.

Mit einem Wort, man lebt endlich in einer Gegenwart der Lust.

Am selben Tag, nachmittags. Seit heute morgen, seit meinem letzten Diktat fühle ich mich leicht, leicht. Früher, wenn ich ein Romankapitel beendet hatte und aus meinem vor Pfeifenrauch ganz blauen Arbeitszimmer herauskam, war ich noch eine ganze Zeit lang wie erdrückt vom Gewicht meiner Romangestalten, und dennoch durfte ich sie doch eigentlich nicht verlassen.

Bis zum nächsten Morgen mußte ich »sie« bleiben, egal, wie meine Laune war, egal, wie das Wetter war, die Sonne, der Gesang der Vögel.

Meine Kinder, mein Personal betrachteten mich mit einer gewissen Furcht, so, als ob ich auf einmal, da ich »am Roman« war, eine etwas rätselhafte Persönlichkeit geworden wäre, eine Art Schwerkranker, den man schonen mußte.

Uff! Wie gut es doch ist, wenn man in Ruhe sich selbst sein kann, ohne Hintergedanken, ohne eine andere Sorge als die, das Leben teelöffelweise zu kosten, wie ein Kind eine Portion Eiskrem kostet.

Das ist alles. Das war es nicht wert, gesagt zu werden, aber ich mußte es dennoch sagen.

Ein paar Minuten später. Ein Bild kommt mir in den Sinn, das weder traurig noch düster ist. Es ist das Bild meiner Mutter in ihrem Krankenhausbett, mit der starren Schwester zu ihrer Linken und den Vettern oder Nachbarinnen, die in den Ecken stehen und flüstern.

Ich habe versucht, ihr Lächeln zu deuten. Es ist mir

nicht gelungen. Deshalb will ich es noch einmal versuchen. Ihr ganzes Leben lang hatte sie sich mehr oder weniger als Opfer betrachtet. Sie verlor ihren ersten Mann, als sie noch nicht einmal vierzig war. Ein paar Jahre später heiratete sie wieder, und mit ihrem zweiten Mann lebte sie bald getrennt von Tisch und Bett; sie verkehrten miteinander nur durch kleine Zettelchen.

Was mich betraf, hatte ich ihr nicht eines Tages gesagt, daß ich lieber ein Schläger als ein Geschlagener sein wollte?

Sie war eine Geschlagene gewesen. Und jetzt betrachtete sie mich von der Höhe ihres Totenbettes mit einer Art Triumph in ihren Augen, als wenn sie es wäre, die schließlich recht behielt.

Es stimmte. Wir standen um sie herum und waren nur gemeine, allen Schwierigkeiten und Ängsten des Lebens ausgelieferte Menschen. Die meisten ihrer Besucher erwarteten etwas von ihr, der eine ihr Haus, der andere Vorhänge, einen Teppich, die Eßzimmermöbel, was weiß ich?

Sie schaute auf sie nicht mit Verachtung, sondern mit Heiterkeit, innerer Freude.

Weil sie selbst schon nicht mehr da war.

Und als sie die Augen schloß, bin ich überzeugt, daß es Bilder aus ihrer Kindheit waren, denen sie Lebewohl sagte.

Er trug fast immer karierte Anzüge, glänzende Schuhe aus Eidechsenleder und gelegentlich einen grünen Hut.

Sein Gesicht war rund und rosig, mit großen hellen Augen und einem dauernden Lächeln, das gleichzeitig ironisch und zufrieden war. Ich habe selten einen Menschen gesehen, der das Leben so genossen hat wie er. Wenn er sich jemandem vorstellte, sagte er mit der ernstesten Miene der Welt:

»Eugène Merle, Erpresser.«

Es stimmte. Aber ein Erpresser, der nie auf das Privatleben der Leute aus war.

Seine Opfer waren Banken oder große Gesellschaften, die sich einige Unregelmäßigkeiten hatten zuschulden kommen lassen.

Er war in Marseille geboren worden, mitten im Viertel der kleinen Leute. Er hatte den Akzent und die Spottsucht der Canebière nicht abgelegt. Ziemlich jung war er Anarchist geworden, wonach er während des Krieges von der Armee dazu benutzt worden war, Brücken in die Luft zu jagen, wie er lachend sagte.

Als er die Armee verließ, gründete er eine satirische Zeitung, *Le Merle blanc*, die von Anfang an beträchtlichen Erfolg hatte.

Es war die Zeit der »Chambre bleu horizon«, wie

man sie nannte, einer Kammer, die extrem rechts und verbissen patriotisch war. Beim Streik der Metroangestellten habe ich mit meinen eigenen Augen gesehen, wie die Schüler der »Ecole Polytechnique« in voller Gala und mit weißen Handschuhen die Züge lenkten, um die Arbeiter matt zu setzen.

Für Merle war das eine gesegnete Zeit, da er in der Opposition war und fast jeden angreifen konnte.

Er gründete auch eine Wochenzeitung: *Frou-Frou,* die fast ebensoviel Erfolg hatte wie *Le Merle blanc.*

Das war eines der galanten Blätter, bei denen ich nach meiner Ankunft in Paris mitarbeitete. Man wurde oft mit ungedeckten Schecks bezahlt, aber mit einiger Geduld schaffte man es dann doch, sein Geld zu bekommen. Vor der Kasse, wo man Schlange stand, habe ich zum ersten Mal Henri Jeanson, Pierre Lazareff und viele andere getroffen, die glänzende Karrieren gemacht haben.

Merle hatte ein außergewöhnliches Gespür, wertvolle Mitarbeiter ausfindig zu machen.

Da es keine linke Abendzeitung gab, gründete er eine, die er *Paris-Soir* nannte und deren prächtige Geschäftsräume am Boulevard Montmartre lagen. Wenn ich mich nicht irre, wurde die Zeitung mit einem Roman von Jef Kessel, *Nuits des Princes,* auf den Markt gebracht.

Pech für Merle, aber die »Chambre bleu horizon« blieb nicht lange am Leben, und als die Radikalen an die Macht kamen, hatte er keine Feinde mehr, die er herunterputzen konnte. Er verkaufte den *Paris-Soir,* der heute *France-Soir* heißt und der sein äußeres Bild nicht sehr verändert hat.

Sein großes Steckenpferd war das Kochen. In seinem kleinen Schloß von Avrainville in der Nähe von Arpajon hatte er jeden Sonntag an die zwanzig Gäste, und er selbst hantierte dann schon vor dem Morgengrauen mit den Töpfen und Pfannen herum.

Ich war bei den meisten dieser Mittagessen dabei. Man traf dort im allgemeinen auf drei oder vier Minister, Bankiers, Ilya Brenburg, der damals als Auge Moskaus galt, und viele andere.

Ich war höchst erstaunt, als ich die hochgestellten Persönlichkeiten über Staatsangelegenheiten oder einfache Geschäfte mit einer unglaublichen Lässigkeit und Ungeniertheit reden hörte.

Von den kleinen Betrügereien, die da beim Kaffee in irgendeiner Ecke ausgeheckt wurden, will ich gar nicht reden.

Das waren die zwanziger Jahre, die man jetzt die Belle Epoque nennt, denn die Belle Epoque rückt immer ein bißchen näher, und für manche sind es schon die dreißiger Jahre und sogar die Zeit von Saint-Germain-des-Prés.

Merle hatte Zuneigung zu mir gefaßt und sprach ganz offen mit mir:

»Siehst du, mein kleiner Sim, nur eins zählt auf der Welt: die Moneten.«

Dieses Wort schockierte mich.

»Moneten findet man überall und fast immer widerrechtlich angeeignet. Man muß nur wissen, wo sie zu holen sind.«

Ich will ehrlich sein: Diese Ausdrucksweise begann, auf mich abzufärben.

Wegen Merle übrigens sagte ich eines Tages zu meiner Mutter, als wir in Lüttich die Rue du Pont d'Avroy entlanggingen:

»Es gibt nur zwei Arten von Menschen auf der Welt: die Schläger und die Geschlagenen. Ich will kein Geschlagener sein.«

Glücklicherweise habe ich mich schnell wieder gefangen. Ich begann, Merle mit anderen Augen zu betrachten und die Mittagessen von Avrainville zu meiden.

Oder genauer gesagt trat diese Umkehr ein, nachdem Merle versucht hatte, eine große Morgenzeitung zu gründen: *Paris-Matinal!*

Hier stammt die Legende vom Glaskäfig her. Noch schrieb ich unter verschiedenen Pseudonymen nur Groschenromane. Merle schlug mir vor, unter den Augen der Öffentlichkeit und in einem Glaskäfig eingeschlossen, einen zu schreiben. Der Glaskäfig wurde bestellt. Er wurde nie fertig, aus dem einfachen Grund, weil *Paris-Matinal* nur ein paar Nummern erlebte und dann einging.

Im Grunde bin ich Merle dankbar, mir aus der Nähe und in natura diejenigen gezeigt zu haben, die uns regieren und von denen wir abhängig sind.

Das hat mich von einer gewissen sozialen Schicht entfernt, einer gewissen Welt, in der ich mich ebenso unbehaglich fühle wie Maigret.

Sacha Guitry hat ein Stück geschrieben: *Mon père avait raison.* Ich meinerseits muß gestehen: »Meine Mutter hatte recht«.

Verdammt! Wieder einmal höre ich, daß ich diese Geschichte von Merle schon erzählt habe, wenn man das überhaupt eine Geschichte erzählen nennen kann.

Das wird wahrscheinlich öfter vorkommen. Schließlich habe ich nur ein Leben gelebt. Ich hoffe, davon erst einen Teil gelebt zu haben. Wieviele Erinnerungen nun drängen sich in einem Leben einem Menschen wirklich auf, sobald er die Augen schließt? Nicht viele. Eine kleine Fingerspitze voll.

Wenn man zuschaut, wie sich die Karussells drehen, sieht man regelmäßig immer wieder dieselben Holzpferde, dieselben Einmaster, denselben Schwan, dasselbe Schweinchen auftauchen.

Also gut, nehmen wir an, daß ich nur ein Karussell mit Holzpferdchen bin.

Ich gehöre zu den einfachen Leuten, ich habe immer zu den einfachen Leuten gehört, auch wenn ich mal den großen Helden markiert habe, und ich habe das Bedürfnis, wieder ein einfacher Mensch zu werden.

Ein erfüllter und fröhlicher Morgen, heute morgen. Ich habe meine Post diktiert wie gewöhnlich, bin in die Stadt gegangen, um zwei Uhren reparieren zu lassen, und unterwegs haben T. und ich gedacht, daß es bei der angekündigten Ölverknappung fast unmöglich wäre, Épalinges zu heizen.

Ich habe mit Aitken telefoniert und ihr gesagt, sie möchte in die Avenue de Cour kommen. Wir haben völlig unvorhergesehen eine große Entscheidung getroffen. Wir werden alles, was noch in dem Haus übrig ist, öffentlich versteigern lassen, außer dem Arbeitszimmer von Aitken und den Büchern. Anstatt zu warten, bis wir das Haus verkaufen können, werden wir alles, was zum Büro gehört, nach Chailly bringen lassen, wo ich eine Wohnung gemietet habe, die das Sekretariat aufnehmen soll.

Bei derselben Gelegenheit soll der Spediteur alles, was an Büchern, Bildern usw. übrig ist, ins Möbellager bringen.

Das Haus wird dann endlich leer sein.

Ich habe es nicht mehr betreten. Ich werde da auch

nicht mehr hingehen. Ich habe damit nichts mehr zu schaffen. Ich habe dort dunkle Stunden verbracht. Ich habe dort auch Stunden verbracht, die ich immer in angenehmer Erinnerung behalten werde.

Für mich ist alles, was vorbei ist, endgültig vorbei. Es lebe die Avenue de Cour.

Ich verstehe jetzt, daß Milliarden von Jahren nötig waren, um aus dem Menschen das zu machen, was er ist. In der Tat ist auch das läppischste Stück Wahrheit so schwer zu begreifen und stößt auf so viele Widersprüche, Ausflüchte, so viel Zögern!

Gestern nachmittag habe ich anläßlich des bevorstehenden Auszugs aus Épalinges geglaubt, die Erklärung für mein Verhalten gefunden zu haben, und darauf war ich richtig stolz.

Kaum war ich in meinem Bett, wurde mir in dem Moment, der dem Schlaf vorausgeht, klar, daß es falsch war, auf jeden Fall ungenau.

Ich bin sehr oft umgezogen, auch von einem Kontinent zum anderen. Das geschah nun nicht, um einen anderen Himmel, ein anderes Klima, eine andere Landschaft zu erleben. Es ist komplexer und ziemlich schwierig zu erklären.

Wie ich, glaube ich, schon gesagt habe, kommt ein Augenblick, wo ich mich fremd fühle, wenn ich mich umschaue. Von diesem Augenblick an weiß ich, daß ich gehen muß, daß das beinahe eine Frage des Gleichgewichts ist.

Dieses Fluchtbedürfnis hat extreme Ausmaße angenommen. Zum Beispiel, als ich La Richardière verließ, den kleinen Herrensitz von Nieul-sur-Mer, bin ich schon abgereist, bevor man auch nur im geringsten mit dem Umzug begonnen hatte.

Tigy hat sich damals darum gekümmert, auch um das Verladen meiner fünf Pferde, während ich seelenruhig in unserem neuen Domizil, dem Château de la Cour-Dieu, gewartet habe.

Als ich Lakeville in Connecticut verließ, habe ich meinen Immobilienhändler angerufen und ihm gesagt:

»Sobald ich weg bin, werden Sie das alles öffentlich versteigern lassen.«

Auch da wollte ich nicht dabeisein.

Bei meinen anderen Umzügen war es ebenso. Als ob ich trotz allem immer noch mit einem Faden an meinen alten Wohnsitzen hing.

Ich sagte es gestern. Ich will gerne anordnen, daß alles, was von mir in Épalinges geblieben ist, in kürzester Frist woanders hingebracht wird. Ich habe seit dem Tag, an dem ich endgültig ausgezogen bin, meinen Fuß nicht mehr dorthin gesetzt. Als ich da wohnte, habe ich mir nicht allzuviele Fragen gestellt oder vielmehr, die Fragen, mit denen ich es dort zu tun hatte, waren keine Fragen, die mich betrafen, sondern Fragen, die meine Romangestalten betrafen.

Jetzt, da ich mich von ihnen befreit habe, versuche ich manchmal, ohne es zu wollen, mit Gedanken ins reine zu kommen, die mich betreffen.

Natürlich gehe ich nicht zu der Versteigerung. Ich will nicht wissen, wo die Sachen hingehen, die ich über Jahre hinweg liebevoll gesammelt habe.

Habe ich wirklich verstanden, warum? Das Bild eines Strandes mit Kindern, die im Sand spielen, hat mich darauf gebracht. Diese Kinder verbringen oft Stunden damit, eine Sandburg zu bauen. Wenn sie fertig ist, betrachten sie sie, zeigen sie manchmal ihren Eltern und ihren kleinen Spielgefährten, dann zerstören sie sie, energisch, fast wütend und mit kräftigen Schaufelschlägen, um ein paar Meter weiter weg eine neue zu bauen.

Dieses Bild gibt meinen Seelenzustand ziemlich genau wieder. Ich baue gern. Ich verändere gern. Ich habe es gern, wenn jedes Ding an seinem festen Platz steht. Es kommt vor, daß ich Monate damit verbringe, einen ganz bestimmten Gegenstand ausfindig zu machen.

Dann, wenn alles vollkommen erscheint, stehe ich da wie der kleine Junge vor seiner Sandburg. Was kann er damit machen? Sich draufsetzen?

Ist das eine Reflexhandlung? Entspricht das nicht einem unbewußten Destruktionsbedürfnis?

Auch ich habe mein ganzes Leben lang Sandburgen gebaut. Wenn sie fertig waren, kamen sie mir fremd vor, ich hatte nichts mehr mit ihnen zu schaffen.

Ich habe sie voller Wut, mit einer Art Wollust zerstört.

Ich habe es heute eilig damit, alles von mir aus Épalinges zu entfernen, jedes Buch, jeden Teppich, jede Zeichnung.

Das wird ein Schlußstrich unter eine gewisse Vergangenheit sein. Dann wird die Avenue de Cour zur einzigen Wirklichkeit.

... Vielleicht, wenn ich lange genug lebe, um das eines Tages ebenfalls zu zerstören und wieder etwas Neues zu bauen.

Als ich letzten Februar einem Lausanner Journalisten, den ich schätze und der von peinlichster Redlichkeit ist, mitgeteilt habe, daß ich aufhören würde, Romane zu schreiben, verbreiteten Presseagenturen die Neuigkeit über die ganze Welt.

Ich wurde überflutet von Briefen, Telegrammen, Bitten um Zusammentreffen, Bitten um Interviews usw.

Ich habe alles abgelehnt, sogar die schmeichelhaftesten Angebote.

Ich hatte mit den Romanen ein für alle Male Schluß gemacht, so wie ich mit meinen Häusern Schluß gemacht habe.

Ich bin nach dem Grund dafür gefragt worden. Kam ich mir ausgebrannt vor? Hatte ich Angst, minderwertige Arbeiten zu liefern?

Das Vorausgehende erklärt meinen Standpunkt. Sicher, Gründe habe ich schon angegeben. Zu jenem Zeitpunkt gab es gesundheitliche Gründe, Schwindelgefühle, die mich plötzlich daran hätten hindern können, ein Kapitel, also einen Roman, zu beenden. Schließlich war da auch noch mein siebzigster Geburtstag, den ich ein paar Tage später feiern wollte.

Sechs Monate sind seitdem vergangen. Es wird mir bewußt, daß all diese Gründe nicht stichhaltig sind, daß es nur einen gibt, einen einzigen:

Ich fühlte mich dem Roman plötzlich fremd.

Schmorte nicht dieser Grund schon fünfzig Jahre in mir? Ich möchte nicht schwören, daß dem nicht so ist. Tatsächlich habe ich mich immer geweigert, eines meiner Bücher noch einmal zu lesen. Als ich in Cannes war, bot mir ein amerikanischer Produzent eine ziemlich hohe Summe, wenn ich zu einem meiner Romane das Drehbuch und die Dialoge schriebe. Er schien sehr überrascht zu sein, als ich ihm antwortete:

»Unter der Bedingung, daß ich es nicht noch einmal durchlesen muß.«

Ich habe es dann wahrhaftig auch nicht noch einmal durchgelesen. Ich habe es von jemand anderem durchlesen lassen und ihn gebeten, es mir in groben Zügen zu erzählen.

Es scheint mir, daß diese Wahrheiten zusammenfließen: meine Häuser, meine Romane, ich bin versucht hinzuzufügen: meine Pfeifen, denn es kommt vor, daß ich eine Pfeife ausrangiere, ohne daß sie schlechter geworden wäre als irgendeine andere, ganz einfach deshalb, weil sie zu lange ein Teil meines Lebens war.

Wenn ich mich plötzlich bemühe, mir mein Verhalten zu erklären, auch meine Haltung den Dingen gegenüber, meine Ticks, dann deshalb, weil ich seit einigen Jahren den Eindruck habe, ein anderer Mensch geworden zu sein.

Und dem gelingt es nicht immer, die Taten, Handlungen, Gewohnheiten dessen zu begreifen, der er einmal gewesen ist.

Dieser Wandel kam nicht von einem Tag auf den anderen, obwohl ich ihn chronologisch ziemlich genau einordnen kann. Er begann, glaube ich, als ich mit ein paar gebrochenen Rippen in einer Klinik lag.

Es war nichts Schlimmes, Dramatisches, aber es setzte ein für alle Male den Schlußpunkt unter meine zweite Bindung, die mit D. Es war auch die Weihe einer neuen Vertraulichkeit mit einer Frau, und ich fühlte, daß der Wandel immer tiefer und endgültiger wurde.

Als Bordeaux belagert wurde, ich sagte es bereits, schrieb Montaigne über sein Blasenleiden.

Heute, wo die Welt zerrissen und unruhig ist, wo fast alles in die Brüche geht und alle bisherigen Wahrheiten angezweifelt werden, halte ich Nabelschau.

Ist auch egal! Ich stürze mich kopfüber hinein. Das ist aber nur eine Redensart, denn ich habe weder Lust zu sterben noch Selbstmord zu begehen. Das Leben ist zu köstlich.

Es gibt einen ganzen Abschnitt in meinem Leben, von dem zu sprechen ich immer gezögert habe, seitdem ich mit dieser Diktiererei angefangen habe. Nun habe ich den Eindruck, es wäre Feigheit, wenn ich es nicht täte.

Seit meiner Kindheit kenne ich ein bestimmtes Gefühl: Die Furcht, jemandem weh zu tun, und als ich noch in Paris wohnte und in den Kreisen der Leute verkehrte, die man die Herrschenden nennt, ist es oft vorgekommen, daß ich Hände schüttelte, die, wie ich wußte, schmutzig waren, und ich hatte dabei ein schlechtes Gewissen.

Ich glaube, was den Menschen am meisten trifft, ist das Gefühl der Herabsetzung, so daß es immer grausam ist, irgend jemanden zu erniedrigen.

Der Mensch erträgt alles, Trauer, Krankheit, Niederlage. Er erträgt keine Erniedrigung, die ihn gewissermaßen seiner Würde beraubt.

Dies ist so wahr, daß die Regierungen dem vorgebeugt haben. Für Leute, die man dort nötig hat, Politiker, Industrielle, große Anwälte, große Ärzte usw., und die eines Tages entdecken könnten, daß sie so groß gar nicht sind, haben sie einen ganzen Eisenwarenhandel geschaffen, der vom Band der Ehrenlegion zum Verdienstorden, von der »Académie française« zur »Académie de la Médecine« und bis zu einem Lehrstuhl an der Sorbonne geht.

Bei diesem Thema fällt mir etwas ein, was ich nie vergessen habe. Ein sehr reicher Mann, der sich 1914–1918 sehr ehrenvoll geschlagen hatte, bekam, als dieser Krieg zu Ende war, nicht das Band der Ehrenlegion.

Er hatte alles, was das menschliche Leben geben kann. Trotzdem fehlte ihm etwas: ein Stückchen rotes Band.

Um es zu bekommen, finanzierte er viele patriotische Vereinigungen, von denen es damals nur so wimmelte. Das kostete ihn sehr viel Geld. Das dauerte lange. Endlich jedoch teilte man ihm mit, daß man ihm das Band zugesprochen habe.

Aber ach, es war nicht das Band für Heldentaten im Krieg, sondern das Band . . . für Ruheständler.

Ich bin überzeugt – und ich habe ihn gut gekannt –, daß diese Demütigung die größte Prüfung seines Lebens war.

Ich werde mich also bemühen, niemanden zu demütigen, niemandem weh zu tun, und wenn ich irgendwann fühlen sollte, daß das unmöglich ist, ohne daß ich von der Wahrheit abweiche, werde ich das Thema wechseln.

Schon in *Als ich alt war* hatte ich dasselbe Problem. Wenn ich auch nichts Falsches geschrieben habe, so habe ich doch oft durch Auslassung gesündigt, aber nur einige sehr enge Freunde können das herausfinden.

In den dreißiger Jahren war ich einmal vorübergehend in New York, denn ich machte eine Weltreise und wollte zuerst nach Südamerika. New York begeisterte mich, und ich nahm mir vor, sobald ich Gelegenheit dazu haben würde, ein paar Jahre in den Vereinigten Staaten zu leben, denn meiner Bildung fehlte etwas.

Ich konnte nicht direkt zu Beginn des Krieges fahren, weil Marc erst zwei oder drei Monate alt war und die abenteuerliche Reise über Portugal sich als mühselig hätte erweisen können.

Ich bin also 1945 sofort nach der Befreiung Frankreichs gefahren.

Zu jener Zeit lebte ich praktisch von Tigy getrennt.

Wir hatten in der Tat beschlossen, daß wir körperlich getrennt leben und jeder seine Freiheit wiederhaben sollte, aber wegen Marc, der damals vier Jahre alt war, wollten wir weiterhin unter ein und demselben Dach leben.

Sie fuhr mit mir und Marc nach Amerika. Was Boule anbelangte, so erreichte ich nicht ohne Mühe, daß sie ein Jahr später nachkommen konnte.

Die Überfahrt an Bord eines leeren skandinavischen Frachters, der bei einem Sturm mit Windstärke zehn wie wahnsinnig schaukelte und schlingerte, war grauenhaft.

Ich hatte vor, Tigy und Marc in Kanada wohnen zu lassen, das fünfundvierzig Flugminuten von New York entfernt ist; die meiste Zeit wollte ich in den Vereinigten Staaten so leben, wie es mir paßte.

In Montreal sagte mir ein sehr netter und buckliger Junge – ich habe mich nicht getraut, seinen Buckel anzufassen, und deshalb hat er mir auch kein Glück gebracht –:

»Suchen Sie eine Sekretärin?«

Ich sagte ja. Ich brauchte zwei Dinge oder vielmehr drei: ein Haus, ein Auto und eine Sekretärin.

»Ich habe genau, was Sie brauchen. Sie arbeitet in den Vereinigten Staaten, aber sie könnte Sie in New York treffen.«

Da ich sowieso nach New York fuhr, sagte ich zu und vereinbarte einen Gesprächstermin um ein Uhr in einem Restaurant, das Bruxelles hieß.

An jenem Morgen war ich mit Paul Gilson am Krankenbett eines meiner besten Freunde, des Malers Kisling. Die Zeit verging schnell. Wir hatten uns viel zu erzählen. Endlich, gegen drei Viertel eins, verließen wir, Gilson und ich, das Atelier.

Ich fragte, ob das Bruxelles weit weg sei.

»Mit dem Taxi zehn Minuten.«

Also suchten wir überall ein Taxi, ein freies Taxi. Zu jener Zeit war es praktisch unmöglich, mitten am Tag ein Taxi zu finden. Schließlich machte ich den ganzen Weg zu Fuß, wobei ich manchmal den Arm in der vergeblichen Hoffnung hob, einen Wagen anhalten zu können.

Als ich im Bruxelles ankam, war es halb zwei. Die Garderobenfrau erkannte mich wieder und sagte mir:

»Ein junges Mädchen wartet schon ganz ungeduldig auf Sie.«

Dies war eines der wirklich äußerst seltenen Male, daß ich zu spät zu einer Verabredung kam.

Hübsch? Vielleicht. Schön, nein. Man hatte ihr auf Initiative des Hauses schon zwei Aperitifs serviert. Auch ich nahm einen, vielleicht auch zwei, und wir fingen mit dem Essen an.

Was den Job als Sekretärin betraf, so schien sie nicht gerade begeistert zu sein. Im Gegensatz zu dem, was sich sonst abspielt, wenn ein Chef Personal einstellt, war sie es, die mir Frage auf Frage stellte, unter anderem, ob ich Gaullist sei. Wir sind die Park Avenue hinuntergegangen, beim Central Park angekommen und haben den Ententeich umrundet.

Ich sehe diesen Teich wieder vor mir. Ich sehe die Enten wieder vor mir. Ich sehe das Laub des Central Park wieder vor mir und die Silhouette des Hotels Plazza, wo ich so lange wohnen sollte.

Sie teilte mir mit, daß sie um vier Uhr eine Verabredung mit dem Direktor eines wichtigen Unternehmens habe.

»Wenn ich zurückkomme, dann, weil ich abgelehnt habe, um Ihr Angebot anzunehmen. Wenn ich nicht zurückkomme, dann bin ich eingestellt.«

Ich ging zu meinem Hotel zurück, ließ mir eine Flasche Bordeaux auf mein Zimmer bringen und machte mich daran, die Morgenblätter zu lesen.

Eine halbe Stunde später rief mich der Mann vom Empfang an und sagte, daß D. auf mich warte, und er fragte, ob sie auf mein Zimmer kommen könne.

Ein schöner Sonntagmorgen, ganz glänzend vor Sonnenschein. Gleich bei meinem Aufwachen hat mir Iole verkündet, daß Pierre, der vierzehn ist und gestern abend zum Tanzen war, mit einem Mädchen im Bett liegt.

In Valmont hat sich ein ganz kleiner Vorfall ereignet, der mich sehr beeindruckt und bezaubert hat. Am Nachmittag sind wir, T. und ich, einen schmalen Waldweg entlanggegangen. Vor uns, mitten auf dem Weg, lag ein ganz kleiner Vogel, der aus dem Nest gefallen zu sein schien. Wir waren nur noch drei Meter von ihm entfernt, und er flog immer noch nicht weg. Wir mußten an ihm vorbei und kamen ihm noch näher, aber er rührte sich immer noch nicht, außer daß er uns kleine Blicke zuwarf und dann etwas anderes auf dem Kies anschaute.

Wir sind so dicht an ihm vorbeigegangen, daß wir ihn hätten berühren können. Wir sind noch zwei oder drei Meter weitergegangen, und da sprang er schnell auf eine dicke Raupe los, die er wohl schon lange im Auge gehabt hatte, und er hat sie in den Wald geschleppt.

Das ist alles. Das ist erfrischend.

Letzte Nacht habe ich zum ersten Mal geträumt, daß

ich einen Maigret-Roman schrieb. Aber keinen Maigret wie alle anderen. Ich saß an meinem Schreibmaschinentisch, der nicht an seiner gewöhnlichen Stelle stand, sondern neben einem weitgeöffneten Fenster, durch das die Sonne hereinflutete. Alle Geräusche der Straße drangen zu mir herauf. Das störte mich aber nicht.

Meine Finger huschten munter über die Tasten der Maschine, die Sätze reihten sich aneinander, ohne daß ich groß darüber nachzudenken oder überhaupt zu denken brauchte, genau so, wie ich ganz am Anfang meine Groschenromane schrieb.

Komischer Traum!

Ich war völlig überrascht dazusitzen, mit dieser verblüffenden Leichtigkeit zu tippen und mich im Grunde über das lustig zu machen, was ich schrieb.

1945 war es fast unmöglich, in New York ein Hotelzimmer zu finden. Über Freunde fand ich dann ein wunderbares Appartement mit einem großen Salon in einem Hotel an der Park Avenue.

An jenem Tag wartete ich um vier Uhr, um herauszufinden, ob D. kommen oder ob ich nichts mehr von ihr hören würde. Sie ist gekommen, leider. Sie wurde später sogar meine zweite Frau, von der ich seit etwa zehn Jahren getrennt lebe.

(Mit großem Bedauern nehme ich hier etwa fünfzehn Seiten heraus.)

Ça court, ça court, la maladie d'amour . . .«
Das höre ich von morgens bis abends. Nicht nur Pierre spielt es bis zum Erbrechen, man kann auch in keine Bar mehr gehen, ohne es zu hören.

Ich glaube, ich habe vor diesem Mikrofon schon über die Liebe gesprochen. Ich habe den Eindruck, daß da noch vieles zu sagen ist.

Ich bin weder Psychologe noch Philosoph, weder Arzt noch Psychiater. An dieses Thema, das seit dem Beginn der Menschheit eine so große Rolle gespielt hat, kann ich also nicht als Gelehrter herangehen.

Es gibt Liebe und Liebe. Wie die Zunge des Äsop kann sie das Schönste und das Schrecklichste sein. Sie beschwört Tragödien herauf, schenkt aber von Zeit zu Zeit auch das, was man das Glück nennt.

Alles, was ich hier tun kann, ist, aus meiner eigenen Erfahrung zu sprechen, einer Erfahrung, die Milliarden von Männern und Frauen auch gemacht haben.

Diese berühmte erste Liebe, die so viele rührende Romanzen hervorgebracht hat, existiert meiner Ansicht nach nicht. Da ist die erste Periode meines Erwachsenenlebens. Da ist Tigy. Und mir wird klar, und das ist mir schon lange klar, daß ich nicht eine ganz bestimmte Frau geliebt habe, sondern die Frau, auf die ich meine Kindheits- und Jugendträume projizierte.

Der Katholizismus, in dem ich erzogen wurde, ist mit daran schuld. Einerseits hat er mit der Jungfrau Maria die Frau buchstäblich vergöttlicht, und über Generationen war diese Jungfrau Maria ein aus allen Tugenden zusammengesetztes Traumwesen, so daß man sich kaum vorstellen konnte, daß sie überhaupt ein Geschlecht besaß.

Der Katechismus lehrte uns die Sünde des Fleisches, hielt uns die Abscheulichkeit der außerehelichen sexuellen Beziehungen vor Augen und vor noch gar nicht so langer Zeit auch jener sexuellen Beziehung, deren gewissermaßen unmittelbares Ziel nicht die Zeugung eines Kindes ist.

Ich habe fast zweiundzwanzig Jahre, ich möchte nicht gerade sagen als Opfer, aber doch ganz nach dieser Liebe gelebt, die ich persönlich gar nicht unter dem Stichwort Liebe einordnen würde.

Es gibt noch eine andere Art der Anziehung des Mannes zur Frau hin und zweifellos auch umgekehrt: die Leidenschaft.

Diese Leidenschaft ist schon schwieriger zu definieren. Ist sie eine Krankheit? Ist sie ein Überbleibsel unserer Stammesinstinkte?

Vergleicht man beide, so hat sie sich bisher als das verheerendere Gefühl erwiesen. Sie ist gar kein Gefühl. Sie ist ein Fieber, das quälende Bedürfnis nach Vereinigung, ob sexuell oder nicht, mit einem bestimmten Wesen, ohne daß unsere Intelligenz irgendwie daran beteiligt wäre.

Leidenschaft ist an kein Alter gebunden. Auch historisch nicht. Soweit man auch zurückdenkt, man begegnet ihr überall, und sie hat sich immer als unheilvoll erwiesen. Von Liebe, von dem, was ich Liebe nenne, spreche ich später.

Bei D. war es Leidenschaft, eine Leidenschaft, die imstande war, einen Menschen um den Verstand zu bringen. Er nimmt bei seinem Partner nichts mehr wahr, wenn er aber etwas wahrnimmt, gestaltet er es so um, daß es nicht mehr der Wirklichkeit entspricht.

Bei D. wollte ich nicht Pygmalion spielen, was immerhin noch eine Form der Zuneigung ist.

Gewiß, ich fühlte, wie schwach sie war, und, wie sie selbst sagte, war sie zu jener Zeit wie ein Vogel, hinter dem die Katze her ist.

Ich versuchte, den Vogel zu retten. Ich habe es fast zwanzig Jahre lang versucht.

Es fällt mir heute schwer, die Jahre zu verstehen, die wir zusammen verbracht haben.

Und dennoch schrieb ich weiter. Auf Sainte-Marguerite schrieb ich *Maigret à New York* und *Drei Zimmer in Manhattan.*

Dies ist ein Abschnitt in meinem Leben, auf den ich nicht stolz bin und von dem ich nur widerwillig spreche, aber diese Plaudereien, die, wie ich mir versprochen habe, aufrichtig sein sollen, wären es nicht, wenn ich gewisse Episoden verheimlichen würde. (Ich habe alles noch einmal durchgelesen und alles herausgenommen, was D. betrifft.)

Tigy ist zuerst nach Reno gefahren, um dort ihren Wohnsitz zu nehmen. Dann bin ich am Tag unserer Scheidung hingefahren, und am nächsten Morgen wurden wir von einem Richter getraut, der Stiefel und einen Hut à la Cowboy trug und dem ich dann zehn Dollar in die Hand drückte, wie mir mein Anwalt geraten hatte.

Ich wollte gerade sagen:

»Das ist alles, was ich über diesen Abschnitt meines Lebens sagen kann.«

Es ist aber doch nicht alles, leider.

Die falsche Jugendliebe hatte zwanzig Jahre gedauert. Die Leidenschaft sollte den Zweiundvierzigjährigen lange in noch schmerzlicheren Banden festhalten.

Gestern, am 6. September, ist Johnny nach Boston geflogen, und in drei oder vier Tagen fängt er in Harvard an. Vorher hat er sein Staatsexamen in Menlo gemacht, das ist eine kleine Universität in Kalifornien, und da hat er alle Preise abgestaubt.

Johnny, das ist mein vierundzwanzigjähriger Sohn, der in der Entbindungsstation von Tucson geboren wurde und der, ohne es zu wollen, der Arme, mein Leben so sehr kompliziert hat. Im Grunde war es besser, daß es so kam, denn ich kann mir wirklich nicht vorstellen, daß ich mein Leben mit Tigy hätte beschließen sollen.

Ich habe vier Kinder, das habe ich schon gesagt, eins von Tigy, Marc, die anderen drei von D. Ich habe mich den dreien gegenüber genau gleich verhalten. Ich habe ihnen die gleiche Erziehung zukommen lassen, ihnen die gleichen Beispiele gegeben.

Marc ist immer ein Träumer gewesen. Er hat die meiste Zeit in den Vereinigten Staaten studiert, in der Hotchkiss School, wo er in allen Ferien Nachholkurse machen mußte. Sein Klassenlehrer sagte mir:

»Er ist intelligent. Er begreift leicht. Aber die Hälfte der Zeit ist er mit seinen Gedanken woanders. Ich beobachte ihn. Sein Blick verschwimmt. Er schaut auf das Fenster oder sonstwohin, und wenn ich ihm dann eine Frage stelle, weiß er nicht, wovon ich rede.«

Mit siebzehn war Marc Strandwächter in Cannes, und er hatte die schönsten Mädchen. Er hat sich in ein recht hübsches Mädchen vernarrt und sie drei Jahre später geheiratet.

Ich hatte das Gefühl, daß ihn etwas quälte, was er mir nicht zu sagen wagte. Ich habe ihn zu einem befreundeten Neurologen geschickt, und dieser hat mich dann kurz darauf angerufen.

»Marc hat nur einen Gedanken im Kopf, nur einen Berufswunsch, er will Regisseur werden, aber er traut sich nicht, es Ihnen zu sagen. Ich glaube, daß Ihre Zustimmung ihm sein Gleichgewicht wiedergeben würde.«

Ich habe meine Zustimmung gegeben, ganz klar. Ich habe meinen alten Freund Jean Renoir angerufen und ihn gefragt, was er davon halte und ob es nötig sei, daß Marc spezielle Kurse besucht. Jean hat mir geantwortet:

»Übermorgen fange ich einen Film im ehemaligen Haus meines Vaters in Cagnes-sur-Mer an. Wenn Marc morgen früh in Paris ist und sich ordnungsgemäß eintragen läßt, engagiere ich ihn als Hilfsassistenten.«

Das ist schon lange her. Marc hat seiner ersten Frau zwei Kinder gemacht, sich scheiden lassen und Mylène Demongeot geheiratet. Er dreht irgendwo im Lozère. Meine Tochter ist auch da, weil Marc ihr eine ganz kleine Rolle gegeben hat. Jonny hat einen guten Teil seiner Ferien bei ihm verbracht.

Mit einem Wort, ich lerne als Vater jeden Tag etwas dazu. Meine vier Kinder sind frei erzogen worden, und ich habe nie versucht, sie zu beeinflussen, weder was die Gegenwart noch was die Zukunft betrifft.

Für Marc ist das Spiel gelaufen.

Mit Johnny habe ich die große Überraschung meines Lebens erlebt. Er war ein cholerisches und zärtliches Kind. Er beschimpfte mich gern, aber eine halbe Stunde später hörte ich dann, wie etwas unter meiner Zimmertür durchgeschoben wurde: ein langer Brief, in dem er sich entschuldigte und alles erklärte.

Mit zehn oder zwölf Jahren setzte er sich gern auf meinen Schoß, wenn ich im Fernsehen die Nachrichten sah.

»Willst du nicht eine Zigarre rauchen?«

Er war ganz verrückt nach Zigarrenrauch. Ich rauchte eine, obwohl ich sonst nie Zigarren rauchte und auch gar keine Lust dazu hatte, aber für die Gäste waren ja immer welche im Haus.

Von Zeit zu Zeit fragte er mich:

»Bin ich dir auch nicht zu schwer?«

Ich antwortete mit Nein. Da er die politischen Neuigkeiten nicht immer verstand, fragte er mir Löcher in den Bauch. Also gab ich ihm einen Notizblock, damit er da seine Fragen aufschreiben und sie mir dann am Ende der Sendung stellen konnte.

Ich erwähne diese kleine Einzelheit, weil sie viel über Johnnys Charakter verrät.

Ich habe ihn nur einmal beeinflußt, ein einziges Mal in seinem Leben und in meinem, und wir bereuen es beide nicht. Als er auf der Oberschule zwischen Griechisch und den modernen Fremdsprachen wählen mußte, riet ich ihm zu Griechisch, dann, als er in die Oberstufe kam, die den beiden letzten Jahren des französischen Gymnasiums entspricht, riet ich ihm, sich Mühe zu geben und gleichzeitig Griechisch und Mathematik zu machen.

Er hat es getan und gearbeitet, hart gearbeitet, denn es gibt in Lausanne jedes Jahr nur drei oder vier Schüler, die ihr Abitur gleichzeitig in beiden Fächern schaffen.

Wenn ich ihm diesen Rat gegeben habe, dann deshalb, weil er nicht die leiseste Ahnung hatte, was er anschließend machen sollte.

Ich schickte ihn nach Paris, wo er ein Jahr tun und lassen konnte, was er wollte. Er absolvierte einen Verleger- und Buchhändlerkurs. Er arbeitete ein bißchen bei meinem Verleger, dann teilte er mir mit, daß er nach Amerika gehen und an einer Universität Business und Wirtschaftswissenschaft studieren wolle.

Vor seinem amerikanischen Abenteuer hat er in Cambridge seine Englischkenntnisse vervollkommnet.

Jetzt nähert er sich dem Abschluß seines Studiums. Er ist, was bestimmte Dinge anbelangt, dennoch sehr kindlich geblieben, aber meine Erfahrungen würden ihm nichts nützen.

Marie-Jo ist zwanzig; sie will Schauspielerin werden und nimmt Schauspielunterricht am Cours Simon in Paris. Sie hat mich vorgestern angerufen und mir gesagt, daß sie an einer anderen Schule gleichzeitig Pantomimenunterricht nimmt.

Pierre schließlich ist vierzehn und lebt bei mir. Er ist der Ruhigste, hat aber auch am meisten Humor.

Ich will hier keine Familiengeschichte betreiben. Worauf ich hinauswill, ist das Leben eines Vaters.

Marc zum Beispiel hat zum ersten Mal ein paar Zeilen aus meinem Werk in der Hotchkiss School gelesen, wo ich auf dem Programm stand.

Johnny hat vielleicht zwei oder drei der Bücher gelesen.

Marie-Jo hat von allen das meiste gelesen und das, als sie noch sehr jung war, und manchmal hat sie mit mir darüber diskutiert.

Pierre hat gar nichts von seinem Vater gelesen.

Das macht mir aber nichts aus. Etwas erstaunt mich. Sie alle haben mehrere Jahre tagtäglich mit mir zusammen gelebt und gesehen, wie ich mich ganz und gar abgekapselt habe, wenn ich einen Roman schrieb und wie erschöpft ich war, wenn ich wieder aus meinem Arbeitszimmer herauskam.

Aber das hat weder den einen noch den anderen beeindruckt.

Daß ich zweihundertvierzehn Romane in meinem Leben geschrieben habe, erstaunt und interessiert sie nicht. Und bis ich mich ins Privatleben zurückzog, staunten sie eher darüber, daß Journalisten, Fotografen, Fernsehmannschaften in unser Haus einfielen.

Die Frage, ob das vielleicht anstrengend war, ob ich vielleicht müde war, kam ihnen nie auch nur andeutungsweise in den Sinn, wenn sie mich fragten:

»Wann hast du deinen Roman fertig?«

Weil sie in dem Moment etwas anderes im Kopf hatten.

Letzten Winter war ich in Valmont, um hier eine ganze Anzahl medizinischer Tests über mich ergehen zu lassen. Ich hatte allen, den Enkeln eingeschlossen, Ferien in Crans-sur-Sierre angeboten. Ich hatte ihnen gesagt:

»Besucht mich, wann Ihr wollt, aber ruft mich vorher an.«

Da Valmont mehr oder weniger auf dem Weg nach Crans liegt, haben sie auf der Hinfahrt alle angehalten, und meine Stube war voll.

Auch auf der Rückfahrt haben sie alle bei mir Station gemacht. Aber niemand hatte das Bedürfnis, mich zwischendurch einmal zu besuchen und mit mir eventuell einmal ein persönliches Gespräch zu führen.

Wenn ich mich bei diesem Thema aufhalte, so doch ohne Groll, ohne Sehnsucht, ohne Bedauern.

In der Tat kommt einmal ein Alter, in dem die Kinder alles besser wissen als wir oder glauben, alles besser zu wissen, und in dem das Höchste, was man von ihnen verlangen kann, ein wenig Zuneigung und ein wenig Nachsicht ist.

Auch Pierre entwickelt sich schon in diese Richtung. Es ist selten, daß ich bei Tisch oder in meinem Arbeitszimmer ein Thema anschneide, ohne daß er mir widerspricht.

Man muß sich daran gewöhnen. In zehn, zwanzig Jahren werden sie verstehen und anfangen, mich wirklich zu lieben.

Im Augenblick störe ich eher.

Wenn ich nicht Angst hätte zu übertreiben, würde ich sagen, daß sie nur untereinander eine Familie bilden. Untereinander treffen sie sich. Untereinander schreiben sie sich und tauschen Pläne aus, von denen ich oft erst einige Monate später erfahre.

Ich bin glücklich über ein solches Einvernehmen, um nicht zu sagen eine solche Freimaurerei.

Ich begnüge mich damit, am Rand zu bleiben. Manchmal träume ich, ohne es zu wollen, von der verräucherten Küche in der Rue Puits-en-Sock, wo alle Simenons, ob verheiratet, ledig oder Familienväter, sich jeden Sonntag einfanden.

Sonnabend. Zehn Uhr morgens. Warum Sonnabend, da sich die Tage glücklicherweise ähneln. Es gibt keine guten und schlechten Tage, es gibt sie nicht mehr. Wir haben gerade unseren Morgenspaziergang gemacht.

Zweihundert Meter von unserer Wohnung entfernt beginnt das, was wir das Dorf nennen. Denn dies kleine Geschäftsviertel, das so an Lausanne dranhängt, hat die gleichen Läden, die gleichen Kunden, denselben Lebensrhythmus wie ein Dorf.

Seit einiger Zeit kehren wir in einem Café ein und trinken ein Glas Bier, das einzige am Tag.

Es dauert mir immer zu lange, bis ich wieder nach Hause komme und mein Spielzeug wiedersehe. Heute hat mir T. versprechen müssen, später, wenn ich nicht mehr da sein werde, über die Jahre zu berichten, die sie mit mir verbracht hat. Sie ist wirklich die einzige, die die ganze Wahrheit sagen kann und nicht abzuschwächen oder zu lügen braucht.

Und jetzt komme ich noch einmal auf Amerika zurück, das ich trotz der Scherereien mit meinen beiden Frauen in wunderbarer Erinnerung habe.

Von meiner Landung in New York an habe ich mich wie zu Hause gefühlt. Überhaupt kein Gefühl, irgendwie in der Fremde zu sein. Keinerlei Neugier, würde ich sogar sagen. Alles erschien mir logisch, natürlich, und sogar die Wolkenkratzer standen ganz wie selbstverständlich da. In der Folgezeit bin ich kreuz und quer im Lande herumgefahren, habe mal drei Monate hier, dann wieder sechs Monate da gelebt, dann wieder drei Jahre woanders und schließlich fünf Jahre auf der Shadow Rock Farm. Etwas mehr als zehn Jahre insgesamt. Fast elf Jahre.

Im Laufe dieser elf Jahre habe ich, wie das auch bei den meisten anderen Menschen so ist, Gutes und Schlechtes erlebt.

Ich habe schon von meiner Leidenschaft für D. gesprochen. Beruhte diese Leidenschaft auf Gegenseitigkeit? Ich würde nicht wagen, auf diese Frage zu antworten. Vielleicht war sie eine gewisse Zeit lang gegenseitig. Auf jeden Fall ist die ihre lange vor meiner erloschen, und je mehr Jahre vergingen, desto mehr hat sie sich in Haß verwandelt, glaube ich.

Es ist beinah belustigend, aus der zeitlichen Entfernung noch einmal an unsere Ehe zu denken. Tigy hatte sechs Wochen in Reno verbracht, was man ja unbedingt mußte, wenn man geschieden werden wollte. Ich bin am letzten Tag dieser sechs Wochen mit Johnny und D. angekommen.

Im Laufe des Tages bin ich bei dem Notar vorbeigegangen, um die Scheidungspapiere zu unterzeichnen. (Vielleicht war es auch der Richter? Ich erinnere mich nicht mehr daran.)

Abends bin ich allein ausgegangen; man hat alle Arten dieser riesigen Geld- und Spielautomatenfabriken schon hinlänglich beschrieben. Ich fing damit an, einen Silberdollar in einen Geldautomaten zu stecken, dann in noch einen. Jedesmal habe ich gewonnen, und meine Taschen wurden schwer.

Irgendwann sah die Maschine aus, als wolle sie explodieren, rote Lichter gingen rundherum an, während nacheinander die Münzen aus ihrem Bauch herauskamen und auf dem Fußboden herumrollten. Der Direktor eilte herbei, um mich zu beglückwünschen, ein Fotograf, um mich zu fotografieren, und man überreichte mir feierlich eine kleine Nachbildung eines Spielautomaten.

Als ich ins Hotel zurückkam, war dort der Strom ausgefallen, und ich mußte mit meiner Last zweiunddreißig oder dreiunddreißig Etagen zu Fuß hinaufsteigen. Am nächsten Tag bestellten wir ein Kindermädchen, das bei Johnny blieb, während wir heirateten. Ich habe mich auch in der Folgezeit an Spielautomaten versucht. Ich habe dort jede Menge verloren.

War das ein Zeichen?

Was um mich herum war, kam mir nicht besonders

malerisch vor. Es war, als wenn das schon immer zu meinem Leben gehört hätte. Mein Englisch beschränkte sich auf das der großen Dampfer und des Londoner Savoy, anders ausgedrückt, es war reichlich rudimentär, aber alle Leute gaben sich solche Mühe, mich zu verstehen, daß schließlich alles in Ordnung ging.

Sonntag. Leere Straßen. Glockengeläut und Sonne. Die ist bleich, und vielleicht wird es regnen.

Ich werde heute nicht diktieren, obwohl das für mich ein Bedürfnis geworden ist. Ich bin in meinen Erinnerungen in der Tat an einem Punkt angelangt, wo ich wohl oder übel gezwungen bin, von anderen zu sprechen, und da habe ich Bedenken.

Neben angenehmen Bildern gibt es auch unerfreuliche, und ich möchte mich nicht der Bitterkeit und noch weniger der Rache überlassen.

Ich hasse niemanden. Ich bin niemandem böse. Ich habe dafür zuviel über die Menschen gelernt.

Morgen ist auch noch ein Tag, und vielleicht kann ich dann voller Heiterkeit weiter von der Vergangenheit erzählen.

Ende des Sonntagnachmittags. Eine Art Postskriptum. Johnny hat mich gerade aus Boston angerufen.

Es ist herrlich, Kinder zu haben. Aber jedes von ihnen ist für uns wie eine Geschichte, deren Ende wir nicht kennen.

Ich habe sehr gelitten. Zum Glück ist T. wie ein Schutzengel immer bei mir geblieben und hat die Gefahren verstanden, in denen ich mich befand.

Das alles ist fast zehn Jahre her. Ich bin noch am

Leben und auch wieder ein versöhnter und glücklicher Mensch; beides ist T.s Verdienst.

Außerdem hat sie mir geholfen, meine Heiterkeit wiederzufinden.

Ich habe meinen siebzigsten Geburtstag erreicht und hinter mich gebracht. Die New Yorker Nächte sind weit, und ich kann sie gar nicht mehr verstehen.

Die Genesung hat lange gedauert, und ich frage mich, wie T. die Geduld aufgebracht hat, über mich zu wachen, ununterbrochen manchmal.

Gestern mittag bin ich am Ende des dunklen Abschnitts angekommen. Wenn es in dieser Dunkelheit auch etwas Grau und sogar Sonnenschein gab.

Das war ein mühsames Diktieren, denn ich hätte gern alles sagen wollen, war aber doch der Meinung, daß mir nach menschlichem Ermessen das Recht dazu nicht zustand.

Aber wie froh bin ich doch, daß es jetzt vorbei ist!

Um mich zu belohnen, denn so wie jetzt gönne ich mir gewisse Belohnungen (nach meinen Romanen habe ich mir fast immer ein kleines Geschenk gemacht), um mich zu belohnen also, bin ich nach Lausanne gefahren, um mir noch ein Tonbandgerät zu kaufen, nicht zum Diktieren, denn meins genügt mir, sondern um in meiner Wohnung Musik zu hören. Vor dem Krieg war ich ein leidenschaftlicher Musikliebhaber. Ich habe gestern abend wieder angefangen mit der *Sonate für zwei Violinen* von Johann Sebastian Bach und *April in Paris* von Gershwin.

Jetzt bleibt mir nur noch der rosarote Lebensabschnitt. Ich werde nicht sofort damit anfangen. Ich will ein paar Tage warten, damit der bittere Nachgeschmack, den ich noch im Mund habe, verschwunden ist.

Pause.

Zwischenspiel

Ich habe eben das Buch erhalten, das zu meinem siebzigsten Geburtstag am 13. Februar vorbereitet worden war. Ich freue mich darüber. Gleichzeitig zögere ich, es zu öffnen. Wie ich immer zögere, Kritiken über dies oder jenes meiner Werke zu lesen.

Schriftsteller, Ärzte, Psychiater haben an dieser Art Ehrung mitgearbeitet. (Ich bitte um Entschuldigung wegen dieses Wortes, aber ich finde kein anderes.)

Jedesmal, wenn man von mir spricht, besonders, wenn es in schmeichelhaftem Tone ist, möchte ich mich am liebsten vor Verlegenheit drehen und wenden, denn die Vorstellung, die ich selbst von mir habe, ist immer sehr viel weniger vorteilhaft, als die anderer Leute. Ich werde mich aber dennoch daranmachen, nach und nach, und all denen dankbar sein, die so gut waren, mir einige Stunden ihrer Zeit zu widmen.

Zwischenspiel Nr. 2

Bevor ich den dritten Teil meines ehelichen Lebens, meiner ehelichen Leben vielmehr, in Angriff nehme, möchte ich jetzt gleich einen Gedanken aufzeichnen, der mir heute morgen beim Rasieren eingefallen ist.

Tigy, meine erste Frau, hatte einen Großvater, der

Kirchenkantor war, und ihr Vater ist in dieser Familie als Waisenkind großgezogen worden. Er fing als Tischlerlehrling an. Es gelang ihm schließlich, der beste und bekannteste Einrichter von Lüttich zu werden; er wohnte in einem sehr großen herrschaftlichen Haus, kleidete sich bei den besten Schneidern ein, wie auch seine Frau sich in den besten Modeateliers einkleidete. Sein ältester Sohn war Architekt und trug den zu jener Zeit bei gewissen Freiberuflern üblichen Cut. Tita, seine Tochter, nahm sehr teure Klavierstunden bei Casadesus und Rubinstein.

Das war allem Anschein nach das Idealbild des Großbürgertums, obwohl gar kein Reichtum da war.

Mein erster Schwiegervater war mit Recht stolz darauf, auf der sozialen Stufenleiter nach oben geklettert zu sein, und er wollte aus seinen Kindern einen Architekten machen, eine Malerin (Tigy) und schließlich noch eine große Pianistin, Tita.

Meine zweite Frau kam aus einer ganz anderen Familie. Ihre Großeltern waren reich gewesen. Sie hatten in Montreal ein großes Leben geführt, bis zu dem Augenblick, wo sie pleite waren.

Meine dritte, sogenannt illegitime Frau, denn manche glauben immer noch an die Heirat, hatte einen Schmied mit mehr oder weniger anarchistischen Ideen zum Großvater, und ihr Vater war Vorarbeiter in einer kleinen Fabrik.

Drei soziale Schichten, aber auch drei Mentalitäten. Denn diese Lebensläufe haben die Kinder zutiefst geprägt.

Mit Tigy habe ich nie richtig auf einer Stufe gestanden, und sie hat auf die Familie meiner Mutter immer mit einer gewissen Verachtung herabgesehen.

D. verbrachte ganze Tage damit, mir von ihrer Herkunft zu erzählen, von der Pracht, die sie selbst nicht mehr gekannt hatte, den Beziehungen ihrer Familie und den Bällen in der französischen Botschaft, an denen sie in ihrer Jugend teilgenommen hatte.

T. spricht von ihrer Familie auf sehr einfache Art, und im Grunde ist ihre Familie meiner ähnlich. Ich habe schon von meinem Heimweh nach der bescheidenen Hutmacherei in der Rue Puits-en-Sock erzählt, von meinen Onkeln, die Arbeiter oder Mesner waren, außer einem, der es zu etwas gebracht hatte.

Ich glaube, wenn meine beiden ersten Eheversuche nicht sehr glücklich waren, dann deshalb, weil jede meiner beiden ersten Frauen mich immer ein wenig von oben herab betrachtet und mehr oder weniger versucht hat, mich zu beherrschen.

Mit T. stehe ich auf gleicher Stufe, und voller Freude erzählen wir uns gegenseitig unsere Erinnerungen.

Ich irre mich vielleicht, aber das, glaube ich, unterscheidet die drei Abschnitte in meinem Leben. Ich bin auch der festen Überzeugung, daß, einmal ganz abgesehen vom Charakter, darin zu einem großen Teil das Geheimnis unseres Glücks besteht.

Für uns beide haben dieselben Worte dieselbe Bedeutung und rufen die gleichen Bilder wach, und wenn wir von unserer Kindheit sprechen, dann fröhlich, wie zwei Menschen, die sich wiederbegegnen.

Nicht das Geld oder die schicke Wohnung zählen in Wirklichkeit. Was zählt, ruht ganz tief in unserem

Innern: unsere Herkunft und unsere Kindheitserinnerungen.

T. und ich haben dieselben Probleme durchgestanden, manchmal dieselben Demütigungen; ich wollte gerade sagen, wir haben vom selben Teller gegessen. Wir gehören, was wir auch immer tun, was mir nachher auch widerfahren ist, zur großen Familie der kleinen Leute.

Ich bin so vom Hundertsten ins Tausendste und bei meinen schönsten Erinnerungen und auch bei den Empfindungen angekommen, die mir davon geblieben sind, bei dem also, was ich wohl meine dritte Epoche nennen muß. In der Erinnerung ist sie die erfreulichste, gewiß, aber vielleicht auch die schwierigste. Später werde ich mehr wissen.

Vor zwölf Jahren, als ich noch im Schloß von Échandens wohnte, hätte ich auf die Frage, ob ich T. liebe, vielleicht mit Nein geantwortet. Und trotzdem war das Räderwerk schon in Gang gesetzt. Von jenem Augenblick an waren unsere Schicksale eng miteinander verbunden.

In einer gleichsam dramatischen Atmosphäre sind wir in das Haus eingezogen, das ich in Épalinges hatte bauen lassen.

Ich gehe über diese trübe, angstvolle Zeit hinweg.

D. wußte sehr wohl von meiner Beziehung zu T., da diese schon am ersten Tag mit ihr darüber gesprochen und ihr vorgeschlagen hatte abzureisen.

Ich weiß nicht, ob D. in ihrem Innersten eifersüchtig war oder sich von Tigy nicht unterkriegen lassen wollte. Jedenfalls hat sie mich schon in New York buchstäblich in die Arme einiger anderer Frauen getrieben.

Sie ist abgereist.

Aber von ihr will ich heute nicht sprechen, sondern von T., die mich mit aufmerksamer Fürsorge umgab, wie ich sie schon lange nicht mehr erfahren hatte.

Ich gebe es ohne Scham zu, ich hatte angefangen zu trinken. Ich fühlte mich allein in diesem riesigen Haus mit dem vielen Personal, den Kindern, die Fragen stellten.

Seit meiner Kindheit bin ich Schlafwandler gewesen. Ich bin es mein ganzes Leben lang geblieben. Es kam vor, daß ich nachts plötzlich mit blutender Stirn unter einem Tisch zu mir kam.

Wir haben ein Feldbett gekauft, und T. hat in einem Boudoir nebenan geschlafen.

Damals wurde mir bewußt, daß sie der erste Mensch auf der Welt war, der nicht etwas von mir »genommen«, sondern mir etwas »gegeben« hat.

Das war vielleicht noch nicht Liebe, so wie ich sie mir vorstelle, aber es war auch nicht weit davon entfernt.

Eines Tages feierten wir den ersten Kurzfilm meines Sohnes Marc, *Tabarly*, und an jenem Tag habe ich ihm auch die Kinorechte für *Les dossiers de l'agence* O abgetreten, die er ja dann auch verfilmt hat.

Wir hatten viel getrunken. Ich vor allem hatte viel getrunken, denn trotz ihrer Zuneigung konnten mich meine Kinder nicht von dem Gefühl der Einsamkeit befreien.

Ich ging ins Badezimmer und schloß die Tür ab. Kurz darauf bin ich auf dem Marmorboden ausgerutscht und lag da auf dem Fußboden und konnte mich nicht mehr rühren.

Ich habe geschrien. Das Haus, in dem die Leute alle irgendwo verstreut waren, war zu groß, als daß man mich hätte hören können. Mit verzweifelter Anstrengung versuchte ich, das Türschloß zu erreichen. T. kam dann, weil sie sich angewöhnt hatte, immer in meiner Nähe zu sein, das macht sie heute noch, und ich nannte sie deshalb meinen Schutzengel.

Ich wurde auf ein Sofa gelegt. Ich verkündete, ich hätte mir sieben Rippen gebrochen. Als mein Hausarzt kam, widersprach er und reduzierte die Zahl auf fünf. Dann war der Chirurg an der Reihe, und er nannte die Zahl sechs.

Man gab mir eine Morphiumspritze und brachte mich zu Bett, von wo aus ich am nächsten Morgen mit einem Krankenwagen in die Klinik gebracht wurde. T. ist mit mir gefahren. Auch dort wurde ihr ein Feldbett bewilligt. Wir waren den ganzen Tag zusammen. Meiner Meinung nach war das der eigentliche Anfang.

Als wir zwei Wochen später nach Épalinges zurückkehrten, wurde ihr Bett aus dem Boudoir in mein Zimmer gebracht. Es war schmal und hart wie alle Feldbetten. Sie hat sich nie beklagt. Und beim leisesten Seufzer stand sie an meinem Bett.

Ich habe sie nie gefragt, wann sie begonnen hat, mich zu lieben.

Ich jedenfalls liebte sie, und alle Vergangenheit war für mich wie ein böser Traum.

Ich glaube, ich werde heute morgen zu einem Thema zurückkehren, über das ich schon kurz gesprochen habe. Vor drei Tagen bekam ich ein mir gewidmetes Buch mit Artikeln der wichtigsten Kritiker und mit Essays. Das Buch war eigentlich für meinen Geburtstag am 13. Februar bestimmt. Aus unerfindlichen Gründen ist es erst jetzt hier eingetroffen.

Es macht mir ein wenig angst. Gestern habe ich drei der Artikel gelesen, alle drei waren des Lobes voll, und jedesmal überkam mich die gleiche Verlegenheit.

Woher kommt das? Das habe ich mich heute morgen beim Rasieren gefragt. Ich fragte mich das auch, wenn die Leute vom Fernsehen zu einem Interview kamen, nur daß ich das nicht so wichtig fand, denn da ging es doch meistenteils nur darum, auf ganz banale Fragen zu antworten.

Hier im Gegenteil habe ich genaue Analysen meines Werkes vor mir. Gewiß, ich glaube schon, daß dieses einen gewissen Wert besitzt, da ich ja mehr als vierzig Jahre daran gearbeitet habe, im Schweiße meines Angesichts, möchte ich sagen.

Aber manche Lobreden schwarz auf weiß vor mir zu sehen ruft in mir Bestürzung hervor.

Man behandelt mich als wichtigen Mann. Ich komme mir aber nicht einen einzigen Augenblick wichtig vor, im

Gegenteil. Wenn auf der Straße oder woanders jemand an mich herantritt und mich um ein Autogramm bittet, stottere ich zuerst, ziehe meinen Hut, und wenn ich meine Unterschrift dann geleistet habe, gehe ich verwirrt weiter.

Hier bestätigt sich die Theorie, von der ich schon zu Beginn dieser Plaudereien gesprochen habe: Unsere Kindheit verfolgt uns unser ganzes Leben.

Ich kam als einfacher Mensch zur Welt, bei einfachen Menschen, die mich Demut lehrten. Diese Demut allem und jedem gegenüber habe ich immer beibehalten.

Ich weiß nicht, wie ich denen danken soll, die jene Texte geschrieben haben. Ihnen zu sagen, daß ich mich darin wiedererkenne, wäre wie ein Zeichen von Hochmut. Ihnen zu sagen, daß ich mich darin nicht wiedererkenne, wäre fast eine Beleidigung.

Ich bekomme sehr viele Analysen dieser Art, besonders von Ärzten, Psychiatern, Psychologen. Ich gebe zu, daß ich manche davon nicht gelesen habe, nur um dem Unbehagen zu entgehen, gegen das ich nichts machen kann.

Ich bin erzogen worden zu sagen:

»Danke, Monsieur.«

Und dabei *das schöne Hündchen* zu geben.

Dann, wenn ich jemanden auf der Straße angerempelt habe, zu sagen:

»Entschuldigen Sie.«

oder:

»Verzeihen Sie.«

Wie oft habe ich mich in meinem Leben doch entschuldigt und um Verzeihung gebeten! Weil alle Menschen so sind wie ich und Anspruch haben auf Respekt, weil, wenn ich in meinem Beruf auch mehr oder weniger erfolgreich war, es mir hunderttausend andere doch gleichgetan haben.

Ich ziehe meinen Hut, um meinen Concierge zu grüßen. Ich finde das nicht ungewöhnlich, weil er, wenn er einen Hut hätte, ihn auch ziehen würde, wenn ich vorbeigehe.

Im Grunde – und das halte ich nicht einmal unbedingt für erstrebenswert – bin ich ein demütiger Mensch, und das werde ich wohl auch immer bleiben.

T. weist mich darauf hin, daß die, die so über mich schreiben, mir eine Haut nach der anderen abgezogen haben, um meiner wahren Persönlichkeit auf die Spur zu kommen. Es ist, als beobachteten sie mich durch einen Spiegel, der von hinten durchsichtig ist.

Das ist wahrscheinlich wahr. Sollte es für einen Menschen unmöglich sein, sich selbst zu erkennen? Ich fange an, das zu glauben. Ich will aber keinesfalls, daß man mir auszureden versucht, was ich von mir selber halte: ein sehr einfacher, sehr bescheidener Mensch zu sein.

Ich muß das einfach glauben können.

Amour ... amour ... amour ...

Im Munde von D. wurde das durch ihren leichten kanadischen Akzent zu »Amour« mit zwei »r« am Ende. Und auch wenn ich mich bemühte, könnte ich nicht sagen, was für einem Gefühl das eigentlich entsprach.

In meinem Briefwechsel mit Tigy war die Liebe ein fast literarischer Begriff. Ein abstraktes Wort, das jugendlichen Träumen entsprach und dann nach und nach gar keine Entsprechung mehr hatte.

T. und ich, wir brauchten fast acht Jahre, um dieses Wort auszusprechen. Ich war es, der es tat, und sie legte mir einen Finger auf die Lippen, als fürchte sie zuviel Feierlichkeit.

Unser Wort, jetzt noch, ist meist »copain«, Kamerad. Und doch ...

Ich frage mich, ob man so eine Liebe als sehr junger Mensch überhaupt erleben kann. Es mischt sich dann immer zuviel Leidenschaft hinein. In seiner Lust sucht man keine Partnerin, sondern eine Frau.

Bis man Lust auf eine andere hat.

Für mich, der ich ein alter Mann geworden bin und Zeit zum Nachdenken gehabt habe, ist die Liebe vor allem Schweigen. Im selben Zimmer verweilen zu können, ohne zu sprechen, und zu wissen, was der andere denkt.

Wie oft öffnen wir nicht gleichzeitig den Mund und sagen dieselben Worte? Nicht nur Worte der Liebe, sondern irgendwo, auf der Straße, in einem Café, am Ufer des Sees, Worte, die das widerspiegeln, was wir gerade erleben.

Liebe, das ist auch die Hand, die während des Schlafes unbewußt den Körper des anderen sucht, nicht aus Gründen der Sexualität, sondern einfach um der Berührung willen.

Ich habe da vielleicht das Schlüsselwort gefunden. Liebe, das ist die Berührung in allem, körperlich, geistig. Das ist, zusammen an dieselben Dinge zu denken, bei einem Theaterstück dasselbe zu empfinden, das ist, in den Augen des anderen den Widerschein dieser Empfindung zu suchen.

Wenn ich diese Liebe mit ein paar Worten zusammenfassen sollte, würde ich sagen:

Zärtlichkeit, Frieden von Seele und Geist, Übereinstimmung.

T. und ich, wir kommen von Ouchy zurück, wohin wir im Laufschritt gegangen sind. Die Sonne scheint. Wir haben, was man einen schönen Nachmittag nennt.

Ich möchte noch über die Liebe sprechen, aber ich kann es nicht mehr, einfach deswegen, weil ich sie erlebe. Es ist schwierig, von dem zu sprechen, was man gerade erlebt.

Ich bin nicht abergläubisch, und deshalb begnüge ich mich nach diesen altväterlichen Plaudereien mit den Worten:

»Ich bin glücklich.«

Ich bin glücklich und schweige.

Nicht ohne Hintergedanken. Ich vermute, daß mich irgendwann mein Spielzeug wieder reizen wird. Menschen meines Alters haben das Bedürfnis zu reden, von sich zu erzählen, selbst wenn sie die anderen durch ihre Wiederholungen langweilen.

Register

Werktitel sind kursiv gesetzt

Georges Simenon
im Diogenes Verlag

Biographisches

Als ich alt war
Tagebücher 1960–1963
Deutsch von Linde Birk

Briefwechsel mit André Gide
Deutsch von Stefanie Weiss

Brief an meine Mutter
Deutsch von Trude Fein

Ein Mensch wie jeder andere
Mein Tonband und ich
Deutsch von Hans Jürgen Solbrig

Über Simenon
Zeugnisse und Essays von Patricia Highsmith bis Alfred Andersch. Mit einem Interview, mit Chronik und Bibliographie. Herausgegeben von Claudia Schmölders und Christian Strich
detebe 154

Sonderbände

Betty / Die Tür
Zwei Romane in einem Band
Deutsch von Raymond Regh und Linde Birk

Maigret hat Angst / Maigret erlebt eine Niederlage
Zwei Maigret-Romane in einem Band
Deutsch von Elfriede Riegler

Romane in Erstausgaben

Der Verdächtige
Roman. Deutsch von Eugen Helmlé

Der Mörder
Roman. Deutsch von Lothar Baier

Die Verlobung des Monsieur Hire
Roman. Deutsch von Linde Birk

Die Unbekannten im eigenen Haus
Roman. Deutsch von Gerda Scheffel

Non-Maigret-Romane

Die Glocken von Bicêtre
Roman. Deutsch von Hansjürgen Wille und Barbara Klau
detebe 72

Brief an meinen Richter
Roman. Deutsch von Hansjürgen Wille und Barbara Klau
detebe 135/1

Der Schnee war schmutzig
Roman. Deutsch von Willi A. Koch
detebe 135/2

Die grünen Fensterläden
Roman. Deutsch von Alfred Günther
detebe 135/3

Im Falle eines Unfalls
Roman. Deutsch von Hansjürgen Wille und Barbara Klau
detebe 135/4

Sonntag
Roman. Deutsch von Hansjürgen Wille und Barbara Klau
detebe 135/5

Bellas Tod
Roman. Deutsch von Elisabeth Serelmann-Küchler
detebe 135/6

Der Mann mit dem kleinen Hund
Roman. Deutsch von Stefanie Weiss
detebe 135/7

Drei Zimmer in Manhattan
Roman. Deutsch von Linde Birk
detebe 135/8

Die Großmutter
Roman. Deutsch von Linde Birk
detebe 135/9

Der kleine Mann von Archangelsk
Roman. Deutsch von Alfred Kuoni
detebe 135/10

Der große Bob
Roman. Deutsch von Linde Birk
detebe 135/11

Die Wahrheit über Bébé Donge
Roman. Deutsch von Renate Nickel
detebe 135/12

Maigret-Romane

Maigrets erste Untersuchung
Roman. Deutsch von Roswitha Plancherel
detebe 155/1

Maigret und Pietr, der Lette
Roman. Deutsch von Wolfram Schäfer
detebe 155/2

Maigret und die alte Dame
Roman. Deutsch von Renate Nickel
detebe 155/3

Maigret und der Mann auf der Bank
Roman. Deutsch von Annerose Melter
detebe 155/4

Maigret und der Minister
Roman. Deutsch von Annerose Melter
detebe 155/5

Mein Freund Maigret
Roman. Deutsch von Annerose Melter
detebe 155/6

Maigrets Memoiren
Roman. Deutsch von Roswitha Plancherel
detebe 155/7

Maigret und die junge Tote
Roman. Deutsch von Raymond Regh
detebe 155/8

Maigret amüsiert sich
Roman. Deutsch von Renate Nickel
detebe 155/9